Lionel van der Meulen

Fremde im eigenen Land

Die Geschichte der
Palästinenser und der PLO

KNESEBECK & SCHULER

Der arabische Schriftzug auf dem Vorsatz gibt einen
Vers aus dem Koran wieder. Er lautet:
»Traut aber einer dem anderen, so gebe der,
dem vertraut wird, das Vertraute wieder und
fürchte Allah.«

CIP-Titelaufnahme der Deutschen Bibliothek

Meulen, Lionel van der:
Fremde im eigenen Land : die Geschichte
der Palästinenser und der PLO /
Lionel van der Meulen. - München :
Knesebeck u. Schuler, 1989
ISBN 3-926901-19-5

Copyright © 1989 by von dem Knesebeck & Schuler
GmbH & Co. Verlag KG, München
Umschlaggestaltung Hanno Rink & Team 86, München
Herstellung Jan Enns, Wentorf
Gesetzt aus der Times auf Linotron 202
Gesamtherstellung Clausen & Bosse, Leck
Printed in Germany

Inhalt

Vorbemerkung 7
Am Ende des letzten Himmels 9
Der Mann aus Beit Hanina 39
Das Ende eines arabischen Traumes 51
Von der Revolte in die Katastrophe 70
Sturm über Palästina 99
Im Schatten des Rais 132
Der unaufhaltsame Aufstieg des Jasir Arafat 165
Die verlorene Ehre des vertriebenen Volkes 202
Anhang
   Karte: Palästina-Plan der Zionisten, 1919 251
   Karte: Plan der Peel-Kommission, 1937 252
   Karte: UN-Vorschlag, 1947 253
   Karte: 1948 und 1949 eroberte Gebiete 254
   Karte: Israel und die besetzten Gebiete, 1989 255
   Quellenangaben und Literaturhinweise 257
   Personenregister 263

Vorbemerkung

Dies ist eine journalistische Darstellung der Geschichte der Palästinenser und ihrer Befreiungsbewegungen. Da sie sich an ein breites Publikum wendet, wurde aus Gründen der Lesbarkeit darauf verzichtet, im laufenden Text die bei wissenschaftlichen Arbeiten üblichen detaillierten Quellenhinweise zu geben. Benutzte Bücher, Dokumente und Forschungsberichte sind im Anhang genannt.

Neben persönlichen Recherchen in Israel, Syrien, Jordanien, in den Golfstaaten und in den USA hat der Verfasser die sehr umfassende und bislang kaum ins Deutsche übertragene Literatur von arabischen, israelischen, britischen und amerikanischen Autoren verwertet. Die vielleicht überraschenden Details aus dem Leben des Abdulhamid Schoman, darunter persönliche Gespräche und Dialoge, entstammen einer Autobiographie, die als Privatdruck bislang nur Freunden der Familie und ausgewählten Geschäftspartnern der Arab Bank zugänglich war. Der Verfasser hat vom Sohn und derzeitigen Generalmanager des Geldinstituts, Abdulmadschid Schoman, ein Exemplar dieser Memoiren erhalten und zudem von ihm und anderen Kennern der Arab Bank in Gesprächen weitere Episoden aus dem Leben dieses ungewöhnlichen Palästinensers erfahren. Ihnen und anderen ihrer Landsleute fühlt sich der Verfasser zu besonderem Dank verpflichtet. Ihre Bereitschaft zur kritischen Betrachtung der eigenen Geschichte hat es erst möglich gemacht, dieses Buch zu schreiben.

Frankfurt am Main, im Juni 1989　　　　　　　　*L. v. d. M.*

Am Ende des letzten Himmels

Das Palästinaproblem ist so alt wie unser Jahrhundert. Von Anbeginn war mit den Berichten darüber eine wohlfeile Praxis der Prophetie verbunden, die diesen Konflikt kurzerhand mit dem Schicksal der Menschheit verknüpft hat. 1905 schreibt der Gründer der Ligue de la Patrie Arabe, Neguib Azoury, in Paris: »Zwei wichtige Phänomene gleicher Art, aber doch antagonistischer Natur, manifestieren sich heute im türkischen Asien. Es sind dies zum einen das Erwachen der arabischen Staaten und zum anderen die versteckten Bestrebungen der Juden, das alte Königreich Israel in großer Form wiederherzustellen. Diese beiden Bewegungen sind bestimmt, ständig gegeneinander zu kämpfen. Vom schließlichen Ausgang des Kampfes kann sehr wohl das Geschick der ganzen Welt abhängen.«

Wer sich aber der gründlichen Erforschung der Wirklichkeit und der Konfliktursachen in Palästina widmet, gerät in verwirrende Situationen, denn nirgendwo auf Erden scheint es schwieriger zu sein, der Wahrheit auf die Spur zu kommen, als im Heiligen Land. Der britische Historiker George Antonius beklagt in seinem 1938 erschienenen Standardwerk *The Arab Awakening* das Dilemma beim Studium des Palästinaproblems:

Erstens ist das Material gewaltig und weit verstreut.

Zweitens sind die Quellen in einem ungewöhnlichen Ausmaß konfliktreich und widersprüchlich.

Drittens basiert ein großer Teil des Materials, das beim ersten Eindruck relevant und vielversprechend erscheint, bei näherer Betrachtung auf falschen Vermutungen und fragwürdigen Daten.

Letztens hat die Leidenschaftlichkeit der Palästinenser die Wahrheit so verfälscht, daß die Fakten wie in einem Nebel von Vorurteilen nahezu unsichtbar verhüllt und verborgen sind.

Im Sommer 1982, während der israelischen Invasion des Libanon, interviewt ein Reporter des Propagandasenders »Die Stimme Israels« einen gerade gefangenen und erstaunlich geständigen Fedajin einer palästinensischen Guerillagruppe.

Reporter: Sie heißen?
Fedajin: Mein Name ist Achmed Hamid Abu Site.
Reporter: Wie lautet Ihr Deckname in der Organisation?
Fedajin: Abu Leil (Vater der Nacht).
Reporter: Herr Abu Leil, können Sie mir sagen, zu welcher Terrororganisation Sie gehören?
Fedajin: Ich gehöre zur Volksfront zur Befreiung (arabisch: *tahrir*) – ich meine zur Terrorisierung (arabisch: *tahrib*) – Palästinas.
Reporter: Und wann kamen Sie in Kontakt mit dieser Terroristenorganisation?
Fedajin: Als ich zum erstenmal feststellte, daß es Terrorismus gibt.
Reporter: Und was war Ihre Mission im Südlibanon?
Fedajin: Meine Mission war der Terrorismus, mit anderen Worten, wir fielen in Dörfer ein und begannen geradewegs mit dem Terror. Und wo immer es Frauen und Kinder gab, da terrorisierten wir sie. Alles, was wir taten, war Terrorismus.
Reporter: Und praktizierten Sie diesen Terrorismus aus einer Überzeugung heraus, oder taten Sie dies einfach nur für Geld?
Fedajin: Gott bewahre, nur für Geld! Um welche Sache geht es überhaupt? Für was? Gibt es überhaupt eine Sache? Wir sind seit langem verkauft.
Reporter: Sagen Sie mir, woher die Terroristenorganisationen ihr Geld bekommen?

Fedajin: Von jedem, der Geld für Terrorismus erübrigen kann, also von den arabischen Regimes, die den Terrorismus unterstützen.

Reporter: Was für eine Meinung haben Sie über den Terroristen Arafat?

Fedajin: Ich schwöre, er ist der größte Terrorist von allen. Er ist derjenige, der uns verraten und verkauft hat. Sein ganzes Leben besteht aus Terrorismus.

Reporter: Wie ist Ihre Meinung über die Art und Weise, wie sich die israelischen Verteidigungsstreitkräfte verhalten haben?

Fedajin: Bei meiner Ehre, wir danken den israelischen Verteidigungsstreitkräften für ihre gute Behandlung eines jeden Terroristen.

Reporter: Haben Sie einen Rat für die anderen Terroristen, die noch immer die israelischen Verteidigungsstreitkräfte terrorisieren und angreifen?

Fedajin: Ich rate Ihnen, aufzugeben und ihre Waffen den israelischen Verteidigungsstreitkräften zu überreichen, und sie werden bei ihnen die bestmögliche Behandlung erfahren.

Reporter: Zum Abschluß, Herr Terrorist, würden Sie gerne Ihrer Familie eine Botschaft übersenden?

Fedajin: Ich möchte meiner Familie und meinen Freunden versichern, daß ich bei guter Gesundheit bin, und ich würde gerne diesem Radiosender des Feindes danken, daß ich mich einmal so aussprechen konnte.

Reporter: Sie meinen »Kol Israel«, »Die Stimme Israels«?

Fedajin: Jawohl, mein Herr, vielen Dank, mein Herr, natürlich, mein Herr.

Was im Sommer 1982 von den Israelis als ein gelungenes Glanzstück der politischen Propaganda angesehen wurde, stellte sich bald als eine peinliche Fehleinschätzung der palästinensischen Wirklichkeit und Alltagskultur heraus. Noch heute werden Tonbandaufnahmen dieses Interviews auf Familienfesten und Freundestreffen der arabischen Palästinenser als beliebte Lachnummer zum besten gegeben. Weder dem Reporter noch den sonst so raffinierten Verantwortlichen von »Kol Israel« ist aufgefallen: Der Fedajin Abu Leil hat sich einen Spaß daraus gemacht, jede Frage des Reporters in seinen Antworten willigst aufzunehmen und eine drastische Übertreibung hinzuzufügen. Diese Art von witzigen Wortspielereien ist sehr beliebt unter den Palästinensern in Israel und den besetzten Gebieten. Indem man den Unterdrückern ergebenst nach dem Munde redet, gibt man sie der Lächerlichkeit ihrer unbegründeten Überheblichkeit preis.

Sosehr Palästinenser und Juden manchmal in zwei ganz verschiedenen Welten der Wörter, der Worte und ihrer Bedeutungen leben können, so sehr verstehen sie es oft, dem anderen zu sagen, was kein Außenstehender zu verstehen vermag, treffsicher dem anderen mit einfachen Worten eine große Seelenpein zu bereiten. Schmerzhafter als jede Kugel oder Bombe können im Heimatland dreier äußerst wortgläubiger Weltreligionen Worte sein, die in das innerste Gefüge der realen und metaphysischen Existenz zielen. Im Heiligen Land ist das Wort stets auch ein Bild der Seele, die Sprache das Sinnbild des Abstrakten und damit des Göttlichen. Entsprechend beginnt das Johannesevangelium ganz in der Tradition dieser Definition des Transzendentalen: »Im Anfang war das Wort, und das Wort war bei Gott und Gott war das Wort.«

»Im Land der himmlischen Botschaften an die Menschheit, im Land Palästina, wurde das palästinensische arabische Volk geboren, wuchs es heran, entwickelte und schuf es seine menschliche und nationale Existenz [...]« Diese Worte aus der palästinensischen Unabhängigkeitserklärung vom 15. November 1988 klingen angemessen pathetisch und besitzen eine gewisse literarische Würde. Ihr Verfasser, der palästinensische Nationaldichter Mahmoud Darwisch, ist indessen nicht nur bemüht gewesen, dem historischen Anlaß gerecht zu werden. Ganz im Sinne des Korans – »Ich komme mit Zeichen von euerem Herrn zu euch« (3. Sure, Vers 50) – handelt es sich bei diesen Worten um eine subversive Kopie jener israelischen Unabhängigkeitserklärung, die David Ben Gurion am 14. Mai 1948 vorlegte: »Erez Israel war der Geburtsort des jüdischen Volkes. Hier wurde seine spirituelle, religiöse und politische Identität geformt. Hier hat es zum erstenmal Staatlichkeit gewonnen, kulturelle Werte von nationaler und universeller Bedeutung geschaffen und der Welt das ewige Buch der Bücher gegeben.«

An einer anderen Stelle der palästinensischen Unabhängigkeitserklärung heißt es: »An diesem Tag, der anders ist als alle anderen, am 15. November 1988 [...]« Auch mit dieser Formulierung scheint der 1941 in der Nähe von Haifa geborene Mahmoud Darwisch nur den historischen Termin gebührend festhalten zu wollen. Doch in diesem Satz steckt eine Anspielung, die für jeden Juden unüberhörbar ist. An ihrem höchsten Feiertag, der an den Auszug aus Ägypten und den Beginn der Heimkehr ins Gelobte Land erinnert, dem Pessachfest, lautet die zentrale und immer wiederkehrende Frage: »Warum ist diese Nacht anders als alle anderen?« Attakken gegen das symbolische wie religiöse Innenleben nehmen Juden und Araber viel ernster als das, was sie nach außen hin der Welt übereinander mitzuteilen haben. Da werden monströse Wortgeschütze aufgefahren, um weltweit Knalleffekte zu erzielen. Das beginnt damit, daß Araber und Juden voneinander behaupten, Fremde im Heiligen Land zu sein, die keinerlei Existenzrecht in Palästina besäßen.

So werden die Araber in Israel von der Bürokratie offiziell als »Nichtjuden« registriert. In den besetzten Gebieten bezeichnet die Verwaltung die Palästinenser als »Einwohner von Judäa und Samaria«. Für Golda Meir hat es »nie ein palästinensisches Volk gegeben«. In der üblichen Sprachregelung der israelischen Regierung gelten PLO-Mitglieder allesamt als »Terroristen«, und es ist jedem

Staatsbürger unter Androhung einer Gefängnisstrafe verboten, sich mit einem Repräsentanten der palästinensischen Befreiungsbewegungen zu treffen oder gar gemeinsame politische Absichtserklärungen zu formulieren. Der Expremier Menachem Begin, während der britischen Mandatszeit per Steckbrief als terroristischer Untergrundkämpfer gesucht, bezeichnete die bewaffneten Fedajin in den Guerillagruppen als »zweibeinige Tiere«.

Umgekehrt schrecken Palästinenser wie Jasir Arafat vor keiner abgeschmackten Beleidigung zurück, wenn sie den Zionisten vorwerfen, wie deutsche Nationalsozialisten zu handeln und zu denken. Sie bestreiten zudem die semitische Abstammung der überwiegenden Mehrheit der Juden, und zwar sowohl jener, die im arabischen Raum leben, als auch jener, die vor allem aus Osteuropa nach Israel eingewandert sind. Die orientalischen Juden sollen zumeist, wie schon bei Tacitus nachzulesen sei, äthiopischer Abstammung sein. Die osteuropäischen Juden seien zum großen Teil Nachkommen des halbnomadischen Turkstammes der Chasaren, die in der Zeit vom 4. bis zum 11. Jahrhundert im Gebiet zwischen Dnjepr, Wolga und dem Kaukasus siedelten. Viele chasarische Fürsten seien mitsamt ihren Stämmen im 8. und 9. Jahrhundert zum Judentum übergetreten, um sich der expansiven Bestrebungen des Christentums und des Islam zu erwehren.

Bei Arabern wie bei Juden treibt die obskure Kunst der historischen Rabulistik kuriose Blüten, wenn es darum geht, sich gegenseitig das Heimatrecht im Heiligen Land streitig zu machen. Religiöse Legenden gelten plötzlich als geschichtliche Tatsachen, Irrtümer und vage Vermutungen naiver Chronisten werden zur unumstößlichen Wahrheit. Alle Möglichkeiten der historischen Forschung werden dem Prinzip der jeweils exklusiven Existenzberechtigung in Palästina unterworfen. Rechthabereien, Diffamierungen und abenteuerliche Schlußfolgerungen bestimmen den Charakter der unerbittlichen Auseinandersetzung. Die eigennützige Plünderung des gemeinsamen Erbes ist Teil einer eifernden Geschichtsschreibung, die zu einem engen und elenden Gefängnis des Geistes und der Kultur mißrät.

In seinem Roman *Diebe in der Nacht* erzählt Arthur Koestler die Geschichte eines fiktiven Wehrkibbuz in der Gegend von Chanitas. Eine Abordnung unter der Führung eines Vertreters der jüdischen Kampforganisation Hagana kehrt nach einem offiziellen Besuch im benachbarten arabischen Dorf in den Kibbuz zurück. Dort wird der Hagana-Kämpfer von einem Kibbuznik gefragt: »Was erklärte der alte Scheich so feierlich?«

»Er erklärte, daß jede Nation das Recht habe, ohne äußere Einmischung auf ihre eigene Art zu leben. Er erklärte, daß Geld korrumpiert, Dünger stinkt und Traktoren Lärm machen, was er alles nicht leiden kann.«

»Und was hast du geantwortet?«

»Nichts.«

»Aber du verstehst seinen Standpunkt?«

»Wir können es uns nicht leisten, den Standpunkt des anderen zu verstehen.«

Nur selten brechen Araber und Juden aus ihrer selbstgewählten Ignoranz aus. So mahnte Martin Buber seine Landsleute in Palästina: »Die jüdische Kibbuz-Jugend glaubt, ihre Siedlungen liegen in Utopia, aber sie liegen in Arabien.« Der deutsche Zionist Georg Landauer, der bis 1938 in Berlin die *Jüdische Rundschau* herausgab und nach Palästina auswanderte, verließ Israel nach der Staatsgründung. Er begründete seinen Entschluß: »Nichts ist mir unerträglicher als die Vorstellung dieser Erfüllung unseres Zionismus dadurch, daß unser nationales Heim auf den Trümmern des Heimes einer anderen Nation errichtet wird, als ob jüdisches Leben aus arabischen Ruinen blühen werde.« Und der zeitgenössische israelische Schriftsteller Amos Oz stellt zur Ideengeschichte des jüdischen Staates fest: »Solange ich lebe, werde ich stets über jene erschaudern, die in das Gelobte Land kamen, um es entweder in ein Paradies der Hirten oder in eine egalitäre Kommune im Geiste Tolstois zu verwandeln oder in eine sehr gebildete, zentraleuropäische Enklave der Mittelklasse, in eine Kopie von Österreich und Bayern.«

Auch unter den Palästinensern gibt es besonnene Betrachter wie den renommierten Orientalisten Edward W. Said, der statt der platten patriotischen Phrasen zum Problem der nationalen Identität des palästinensischen Volkes provozierende und zum Nachdenken anregende Fragen formuliert: »Wann sind wir ›ein Volk‹ geworden? Wann hörten wir auf, eines zu sein? Oder befinden wir uns gerade in dem Prozeß, eines zu werden?«

Es gibt etwa fünf Millionen Palästinenser auf der Welt. Davon leben

in Israel 750 000,
im Gasastreifen 650 000,
im Westjordanland 850 000,
in Libyen 25 000,
in Ägypten 120 000,
in Jordanien 1 100 000,
in Saudi-Arabien 140 000,
in den Vereinigten Arabischen Emiraten 37 000,
in Katar 25 000,
in Kuwait 300 000,
im Irak 24 000,
in Syrien 318 000,
im Libanon 490 000,
in den USA 100 000 sowie
in der übrigen Welt 200 000.

Was macht diese in alle Welt verstreuten Palästinenser zu einem Volk? Bilden sie eine Lebensgemeinschaft von Menschen, die durch ein gemeinsames kulturelles Erbe und historisches Schicksal gekennzeichnet ist?

Sicher ist: Als vor etwa hundert Jahren die durch den Zionismus inspirierte Besiedlung des Heiligen Landes durch die Juden begann, verstanden sich die Araber dieser Region nicht als ein Volk der Palästinenser, sondern als Untertanen des osmanischen Sultans, der zudem ihr oberster Religionsführer war. Ihr kultureller wie ökonomischer Lebensraum beschränkte sich auf ihr Dorf und die nähere Umgebung. Das politisch informierte Bürgertum fühlte sich mehrheitlich als Syrer, als Bewohner der Südprovinz eines Großsyrischen Reiches. Eine palästinensische Identität und einen palästinensischen Anspruch auf ein eigenes Staatsgebiet entwickelten sich erst, als die Zahl der jüdischen Einwanderer in den dreißiger und vierziger Jahren rapide in die Höhe ging. Seither ist die Identität als Volk in dem Maße gewachsen, in dem die Juden sich ein eigenes Staatsgebiet erkaufen und erkämpfen konnten.

Aber diese palästinensische Identität ist mehrfach gebrochen und komplex segmentiert. Zehn Prozent des Volkes, rund eine halbe Million Menschen, führen ein Wohlstandsleben in den reichen arabischen Ölstaaten wie Kuwait, Katar, den Vereinigten Arabischen Emiraten und Saudi-Arabien. Die Palästinenser bilden dort eine agile Bevölkerungsgruppe, aus der leitende Beamte und Angestellte, Ärzte, Ingenieure, Architekten, Industrielle und Händler kommen, die ganz entscheidend dazu beitragen, daß Staatsverwaltung und Wirtschaft ihrer Gastländer überhaupt funktionieren. Vor allem dieser aufgeschlossenen und erfolgreichen Exilbourgeoisie entstammen jene Persönlichkeiten, denen es in den fünfziger und sechziger Jahren gelang, eine palästinensische Widerstandsorganisation aufzubauen und zu behaupten. Sie wurden unterstützt von den etwa 300 000 Palästinensern, die in Europa, in Nord- und Südamerika und anderen Teilen der Welt ein relativ gutes Auskommen gefunden haben.

Die knapp eine halbe Million Palästinenser, die nach ihrer Vertreibung oder Flucht aus ihrer Heimat im Irak, in Syrien, in Ägypten und in Libyen Zuflucht gefunden haben, mußten von Anbeginn darunter leiden, daß die diktatorischen Regierungen dieser Länder das Palästinaproblem stets rigide dem eigenen Staatsinteresse unterordnen. Von den Flüchtlingen aus dem Heiligen Land wird nicht nur politische Unterwerfung, sondern ebenso kulturelle Anpassung abverlangt. Die Palästinenser werden rücksichtslos mal als Kanonenfutter, mal als Märtyrer mißbraucht. Sie dürfen sich je nach politischer Wetterlage bestenfalls als Anhänger eines arabischen Nationalismus profilieren. Ihre von den Regierungen streng kontrollierten palästinensischen Organisationen waren und sind zumeist als Gegenbewegungen zu den von den Exilpalästinensern in den reichen arabischen Ölstaaten, in Europa, in Nord- und Südamerika unterstützten Widerstandsgruppen gegründet und betrieben worden.

Eine relativ enge historische, kulturelle und ökonomische Lebensgemeinschaft bilden jene rund vier Millionen Palästinenser, die in Israel, im Gasastreifen, auf der Westbank, in Jordanien und im Libanon leben. Seit der israelischen Staatsgründung 1948 sind sie hautnah von den Krisen und Kriegen, von der Unterdrückung und von den Massakern, vom Flüchtlingselend und vom harten Kampf ums alltägliche Überleben betroffen. Mehr als die Hälfte von ihnen vegetiert seit über vierzig Jahren in Dutzenden von Lagern dahin, ohne Rechte und Papiere, ganz der Willkür der jeweiligen Herrscher unterworfen, gerade mit dem Notwendigsten an Nahrung und Bildung von der Flüchtlingsorganisation der Vereinten Nationen, der UNRWA, versorgt.

Die 62 Flüchtlingslager sind meist nach nahe gelegenen Orten oder umliegenden Regionen benannt. Manche tragen so poetische Namen wie das libanesische Notquartier Ein el-Hilweh (süße Quelle). Andere werden ganz prosaisch wie das Beach in Gasa oder das Camp No. 1 auf der Westbank bezeichnet. Dritte schmücken sich pathetisch wie das jordanische Lager Märtyrer Azmi Al Mufti mit dem Namen eines gefallenen und als Helden verehrten Fedajin. Allesamt sind sie ein Paradies für Agitatoren und Agenten, für Schieber und Drogenhändler. Die über zwei Millionen Insassen werden nicht nur als Geiseln der arabischen und israelischen Außenpolitik gehalten, sondern ebenso als hilflose Reservearmee für wirtschaftliche und militärische Unternehmungen aller Art ausgebeutet und mißbraucht. Die Trauer und die

Ausweglosigkeit dieser Menschen beschreibt der palästinensische Dichter Mahmoud Darwisch in seinen Zeilen: »Wohin sollen wir gehen am Ende der letzten Grenzen,/ Wohin fliegen die Vögel am Ende des letzten Himmels?«

Die nahezu zwei Millionen Palästinenser, die sich außerhalb der Lager in Israel, in den besetzten Gebieten, in Jordanien oder im Libanon durchs Leben schlagen, haben, was ihren gesellschaftlichen Status, ihre bürgerlichen Rechte und ihre ökonomische Perspektiven anbelangt, wenig erfreuliche Alternativen zur Auswahl. Im israelischen Machtbereich müssen sie sich als Staatsbürger zweiter Klasse oder als fast rechtlose Subjekte der Militärverwaltung in Handel und Wirtschaft mit dem wenigen bescheiden, was ihnen zu tun erlaubt ist. In Jordanien sind sie dem autoritären Regime König Husains unterworfen, dürfen aber dafür ihren Fleiß und ihre Intelligenz ziemlich unbehindert für die bescheidenen Möglichkeiten der jordanischen Ökonomie und Gesellschaft einsetzen. Im Libanon, wo nun schon seit fast fünfzehn Jahren der Bürgerkrieg tobt, müssen sie sich als Überlebenskünstler in einem Dschungel der Gesetzlosigkeit und Gewalt behaupten.

Als Volk und als eine Nation im Untergrund sind die Palästinenser im Grunde genommen nur in ihrem ursprünglichen Heimatland auszumachen. Ob in Lagern, Dörfern oder Städten: Die über 2,2 Millionen Palästinenser, die unter der Herrschaft der Israelis leben, haben ungeachtet aller Rückschläge und Erniedrigungen eine Identität bewahrt, die sich nicht zuletzt aus purem Trotz ernährt. Der palästinensische Dichter Tawfik Zayyad hat es in seinem Poem »Die zwanzig Unmöglichkeiten« so formuliert:

> Es ist einfacher, einen gebratenen Fisch in der
> Milchstraße zu fangen,
> Die See zu pflügen,
> Einem Alligator das Sprechen beizubringen,
> Als uns aus dem Lande zu jagen.

Das arabische Wort *sumud* (Standfestigkeit) ist zum Inbegriff der palästinensischen Identität unter der isaraelischen Herrschaft geworden. Die Standfestigkeit beweist sich in vielem. Es wird um jeden Fußbreit Boden ebenso gekämpft wie um einfache Bürgerrechte und Möglichkeiten des Wirtschaftens und des Handels. Vor allem aber ist *sumud* durch die Wiedergewinnung von Selbstwertgefühl bestimmt, durch die Entschlossenheit, mit Verstand gegen einen Minderwertigkeitskomplex anzugehen, den die Palästinenser bis in die siebziger Jahre hinein gegenüber den Juden empfunden haben. Wie kein anderes arabisches Volk haben sie sich darum bemüht, ihren Kindern eine qualifizierte Schul- und Universitätsausbildung zu ermöglichen. Der Anteil an Akademikern ist heute mit Abstand der höchste unter allen arabischen Nationen.

In den zwanzig Jahren der israelischen Besetzung von Gasa und Westjordanland, von 1967 bis 1987, hat sich ein Verhalten bei den dort lebenden Palästinensern herausgebildet, das der Schriftsteller und Chefredakteur von *Al-Ittihad*, der arabischen Zeitung von Haifa, mit der erfundenen Figur des »Pessoptimisten« charakterisiert. Arabisch heißt sie *al-mutasha'il*, und diese Kunstvokabel ist aus einem bei den Palästinensern besonders beliebten Wortverdrehungsspiel entstanden. Aus den gegensätzlichen Charakterisierungen *al-mutafa'il* und *al-mutasha'im* zusammengebastelt, ist ein neues, nur scheinbar sinnloses Wort kreiert worden, das der palästinensischen Vorliebe und Bedeutung, statt *la* (nein) und *na'am* (ja) lieber *la'am* zu sagen, entspricht. Das Ja und Nein des Pessoptimisten, das halb Hier-, halb Dort-Sein, teils eine historische Person, teils einen mythologischen Geist darzustellen sowie voller und ohne Hoffnung zu leben, all jene widersprüchlichen Eigenschaften und Denkweisen bestimmen den Alltag und die Phantasie der Palästinenser, die wie Fremde im eigenen Land existieren müssen.

Für die Israelis handelt es sich bei der Westbank und

dem Gasastreifen nicht um ein besetztes feindliches Staatsgebiet, sondern rechtlich um Niemandsland. Jordanien hat nach ihrer Auffassung einst das Westufer des Jordan völkerrechtswidrig annektiert, Ägypten nie die Souveränität über Gasa eingefordert. Regierung, Verwaltung und Recht sind dem Verteidigungsministerium übertragen, insbesondere dem Büro für die »Koordination der Aktivitäten in den Gebieten«. Der Militärbefehlshaber der jeweiligen Region erläßt Befehle, die Gesetzeskraft besitzen. Auf der Westbank sind es mittlerweile mehr als zwölfhundert, in Gasa über neunhundert. Drastische Vergeltungsmaßnahmen wie Häusersprengungen, Abschiebungen oder Verhaftungen werden pro forma und perfiderweise unter Berufung auf Verordnungen von 1945 durchgeführt, einem Sondergesetz der damaligen britischen Mandatsherren, das sich gegen jüdische Terroristen à la Menachem Begin und Jitzhak Schamir richtete. Verstöße gegen das Strafrecht unterliegen der Militärgerichtsbarkeit. Richter, Staatsanwälte, Kripo-Experten, Übersetzer und zuweilen auch die Verteidiger sind Angehörige der israelischen Armee.

Seit 1967 hat das Militär mit mehr oder weniger brutalen Methoden etwa 48 Prozent des Bodens auf der Westbank und etwa ein Drittel der Fläche des Gasastreifens in seinen Besitz genommen. Damit einher geht eine rücksichtslose Ausbeutung der Wasserreserven und der Ausbau einer Infrastruktur, die ganz gezielt den Interessen der inzwischen 65 000 jüdischen Kolonisten, der 118 Siedlungen im Westjordanland und den 2700 israelischen Einwanderern in den achtzehn Dörfern des Gasastreifens zugute kommen soll. Wie konsequent diese Politik der Verdrängung der Palästinenser aus ihrer Heimat verfolgt wird, mußte 1980 ein israelischer Stabsoffizier bei einer Sitzung der Militärregierung erfahren. Auf seine Bemerkung, daß sich beim Wohlstand der Einwohner der besetzten Gebiete Fortschritte bemerkbar machen würden, antwortete der Generalstabschef kühl: »Ich bin nicht an

Verbesserungen interessiert, sondern an Auswanderung.«

Die ökonomische Situation der Palästinenser hat sich in den zwei Jahrzehnten der Besetzung von 1967 bis 1987 tatsächlich erheblich verbessert. Der von Palästinensern wie Israelis respektierte Sozialwissenschaftler und ehemalige stellvertretende Bürgermeister von Jerusalem, Meron Benevisti, stellt nüchtern fest: »Die wirtschaftliche Integration hat den Bewohnern der Gebiete individuelle Vorteile gebracht. Der Abstand zwischen ihrem verfügbaren Einkommen und dem der Israelis hat sich um fast fünfzig Prozent verringert. Der Nährwert ihrer Lebensmittel ist der höchste in der arabischen Welt. Die Motorisierung hat sich in zehn Jahren verdreifacht, und der Analphabetismus sank von 48 Prozent im Jahr 1970 auf 29 Prozent im Jahr 1980.« Doch Meron Benevisti konstatiert ebenso sachlich: »Der wirtschaftlichen Lebensfähigkeit der Palästinenser als Gemeinschaft hat die Integration in die israelische Wirtschaft allerdings den Todesstoß versetzt.«

Von Anfang an haben die Israelis Westbank und Gasa als Reservoir für billige Arbeitskräfte und als exklusiven Markt für ihre Produkte benutzt. So wuchs die offizielle Zahl der beschäftigten Palästinenser aus den besetzten Gebieten von etwa 20 000 im Jahr 1970 auf über 100 000 im Jahr 1987. In einer Analyse der mit der UN verbundenen Internationalen Arbeitsorganisation in Genf wird festgestellt: »Zum größten Teil sind die arabischen Arbeiter aus den besetzten Gebieten weiterhin am unteren Ende der Berufsskala beschäftigt. Meist verrichten sie niedrige, temporäre oder saisonale Arbeiten, vor denen die israelischen Erwerbstätigen offenbar immer mehr zurückschrecken.« Die Beschäftigten dürfen zwar in Israel arbeiten, aber nicht über Nacht bleiben. Die Palästinenser dürfen nicht Mitglieder der Gewerkschaft werden, müssen aber Beiträge entrichten. Sie verdienen für die gleiche Arbeit weniger Lohn als die jüdischen Kollegen. Aus den Extraabzügen für obligatorische Versicherungen und Altersversorgung können die palästinensischen Gastarbeiter keinen Anspruch im Bedarfsfall ableiten, weil der zum Teil an einem Wohnort in Israel gebunden ist – was wiederum für sie per Gesetz in kafkaesker Weise untersagt ist.

Neben den offiziell Beschäftigten gab es bis Ende 1987 Zigtausende von illegalen palästinensischen Arbeitern aus dem Westjordanland und Gasa, die sich für Tagesjobs an bestimmten Sammelplätzen verdingten. In einem *Bericht der Liga für Bürger- und Menschenrechte in Israel* beschreibt der Autor Israel Shahak die Lage vor Ort: »Ich habe an der Aschkalon-Kreuzung einen dieser Sklavenmärkte besucht. Die Unternehmer, die ›Arbeit geben‹, inspizieren nicht nur einen Menschen, sondern Hunderte (auch Kinder sind darunter). Sie fordern die Arbeitsuchenden auf, sich fast auszuziehen und prüfen dann persönlich die Muskeln und die Statur dieser Menschen, um herauszufinden, ob sie für die Arbeit geeignet sind oder nicht.«

Der Aderlaß an Arbeitskräften und die gezielte Behinderung eines generellen Aufbaus oder partiellen Ausbaus einer eigenen Ökonomie auf der Westbank und in Gasa hatte bis Ende 1987 zur Folge, daß der Anteil der Landwirtschaft am Bruttoinlandsprodukt auf unter dreißig Prozent im Westjordanland und auf knapp über fünfzehn Prozent in Gasa absank. Eine Industrie durfte und konnte sich nicht entwickeln. Es gab einige hundert kleine Gewerbebetriebe, aber nur drei palästinensische Unternehmen auf der Westbank hatten mehr als einhundert Beschäftigte unter Vertrag. Gleichzeitig sorgte die israelische Regierung mit Gesetzen und Verordnungen dafür, daß mehr als neunzig Prozent aller Importe nach Gasa und auf die Westbank aus Israel kamen. Mit einem Gesamtwert von über einer Milliarde Dollar pro Jahr wurden die besetzten Gebiete nach den USA zum wichtigsten Ausfuhrmarkt des Judenstaates.

Bis Mitte der achtziger Jahre ging diese teils raffinierte, teils brutale Okkupationspolitik der Israelis auf.

Doch das Prinzip Zuckerbrot und Peitsche funktionierte von da an immer weniger. Das lag zum einen an Gründen, auf die die Israelis keinen Einfluß hatten. Zum anderen wurden die Methoden der Unterdrückung und Vertreibung selbst für die geduldigen und oftmals gedemütigten Palästinenser der besetzten Gebiete untragbar. Die seit Sommer 1985 wegen wachsender Unzufriedenheit und gewalttätiger Demonstrationen von Verteidigungsminister Rabin eingeführte Politik der eisernen Faust, die ständigen Inhaftierungen, die Abschiebungen (seit 1967 mehr als zwölfhundert Personen) sowie die als Vergeltung gesprengten Häuser (seit 1967 über dreizehnhundert Gebäude) waren nicht mehr geeignet, die Palästinenser zu willfährigen Untertanen zu disziplinieren.

Mehrere Ursachen kamen Ende 1987 zusammen, die die arabischen Bewohner der Westbank und des Gasastreifens dazu bewegten, ihr Schicksal in die eigene Hand zu nehmen, selbstbestimmt ihren eigenen Weg zur Befreiung zu suchen. Neben den fortdauernden politischen Krisen der rivalisierenden arabischen Staaten und ihrer notorischen Unfähigkeit, das Palästinaproblem mit einer gemeinsamen politischen Strategie und einem entschlossenen Willen zur Lösung anzugehen, ist seit Mitte der achtziger Jahre eine ökonomische Rezession eingetreten. Der irakisch-iranische Krieg verzehrte Hunderte von Millionen Dollar. Gleichzeitig fielen die Erdölpreise, die Milliardeneinnahmen nahmen deutlich ab. Sparmaßnahmen und Projektrückstellungen bewirkten vor allem in den reichen arabischen Ländern, daß viele Fremdarbeiter aus Palästina, Jordanien und anderswo in ihre Heimat zurückkehren mußten.

Auf der Westbank und in Gasa blieb vielen Familien nichts anderes übrig, als den Gürtel enger zu schnallen, zumal die Bevölkerung in den letzten Jahren sprunghaft gewachsen war. Nahezu die Hälfte der Einwohner in den besetzten Gebieten ist unter fünfzehn Jahre alt. Diese Kinder und Jugendlichen mußten ernährt, untergebracht, gekleidet und in Schulen geschickt werden. Nur für knapp fünfzig Prozent von ihnen gab es eine Hoffnung auf Beschäftigung. Darüber machten sich selbst die palästinensischen Teenager keine Illusionen mehr. Ihre Langeweile, ihre Frustrationen und ihre Perspektivlosigkeit mußten sich früher oder später in Wut über die Verursacher ihrer Misere steigern, in einen Ausbruch von Gewalt gegen ihre Unterdrücker.

Den Jugendlichen war allerdings klar, daß sie ihren Aufstand und ihren permanenten Widerstand ohne jene Organisation durchführen mußten, die dem Namen und Anspruch nach eigentlich für diese Aufgabe zuständig ist: die palästinensische Befreiungsbewegung PLO. Denn diese befand sich politisch, militärisch und moralisch in einem völlig desolaten Zustand. Das Hauptquartier lag weitab von Palästina in einem Luxusvorort von Tunis. Von Rabat bis Damaskus hatte Jasir Arafat fast jeden politischen Kredit verspielt. König Hasan von Marokko hielt ihn für »den größten Lügner, den ich je kennengelernt habe«. Syriens Staatspräsident Hafis Asad versprach, daß »er nie mehr lebend die syrische Grenze überschreiten darf«. Wie einst Howard Hughes hatte der PLO-Chef einen Düsenjet zu seinem Hauptwohnsitz gemacht – immer auf der Hut vor den Killerkommandos, die falsche Freunde und erbitterte Gegner auf ihn hetzten. Arafat bekannte: »Ich fliege nachts nie über arabisches Territorium oder über dem Mittelmeer. Wenn ich schon nachts fliegen muß, dann nur über Europa. Da fühle ich mich viel sicherer als über arabischen Ländern.«

Von seiner einst 18000 Mann starken Armee, die Jasir Arafat vor 1982 im Libanon befehligte, standen ihm fünf Jahre später kaum noch ein Drittel zur Verfügung. Und selbst diese Kämpfer waren in verschiedenen arabischen Ländern stationiert und bildeten für die Israelis keinerlei Bedrohung. Um seine Truppen auf einen Punkt zu konzentrieren und besser auszubilden, hatte Jasir Arafat nach seinem Abzug aus dem Libanon vom damaligen Präsidenten des Südjemen, Ali Nasser Muhammad, die

Insel Kamaran gemietet: für eine einmalige Sonderzahlung von 25 Millionen Dollar plus einem jährlichen Zins von einer Million Dollar. Auf der Insel nahe am Bab Al Mandab wurde sogleich mit dem Bau eines Flughafens, von ein paar Kasernen, des Hauptquartiers, einiger Villen für die Kommandeure sowie eines Luftschutzbunkers begonnen. Doch Kommandeure und Kämpfer weigerten sich, auf das siebzig Quadratmeilen große und triste Eiland zu ziehen. Zigmillionen Dollar sind buchstäblich in den Sand gesetzt worden.

Der verschwenderische Umgang mit mehrstelligen Millionenbeträgen und die maßlose Bereicherung der PLO-Führungselite und deren loyalem Fußvolk waren Ende 1987 auch bei den Palästinensern der Westbank und in Gasa bekannt. So stellte der Direktor des UNRWA-Sportclubs im Lager von Dschabalia nur noch rhetorisch die Frage: »Warum bekommen die Sportclubs in den Lagern, wo jedermann für die PLO ist, weniger Geld als jene Clubs, die den Reichen in der Stadt gehören?« Zynisch sprach man in den besetzten Gebieten von den »Suburbs of sumud«, von den »Vorstädten der Standfestigkeit«, wenn die Rede auf jene Villenviertel kam, die sich rund um viele Orte ausgebreitet haben und von Neureichen gebaut wurden, die bekanntermaßen in der Gunst der Mächtigen der PLO standen.

In den Stadtverwaltungen saßen Beamte, die mit »Unternehmern« halbe-halbe machten, wenn es darum ging, großzügig Fördermittel von der PLO für Scheinfirmen zu kassieren. Einige Dutzend Gewerkschaften gab es nur auf dem Papier, damit ihre selbsternannten Funktionäre Gehalt und Spenden beziehen konnten. Verleger von PLO-freundlichen Presseorganen fälschten ihre Auflagenzahlen nach oben, um mehr Subventionen für ihre Propagandaarbeit von den zuständigen Gremien der palästinensischen Befreiungsbewegungen einzuheimsen. Bereits 1985 beklagten sich 24 renommierte palästinensische Wissenschaftler auf einem Treffen in der Columbia University von New York, daß sich die PLO-Spitze

»Loyalität kauft und ein System von Günstlingen aufgebaut hat, statt Institutionen zu entwickeln, die den besonderen Bedürfnissen der Palästinenser gerecht werden«. Die Wissenschaftler forderten, daß »der schreckliche Mißbrauch von Personal und Finanzen« endlich beseitigt werden müßte und »ein System der Finanzkontrolle dringend erforderlich sei«.

Doch derlei ehrlich gemeinte Forderungen lassen sich leichter beschließen als in die Tat umsetzen. Denn wo kann eine Kontrolle der Palästinenser im Exil und in den besetzten Gebieten beginnen, wenn vier Fünftel der Summe, die Jasir Arafat jährlich ausgeben kann, jeder offiziellen Überprüfung entzogen sind? Kontrollierbar ist allenfalls und in Maßen das jährliche Budget des Palästinensischen Nationalfonds (PNF), der quasi als Finanzministerium der PLO fungiert. Der PNF ist dem Exilparlament, dem Palästinensischen Nationalkongreß Rechenschaft schuldig. Aber eine tatsächliche, detaillierte Überprüfung findet dort nicht statt. Völlig freie Hand hat Jasir Arafat mit den Kassen der Fatah und seinem Privatbudget für politische und militärische Operationen, die laut Geheimdienstberichten in den USA und Israel in guten Jahren einen Umsatz von rund einer Milliarde Dollar ausmachen. Sie werden gefüllt durch Sonderzahlungen arabischer Monarchen, Diktatoren oder Milliardäre: sei es aus Engagement für die Sache der Palästinenser, sei es aus purer Sorge um das körperliche Wohlempfinden oder aus kühlem Interesse für ein bestimmtes politisches oder persönliches Ziel. Manche dieser Mächtigen aus der orientalischen Politik und Wirtschaft verbinden ihre millionenschwere Großzügigkeit mit ein wenig Arbeit für Jasir Arafat und seine Finanzminister. Sie bieten Provisionsgeschäfte beim Verkauf von Öl oder beim Einkauf oder Zwischenhandel von Waffen an. All diese Zahlungen, Prämien und Gefälligkeiten der arabischen Plutokratie machen etwa zwei Drittel aller Einnahmen von Fatah und Jasir Arafat aus.

Das restliche Drittel kommt teils aus trüben Quellen

wie Rauschgifthandel und kriminellen Schiebergeschäften, teils aus Erlösen einer Firma, die mit sechs Nähmaschinen, einer guten Idee und einem ordentlichen Beschluß des Zentralkomitees der Fatah am 1. Januar 1970 in Jordanien gegründet wurde. Sie sollte laut Jasir Arafat zum »Kern einer künftigen palästinensischen Ökonomie« gedeihen und erhielt den stolzen Namen »Samed«, die »Arbeitsgesellschaft der Standfesten und Märtyrer«. In den Flüchtlingslagern wurden die Frauen der Kriegsopferfamilien zur Heimarbeit von Textilien aller Art ermuntert. Und da die Palästinenserinnen im arabischen Raum wegen ihrer Qualitätsarbeit einen guten Ruf genießen, ließ sich die Burda-Couture gut verkaufen. Bald entstanden Werkstätten für andere Produkte. Anfang der achtziger Jahre gab es allein im Libanon 46 Fabriken, in denen etwa fünftausend Menschen für durchschnittlich zweihundert Dollar pro Monat arbeiteten. Sie produzierten pro Jahr rund eine halbe Million Uniformen, zivile Anzüge und Kleider, 33 000 Ledertaschen, 86 000 Pullover, ebenso viele Decken, 63 000 Paar Schuhe, 169 000 Kinderspielzeuge, 337 Tonnen Lebensmittel, nahezu 8500 Möbelstücke, circa 690 000 Plastikartikel und 33 578 Militärstiefel. Steuer- und zollfrei durfte Samed in arabische Länder exportieren. 1981 kam es sogar zu einem Sonderabkommen mit der Sowjetunion über die Lieferung von 100 000 Hemden und 50 000 Hosen.

Bereits vor, aber vor allem nach dem Abzug der Palästinenser aus dem Libanon ist die Samed zu einem international operierenden Konzern herangewachsen, der besonders in der dritten Welt und in einigen sozialistischen Staaten seine Tochterfirmen hat:
- Polen: eine Fabrik für Stahlwaren und Werkzeuge (Poznań), eine Geflügelfarm, auf der 100 000 Tiere pro Jahr produziert werden, sowie eine Textilfabrik mit 150 Beschäftigten
- Rumänien: eine Textilfabrik
- Ungarn: eine Produktionsanlage, in der Schuhe für die dritte Welt hergestellt werden

- Zypern: mehrere Kleinverlage und Druckereien
- Ägypten: eine Schuhfabrik und eine Textilproduktionsstätte
- Libanon: zehn Textilfabriken für Männer-, Frauen- und Kinderkleidung in Burdsch-Al-Barandscha, Sabra, Schatila und Badawi, die Möbelfabrik »Märtyrer Issa Hammud« in Burdsch-Al-Barandscha, eine Strickwaren-Produktion und eine Firma zur Herstellung von Tehina (einer Paste aus Sesamsamen), beide ebenfalls in Burdsch-Al-Barandscha gelegen
- Sudan: eine Schuhfabrik mit einer jährlichen Produktion von 250 000 Einheiten, eine Ölmühle, eine Transportgesellschaft im Frachtverkehr zwischen Khartum und Port Said inklusive mehrerer Tankstellen und Werkstätten entlang der Strecke, eine 1300 Hektar große Farm zwanzig Kilometer südlich von Khartum, auf der Gemüse angebaut, Rinder gezüchtet und Düngemittel hergestellt werden, sowie ein landwirtschaftliches Großprojekt, bei dem auf 50 000 Hektar Sojabohnen angepflanzt werden
- Marokko: eine Schuhfabrik und ein Verpackungsbetrieb für Sardinen
- Somalia: ein landwirtschaftliches Großprojekt für Viehzucht, Gemüseanbau und Früchteplantagen
- Guinea: eine Großfarm zum Anbau von Ananas und Mangos sowie eine Geflügelzucht
- Guinea-Bissau: eine Ananas- und Mangoplantage, Gemüseanbau und eine Möbelfabrik
- Kongo: eine Mangoplantage auf der Insel Ambamo
- Mali: eine Futtermittelfarm
- Elfenbeinküste: eine Bananenplantage und eine Lagerhausgesellschaft
- Südjemen: die Textilfabrik »Shahid Faiz Birkdar« in Aden sowie eine Möbelproduktionsstätte
- Nordjemen: Musterfarmen für Viehzucht und Gemüseanbau in Al-Takhada und Hodeida, die Textilfabrik »Arako« in Sana (Uniformen und Berufskleidung für Ärzte und Pflegepersonal. Fünfhundert Beschäftigte

stellen etwa 1,8 Millionen Einheiten pro Jahr her), ein Betrieb zur Produktion von Waschmaschinen, Herden und elektrischen Öfen (rund hundert Beschäftigte), eine Vulkanisationswerkstatt in Ta'iz sowie eine Zwanzig-Millionen-Dollar-Beteiligung an einer Zementfabrik (Projektleitung: Experten der DDR)
- Thailand: eine Textilfabrik
- Malediven: eine Beteiligung an »Maldive Airways«
- Sierra Leone: eine Beteiligung an »Sierra Leone Airways«
- Tansania und Sansibar: zwei Duty-Free-Shops

Die weltweiten Tätigkeiten von Samed sind nicht immer von wirtschaftlichen Überlegungen bestimmt, oft dienen die Investitionen des Fatah-Konzerns als Mittel der persönlichen Außenpolitik von Jasir Arafat. Diese kostspieligen Prestigeobjekte und eine von Arafat geduldete Bereicherung der Samed-Manager haben aus dem »Kern einer künftigen palästinensischen Ökonomie« eine wirtschaftliche Organisation mit Kernfäule gemacht. Die Samed-Direktoren kassieren beim Einkauf von Rohmaterial durch zu ihren Gunsten frisierte Rechnungen, bei Zulieferfirmen durch persönliche Provisionen, beim Export durch beigelegte Schmuggelware und bei der Buchhaltung durch schieren Betrug.

Viele Details der Verschwendung und der Korruption in der PLO-Führungsspitze wurden ab 1985 enthüllt, als sich der Sicherheitschef der Fatah, Abu Zaim, von Jasir Arafat lossagte und bereitwillig Interna ausplauderte. Obwohl Abu Zaim jahrelang selbst als schamloser Profitmacher bekannt war, zögerte er nunmehr nicht, den empörten Saubermann zu spielen. So seien vom 1. Juni 1983 bis zum 1. Juli 1984 allein 3,2 Millionen Dollar für Flugtickets der PLO-Führung ausgegeben worden, vier Millionen Dollar pro Jahr benötigte Arafat nur für Bewirtungsspesen, und die »Siegesfeier« von Aden, die 1983 für die evakuierten PLO-Kämpfer aus Beirut stattfand, habe zwölf Millionen Dollar gekostet. Noch höhere Summen nennt Abu Zaim in Zusammenhang mit den Kredi-

ten, die Jasir Arafat in den achtziger Jahren rund um die Welt vergeben hat:
- zwölf Millionen Dollar an Nicaragua
- zwanzig Millionen an den Kongo
- hundert Millionen an den Nordjemen für den Bau einer Pipeline
- hundert Millionen an Tunesien (plus eine einmalige Schenkung von sechzig Millionen Dollar)
- dreihundert Millionen Dollar an Indien

Das tägliche Management des weltweiten Wirtschafts- und Finanzimperiums hat Jasir Arafat einem Kreis von etwa zwanzig Vertrauten übertragen, dem neben seinem Cousin Moussa Arafat Männer wie Abu Osama, Abu Ala und Fouad Schouabaki angehören. Reiche und superreiche Palästinenser wie Hikmat Naschaschibi, Omar Aggad, Faruk Tukan und Hassib Sabbagh stehen dem PLO-Chef gelegentlich mit Rat und Tat zur Seite. Am stillsten und am effektivsten arbeitet indessen ein Geldinstitut Jasir Arafat zu: die Arab Bank Ltd. in Amman. Die 1930 in Jerusalem vom Palästinenser Abdulhamid Schoman gegründete Bank hat das Kunststück fertiggebracht, als Hausbank des palästinensischen Widerstandes gegen die Zionisten und Israel zu den ersten Adressen der internationalen Finanzwelt zu gehören.

Mit einer Bilanzsumme von über zehn Milliarden Dollar und weltweit knapp siebzig Niederlassungen ist die Arab Bank Ltd. Teil der Arab Bank Limited Group, die noch weitere drei Milliarden mit Tochterinstituten und Beteiligungen erwirtschaftet. Dazu gehören:
- die Arab Bank Switzerland Ltd. (100 Prozent)
- die Arab Bank Investment Co. Ltd., London (100 Prozent)
- die Arab Tunisian Bank (62,4 Prozent)
- die Arab Bank Maroc (50 Prozent)
- die Oman Arab Bank (49 Prozent)
- die Arab National Bank – Saudi Arabia (40 Prozent)
- die Nigeria-Arab Bank Ltd. (40 Prozent)
- die UBAE Arab German Bank (37,45 Prozent)

- die Arab Insurance Co. (36,67 Prozent)

Die zwei Söhne und ein Enkel des Firmengründers Abdulhamid Schoman führen die Geschäfte der Bank, die zweifellos zum erfolgreichsten und solidesten Unternehmen gediehen ist, das die Palästinenser im internationalen Vergleich aufbieten können. Zum bitter-ironischen Schicksal dieses Volkes gehört es allerdings: In ihrer ursprünglichen Heimat, in Israel und in den besetzten Gebieten, hat die Arab Bank seit 1967 keine Filiale mehr. Wie die Exilbourgeoisie und die PLO ist auch das Geldinstitut gezwungen, sein Engagement für Palästina von arabischen Ländern oder anderen Teilen der Welt aus zu betreiben, was aber weder auf der Westbank noch in Gasa honoriert wird. Die Palästinenser in den besetzten Gebieten fühlen sich im Stich gelassen und nehmen nicht zuletzt auch deswegen im Dezember 1987 ihr Schicksal in die eigenen Hände: Die Intifada beginnt.

Die vordergründigen Anlässe des Aufstandes sind von brutaler Banalität und keineswegs ungewöhnlich im gewalttätigen Alltag der israelischen Besatzung. Am 7. Dezember wird in Gasa ein israelischer Geschäftsmann auf offener Straße niedergestochen. Am Tag darauf ereignet sich an der Erezkreuzung, die genau an der Grünen Linie zwischen Israel und dem Gasastreifen liegt, ein Verkehrsunfall, der den Palästinensern nicht zufällig erscheint, sondern wie eine gezielte Vergeltung für den Mordanschlag: Ein schwerer Lastwagen der israelischen Armee rast in eine Reihe parkender Autos mit arabischen Kennzeichen. Zwei Wagen werden dabei völlig überrollt. Vier palästinensische Arbeiter sterben, sieben erleiden schwere Verletzungen. Noch in der Nacht werden drei der vier Todesopfer beigesetzt. Die Trauerfeier, an der rund zehntausend Menschen teilnehmen, gerät zu einer lautstarken Demonstration gegen das israelische Regime.

Bei einem weiteren Protestmarsch am nächsten Tag wird ein arabischer Demonstrant erschossen. Von nun an gewinnen die Ereignisse eine eigene Dynamik stets gleicher Abfolge: Beerdigung, Demonstration, Todesopfer,

Beerdigungen, Demonstrationen, Todesopfer... Bald beteiligt sich auch die Bevölkerung auf der Westbank an diesem spontanen Aufruhr. In Städten und Dörfern gehen vor allem die jungen Leute (arabisch: *schabab*) mit Steinwürfen, brennenden Autoreifen und Straßensperren gegen die verhaßte Besatzungsmacht vor. Am 21. Dezember kommt es in den besetzten Gebieten zu einem Generalstreik, dem sich fast die gesamte Bevölkerung anschließt. Bis zum Jahresende sind bereits über 25 Todesopfer zu beklagen. Aber die Demonstrationen gehen unvermindert weiter. Der israelische Verteidigungsminister Jitzhak Rabin macht sich und einer alarmierten Öffentlichkeit Mut, indem er erklärt, daß die ganze Rebellion von außen, das heißt durch die PLO, gesteuert sei und man sie demnächst im Griff haben werde.

Nichts dergleichen trat ein: Weder wurde der Aufstand von außen gesteuert, noch zeigte sich die Besatzungsmacht in der Lage, damit fertig zu werden. Die Israelis waren Opfer ihrer Überheblichkeit und ihres blinden Vertrauens in den legendären Nachrichtendienst geworden. Zu sehr hatten sie sich auf ihr Netz der Kollaborateure verlassen, zu sehr waren sie auf die lückenlose Erforschung aller Personen und Daten der offiziellen palästinensischen Widerstandsbewegungen im Exil fixiert. Nahezu komplett war ihnen die Entwicklung einer palästinensischen Untergrundorganisation in den besetzten Gebieten entgangen. Dabei waren Inhalte, Strukturen, Taktiken und Strategien dieser Volksbewegung schon seit dem Sommer 1984 bekannt gewesen, nachdem sie in der Vierteljahresschrift *Journal of Palestine Studies*, Nummer 52, veröffentlicht worden waren, die vom Washingtoner Institut für Palästinensische Studien und der Universität von Kuwait herausgegeben wird und die dem israelischen Nachrichtendienst selbstverständlich bekannt ist.

Unter dem Titel »Gewaltfreier Widerstand. Eine Strategie für die besetzten Gebiete« lieferte Mubarak Awad, der Direktor des Palästinensischen Beratungszentrums in Jerusalem, ein perfektes Drehbuch für das, was dreieinhalb Jahre später als Intifada Realität wurde. Von den fünfzehn Vorschlägen zum Widerstand durch Verweigerung, die Awad in diesem Artikel macht, wurden fast alle von den mutigen Schabab und immer mehr auch von ihren aufgeschreckten Eltern 1988 in die Tat umgesetzt:

1. Die Weigerung, beim Bau israelischer Siedlungen oder Erschließungsstraßen oder jedes anderen Projektes der »Judaisierung« mitzuarbeiten.
2. Die Weigerung, in israelischen Fabriken zu arbeiten.
3. Die Weigerung, irgendwelche Formulare auszufüllen, irgendeine Information zu geben oder irgendeine Kooperation mit den Polizei- oder Armeebehörden einzugehen.
4. Die Weigerung, Identitätspapiere mit sich zu führen oder vorzuzeigen.
5. Die Weigerung, Strafen zu zahlen und somit die bereits überfüllten Gefängnisse zu belasten, wodurch zugleich der ganze Justiz- und Sicherheitsapparat durcheinandergebracht wird.
6. Die Weigerung, Anträge für die vielen Lizenzen und Genehmigungen einzureichen, die wegen der verschiedenen Gesetze und Militärbefehle verlangt werden.
7. Die Weigerung, Ladungen zu den Polizeidienststellen, den Zivilbehörden oder zur Militärverwaltung zu befolgen.
8. Die Weigerung, mit Offizieren oder Angestellten der Militärregierung oder der Zivilverwaltung auf den Gebieten Gesundheit, Erziehung, Landwirtschaft oder sonstwo zusammenzuarbeiten oder in Kontakt zu kommen.
9. Die Weigerung, Formulare und Dokumente zu unterschreiben oder auszufüllen, wenn sie in hebräischer Sprache gedruckt oder geschrieben sind.
10. Die Weigerung, an irgendwelchen Feierlichkeiten oder Veranstaltungen teilzunehmen, die von der Mi-

litärregierung, der zivilen Verwaltung oder von bekannten Kollaborateuren organisiert werden oder an denen solche Personen beteiligt sind.
11. Die Weigerung, als Angestellter bei der Militärregierung oder der zivilen Verwaltung zu arbeiten.
12. Die Weigerung, Einkommensteuer zu zahlen.
13. Die Weigerung, Mehrwertsteuer oder andere Steuern zu zahlen.
14. Die Weigerung, Befehle zum Hausarrest, zu Reisebeschränkungen, zur Respektierung von geschlossenen Zonen oder zu generellen Ausgangssperren zu befolgen.
15. Kollektive soziale Boykotte gegen Verräter und Kollaborateure.

Neben diesen gewaltlosen Maßnahmen empfiehlt Mubarak Awad den völligen Verzicht auf Stich- und Schußwaffen, um mit den eher symbolischen Mitteln der Notwehr – wie Steine und Barrikaden – die Brutalität und die Übermacht der mit Maschinengewehren und sonstigem militärischen Material vorgehenden Besatzungstruppen aller Welt um so deutlicher vor Augen zu führen und damit den israelischen Sicherheitsanspruch auf die besetzten Gebiete als Absurdität zu entlarven. Angesichts der augenfälligen Ungleichheit der Bewaffnung und der Bereitschaft zu töten hatte es Ministerpräsident Jitzhak Schamir im Verlauf der Intifada immer schwerer, die internationale Öffentlichkeit davon zu überzeugen, »daß jeder Jude, jung oder alt, Mann oder Frau, instinktiv den Blutdurst und die Mordlust der Palästinenser weckt«. Die arabischen Bewohner Palästinas sind sich seit 1988 darüber im klaren, daß die beharrliche, opferreiche und konsequente Demonstration der Unterlegenheit und Schwäche eine außergewöhnliche Stärke und Macht bedeuten kann. Im März war an einer Hauswand in einem Dorf bei Ramallah ein Gedicht zu lesen:

> Wir werden uns nicht beugen,
> Solange unsere Kinder an der Brust der Mutter
> trinken!
> Sei ohne Angst, sei ohne Angst,
> Der Stein ist zu einer Kalaschnikow geworden.

Das neue Selbstbewußtsein, der frische Stolz, die Israelis durch Intelligenz und Mut übertroffen zu haben, hat ungeahnte Kräfte und Talente bei den Palästinensern in den besetzten Gebieten mobilisiert. So, wie es Mubarak Awad in seinem Artikel für das *Journal of Palestine Studies* angeregt hatte, organisierten sie sich in Stadtvierteln, Dörfern und Lagern zu verschiedenen Volkskomitees, die sich um die Durchführung verschiedener Gemeinschaftsaufgaben demokratisch und selbstbestimmt kümmern. So gibt es Komitees für Polizeiaufgaben, für die allgemeine Versorgung, für Erziehung, für medizinische Betreuung sowie für freiwillige Arbeiten wie Straßenreinigung, Müllabfuhr und besondere soziale Dienste. Landwirtschaftskomitees fördern den Eigenanbau von Gemüse und Früchten und propagieren die Nutztierhaltung im kleinen. Händlerkomitees koordinieren Proteststreiks und legen Verkaufszeiten für lebenswichtige Produkte fest. Komitees für Öffentlichkeitsarbeit dokumentieren mit bislang unbekannter Sachlichkeit Aktionen des Widerstandes und arrangieren Termine für Journalisten aus aller Welt. »Niemand steht heute abseits«, verkündet stolz der ehemalige Bürgermeister von Nablus, Bassam Schaka, und er fügt hinzu: »Früher hat sich unsere Bevölkerung um ihre Autos und die Marke ihrer Schuhe gekümmert. Nun weiß sie, daß das eine Sackgasse in die Zukunft ist. Jetzt bepflanzen die Leute ihre Gärten, bebauen das Land. Ich zum Beispiel besitze viel Geld, ich könnte genauso weiterleben wie früher. Aber jetzt gebe ich nur noch ein Drittel dessen aus, was ich früher ausgegeben habe.«

Der neue selbstbewußte Geist, der die Palästinenser auf der Westbank und in Gasa beseelt, macht die Israelis von Tag zu Tag rat- und hilfloser. Weder scharfe Munition und Gummigeschosse noch Knüppel- und Gaseinsatz, noch Hauszerstörungen und Ausweisungen haben den neuen Widerstandswillen und die Moral brechen können. Nach einem Jahr Intifada lautet die Bilanz der blutigen Unterdrückung laut israelischen Angaben 302 tote und 3640 verletzte Araber. Die Palästinenser der besetzten Gebiete haben vierhundert Tote in ihren Reihen gezählt, Jasir Arafat 530. Über fünftausend Bewohner aus dem Westjordanland und dem Gasastreifen sitzen in Gefängnissen. 138 Häuser sind von israelischen Militärs in die Luft gesprengt worden, 48 wurden einfach zugemauert. Doch noch immer skandieren Jugendliche in den Straßen: »Schamir, wir werden dein Grab schaufeln!« Die Schabab sind weiterhin stolz und siegesbewußt: »Wir trotzen ohne Waffen der größten Militärmacht im Nahen Osten.«

Die Israelis hatten im ersten Jahr der Intifada sechs Zivilisten und zwei Soldaten als Tote zu beklagen. Insgesamt 1131 Juden wurden bei Ausschreitungen verletzt. »Die Wirtschaft der Gebiete liegt in Trümmern«, konstatiert der ehemalige Leiter der Zivilverwaltung, General Efraim Sneh. Der israelischen Wirtschaft ist dadurch ein Schaden von circa 750 Millionen Dollar entstanden. Die militärischen Extrakosten betragen rund dreihundert Millionen Dollar. Der Befehlshaber des Oberkommandos, General Mizna, bekennt in aller Öffentlichkeit: »Wir haben Erfahrungen gesammelt. Alle, vom General bis zum einfachen Soldaten, wissen, daß wir langfristig mit diesem Problem leben müssen. Eine wahre Lösung ist nur nach einem politischen Dialog denkbar.« Klarer und unmißverständlicher drückt es der israelische Philosoph Yeshayahu Leibowitz aus: »Es gibt keine Alternative zur Teilung des Landes zwischen dem israelischen Volk – das heißt den Juden – und dem palästinensischen Volk. Diese Teilung ist zunächst praktisch schwierig, aber die Hauptschwierigkeit ist eine psychologische. Jedes der beiden Völker fühlt und spürt aufrichtig in seiner

Seele, daß nicht nur ein Teil des Landes ihm gehört, sondern das ganze Land. Die Teilung bedeutet also einen ungeheuren Verzicht, und zwar für beide Parteien. Aber das ist der einzige mögliche Weg zur Vermeidung der Katastrophe. Entweder – oder. Es gibt keinen dritten Weg.«

Was über Jahrzehnte versäumt wurde, ist nicht mehr aufzuhalten. Der Aufstand der Palästinenser zwingt zum Handeln. Auf der Westbank formuliert man es so: »Die Intifada gleicht einer Person auf einer Leiter, deren unteres Ende Feuer gefangen hat. Die Flammen springen von Sprosse zu Sprosse. In dieser Situation kehrt man nicht um, sondern steigt höher und höher, bis man sein Ziel erreicht hat.«

Der Mann aus Beit Hanina

Ende des letzten Jahrhunderts liegt für die meisten Europäer das Heilige Land im Reich der Phantasie. Palästina ist im wesentlichen eine religiöse Ideenlandschaft, die von den exotischen Fibeln der Orientalisten und den anmutigen Illustrationen der Bibeln gespeist wird. Dieses imaginäre Palästina hat nichts mit der Realität des kargen Landstrichs am Rande des Osmanischen Reiches gemein. Der geographische Flecken, auf dem der vermeintliche Religionsstifter des Christentums wandelte und predigte, interessiert bestenfalls spezialisierte Diplomaten und weiterblickende Machtpolitiker in einem größeren Zusammenhang: wenn es in Geheimabsprachen und taktischen Sondierungen darum geht, das marode Reich des »Kranken Mannes am Bosporus« aufzuteilen und strategische Sandkastenspiele zu betreiben.

Die zionistischen Visionen eines Theodor Herzl werden sogar von der Mehrheit der jüdischen Gemeinden in Europa als eine weltfremde und überflüssige Gedankenspielerei mit den religiösen Sehnsüchten und den realen Pogromerfahrungen verachtet. Mit Staunen verfolgen allerdings viele Juden, mit welcher Verve der Baron de Rothschild den Landkauf in Palästina angeht. Dennoch: Die Juden und Christen Europas haben andere Sorgen, andere Probleme und andere Interessen.

Die wichtigen Nachrichten des Jahres 1890, in dem einer der außergewöhnlichsten Palästinenser, Abdulhamid Schoman, in Beit Hanina, einem staubigen Dorf nur wenige Kilometer nördlich von Jerusalem, geboren wird, haben daher nichts mit der osmanischen Provinz am östlichen Mittelmeer zu tun. 1890 sind die Deutschen mit der Entlassung des Reichskanzlers Bismarck beschäftigt. Sie fühlen sich als Großmacht und sind stolz auf den neuen Kolonialbesitz in Ostafrika. Teils skeptisch, teils hoffnungsvoll beobachten sie die Umbildung der Sozialistischen Arbeiterpartei in die Sozialdemokratische Partei Deutschlands.

1890 wird in den Niederlanden die zehnjährige Prinzessin Wilhelmina zur Königin gekrönt. Im viktorianischen Großbritannien hat John Boyd Dunlop Luftreifen aus Kautschuck entwickelt; man bewundert die gewaltige Spannweite der gerade eingeweihten Brücke über den Firth of Forth und amüsiert sich über ein lukratives Tauschgeschäft mit den Deutschen: Helgoland gegen Sansibar vor der ostafrikanischen Küste.

Der Alltag in der türkischen Provinz sieht anders aus. Um die Jahrhundertwende lebt etwa eine halbe Million Menschen in dem Landstrich, der heute von den Palästinensern als ihre angestammte Heimat angesehen wird. Im Osmanischen Reich gibt es jedoch keine Provinz Palästina. Niemand berührt es sonderlich, daß das palästinensische Kernland in zwei Hälften aufgeteilt ist. Etwa 35 Kilometer nördlich von Jerusalem verläuft eine Provinzgrenze, die vom Meer aus in fast gerader West-Ost-Richtung bis zum Jordan reicht. Die südliche Region heißt amtlich »Mutasarriflik von Jerusalem«, die nördliche »Vilayet von Beirut«. Deren zwei südliche Unterbezirke – »Sanjak von Accra« und »Sanjak von Nablus« – sowie das »Mutasarriflik von Jerusalem« umfassen in etwa das Gebiet von Palästina.

Während der osmanischen Herrschaft werden bei den Arabern Palästinas weder Forderungen nach einer eigenen Provinz laut, noch existiert ein Bewußtsein dafür, ein Volk mit eigener Kultur und Wirtschaft zu sein. Die arabische Gesellschaft ist in jenen Tagen der Türkenherrschaft eine in sich geteilte, mosaikartig strukturierte Lebensgemeinschaft. Drei Hauptgruppen müssen in einem konfliktreichen Wirtschaftssystem miteinander auskommen: Nomaden, Bauern, Städter.

Der Nomade verachtet den Bauern; aber von diesem erwirbt er wichtige Nahrungsmittel. Der Bauer haßt den

Städter, weil er sich von ihm ausgebeutet fühlt. Dennoch benötigt er die Handwerks- und Handelsprodukte der Stadt. Der Städter wiederum ist auf den Bauern angewiesen, weil nur er die Nahrungsmittel des täglichen Bedarfs liefern kann.

Dieses vorindustrielle Gesellschaftssystem zerfällt in eine Vielzahl von regionalen, ethnisch-konfessionellen und familiären Subsystemen. Die Loyalität des einzelnen wird bestimmt von seiner Zugehörigkeit zur patriarchalisch strukturierten Familie, zum clanartigen Familienverband *(hamula)*, zum Dorf oder zur tribalen Gemeinschaft, zur Region und zur Religion. Es besteht ein pyramidales Familien- und Clannetzwerk, das sich auf die wechselseitigen Beziehungen von Unterstützung und Protektion von der Dorfebene über lokale Potentaten bis zu den führenden Familien auf Bezirksebene gründet.

An der Spitze dieser Pyramide stehen die Efendis, die Oberhäupter der Familien mit Großgrundbesitz. Zu ihnen werden unter anderem die Husainis, die Naschaschibis, die Khalidis, die Dadschanis, die Schawas oder die Tukans gerechnet. Sie repräsentieren die Elite von ungefähr 250 Familien, die rund die Hälfte des bebauten Bodens ihr eigen nennen – insgesamt etwa 414 300 Hektar. Davon gehören allein den Husainis aus Jerusalem 5000 Hektar, den Schawas aus Gasa gar doppelt soviel.

Während der letzten fünfzig Jahre türkischer Herrschaft wachsen Reichtum und Macht der Efendis gewaltig an. Sie arrangieren sich geschickt mit den Herren in Istanbul und profitieren von zwei Land- und Steuerreformen, die den Provinzen 1858 und 1876 aufgezwungen werden. Die Staatskasse der Hohen Pforte ist chronisch leer und soll daher durch ein rigides Verwaltungs- und Steuersystem gefüllt werden. Die drakonische Fiskalpolitik geht vor allem zu Lasten der Kleinbauern und Pächter. Die alten Besitz- und Bewirtschaftungsstrukturen, die ein relativ erträgliches Auskommen ermöglichen, werden zerstört.

Im Palästina des 19. Jahrhunderts haben sich bis zu den

Reformen von 1858 und 1876 drei Arten von Landbesitz und dessen Nutzung entwickelt: Miri, Mulk und Wakf.

Im *Miri-System* gehört das Land einer Hamula, einem Familienverband. Der Führer einer Hamula ist zumeist auch das Oberhaupt eines Dorfes und verantwortlich für die Verteilung des Landes zwischen den Familien des Clans. Die Distribution wird alle drei bis fünf Jahre neu geregelt, um sie den jeweiligen Bedürfnissen der teils durch Geburten gewachsenen, teils durch Todesfälle geschrumpften Familien anzupassen. Die Kultivierung des Bodens obliegt den einzelnen Familien. Alle Dorfbewohner haben zudem ein Gewohnheitsrecht an Wiesen, Weiden und Wäldern außerhalb des Dorfes. Sie gehören der Dorf- oder Hamula-Gemeinschaft und dienen der allgemeinen Viehhaltung und Holzversorgung.

Das *Mulk-System* regelt die landwirtschaftliche Nutzung von Böden, die aus Sultanbesitz als Entgeld für zivile oder militärische Verdienste an Würdenträger in den Städten und Dörfern übertragen wurden. Die Notabeln verpachten ihre Felder für vierzig Prozent des Ertrages an Kleinbauern. Diese stellen die Werkzeuge, das Saatgut, natürlichen Dünger und die Arbeitskraft ihrer Familien zur Verfügung. Der Verpächter erwartet zudem kostenlose Dienste in seinem Herrenhaus oder sonstigen Bereichen seines Anwesens.

Im *Wakf-System* sind die Böden im Besitz von religiösen Gemeinschaften – christlichen wie islamischen. Wie im Mulk-System müssen die Pächter zwei Fünftel des Ertrages an diese Institutionen abliefern.

Die Land- und Steuergesetze von 1858 und 1876 zerschlagen diese gewachsene gemischte Besitz- und Nutzungsstruktur. Das flexible Miri-System wird zugunsten eines festverbrieften Eigentums- und Bewirtschaftungsrechts aufgehoben. Auf natürliche Veränderung der Personenzahl der Familien wird keine Rücksicht genommen. Es zählt allein, daß nunmehr die fälligen Steuern bei einem eindeutig festgelegten Besitzer eingetrieben werden können. Auch der im Miri-System fest verankerte Gemeinbesitz an Wiesen, Weiden und Wäldern wird zumeist dem Privatbesitz des Hamula-Oberhaupts oder eines Notabeln zugeschlagen. Dazu kommt: Pächter von Mulk- und Wakf-Land sind per Gesetz verpflichtet, eine zusätzliche Steuer von zehn Prozent plus 2,5 Prozent des Ertrages für einen Fonds der Osmanischen Landwirtschaftsbank zu entrichten.

Die Zerstörung des sozial gerechteren Miri-Systems und die rigoros eingetriebenen Abgaben aus der Bewirtschaftung von Mulk- und Wakf-Land treiben Tausende von Kleinbauern und Pächtern in die Zinsknechtschaft. Da die Steuern unabhängig von den jeweiligen Ernteergebnissen nach fixierten Ertragsschätzungen zu zahlen sind, müssen sich die Kleinbauern und Pächter an Geldverleiher wenden. Diese zumeist aus den Kreisen der Efendis und Notabeln stammenden Kreditgeber kassieren je nach Habgier und Hinterlist zwischen dreißig und hundert Prozent Zinsen pro Jahr. Am Ende der türkischen Herrschaft übertrifft die durchschnittliche Verschuldung der Kleinbauern und Pächter deren jährliches Einkommen. Sie sind in einen Teufelskreis wachsender Zinsverpflichtungen geraten.

Die Familie des Abdulhamid Schoman steht zu ihrem Glück außerhalb dieses Verelendungsprozesses. Die relativ wohlhabenden Schomans wohnen in einem komfortablen Haus. Sie besitzen Schafe, Rinder und Kamele. Zwar wird der älteste Sohn Issa zum Militär eingezogen und kann damit nichts zum Familieneinkommen beitragen, aber Vater Achmed widmet sich mit dem zweitältesten Sohn Musa dem ertragreichen Handel von Zuchtschafen. Sie erwerben die Tiere im Nordosten der Arabischen Halbinsel, treiben sie durch die Wüste nach Norden, um sie in Syrien zu Höchstpreisen zu verkaufen. Außerdem gehört ihnen ein Steinbruch, um den sich der dritte Sohn, Abdulhamid, nachdem er seine kurze Schulzeit beendet hat, zusammen mit seinem nachgeborenen Bruder Jusuf kümmert. Täglich liefern sie ihre Bruchsteine auf Kamelen nach Jerusalem. Dort rät ihnen eines Tages ein deutscher Priester, die Steine für die Deutsche Schule bereits in ihrem Heimatort Beit Hanina baugerecht zu behauen und dann zu liefern. Als fertige Bausteine können sie in Jerusalem zu einem weitaus höheren Preis verkauft werden. Der gute Tip des Priesters verdoppelt das Familieneinkommen aus dem Steinbruch. Es beläuft sich auf hundert Pfund pro Monat.

Abdulhamid hat allen Grund, stolz und zufrieden zu sein. In Beit Hanina wird dem inzwischen Zwanzigjährigen Respekt und Anerkennung zuteil. Und wie es sich gehört, heiratet er eine Frau, die traditionsgemäß seine Eltern für ihn ausgesucht haben. Noch während ihrer Schwangerschaft setzt Abdulhamid einen seit langem im stillen gereiften Entschluß in die Tat um. Zur Überraschung seiner Familie und des ganzen Dorfes verschwindet er über Nacht, um – was niemand auch nur ahnt – in die USA auszuwandern. Die wagemutige Entscheidung für die Emigration hat viele Gründe, die Abdulhamid selbst kaum benennen kann. Unbestimmte Gefühle der Enge, Ahnungen, Sehnsüchte und vage Vorstellungen von der Neuen Welt tragen dazu bei, der Heimat den Rücken zu kehren und sich in das Abenteuer in der Fremde zu stürzen.

Ein wichtiges Motiv für seine Flucht ist die Einberufung des zweitältesten Bruders Musa zur türkischen Armee. Abdulhamid kann sich ausrechnen, daß auch er bald an der Reihe sein wird. Er verspürt nicht die geringste Neigung, dem Sultan zu dienen. Der Militärdienst der Brüder Issa und Musa bedeutet zudem, daß er in Zukunft noch enger mit dem zwar respektierten, aber dennoch wenig geliebten Vater zusammenarbeiten muß. Die geschlossene und zum Teil inhumane pyramidale Struktur in Familien und Hamulas läßt jungen Männern wie Abdulhamid wenig Spielraum zur persönlichen Entfaltung. In Beit Hanina ist der Weg in die Zukunft begrenzt und vorgegeben.

Spannender klingen die Heldensagen, die die Familien in Beit Hanina über ihre Verwandten in den USA, dem

Land der grenzenlosen Möglichkeiten, zu berichten haben: Glück, Glanz, Ruhm und Wohlstand gibt es in der Neuen Welt scheinbar für jeden tüchtigen Mann. Dort bestimmen keine türkischen Besatzer, Efendis, Notabeln oder Patriarchen, was man zu tun und lassen hat. Von der Macht der Trusts und Konzerne, von den blutigen Kämpfen der Gewerkschaften, von Korruption in der Politik und bei der Polizei oder vom täglichen Kampf um ein paar Dollar ist darin natürlich nie die Rede. Und so macht sich Abdulhamid auf den Weg in ein Land, von dem er nur märchenhafte Vorstellungen hat und dessen Sprache er nicht sprechen, schreiben oder lesen kann. Selbst im Arabischen ist er nahezu ein Analphabet.

Als Abdulhamid Schoman 1911 an Deck eines italienischen Schiffes den Hafen von Jaffa verläßt, kann er in den nördlich gelegenen Sanddünen die ersten Bauten der 1909 gegründeten jüdischen Siedlung Tel Aviv erkennen. Er sieht sie ohne Ingrimm. Er hat gehört, daß es im Mutasarriflik von Jerusalem auf die jüdischen Siedlungen Petah Tikwa, Ben Schemen, Ness Ziona, Rehovot und Gedera Überfälle gegeben hat. Auch im Sanjak von Akko soll es zu gewalttätigen Attacken auf die zionistischen Kolonien von Sejera, Yavniel, Kinneret und Bejania gekommen sein. Aber Abdulhamid weiß, daß es sich dabei vor allem um räuberische Überfälle von Banditen aus den Bergen handelt. Von ihren Stämmen ausgestoßene Beduinen, versprengte Kurden, gewöhnliche Kriminelle, verelendete Kleinbauern und Pächter haben sich schon seit Jahrzehnten zu Banden zusammengetan und starten regelmäßig Raubzüge durch das Land, um sich dann wieder in ihre Höhlensiedlungen in den unzugänglichen Bergen Galiläas zurückzuziehen.

Man hat Abdulhamid auch von den Landverkäufen des in Beirut lebenden Großgrundbesitzers Elias Sursuk berichtet, der 1910 und 1911 insgesamt rund tausend Hektar Land südlich von Yavniel an Zionisten verkauft hat. Aber das sind eben die Geschäfte der Efendis, die ihn ohnehin nichts angehen. Niemand in seiner Familie oder Beit Hanina sieht sich durch die Einwanderung der Juden aus Europa bedroht oder als Palästinenser zur Gegenwehr verpflichtet. Als Abdulhamid Schoman nach seiner anstrengenden Schiffsreise auf Ellis Island von einem Einwanderungsbeamten nach seiner Nationalität gefragt wird, gibt er ohne zu zögern »Syrer« an. Das Gefühl der Zugehörigkeit zu dem von den Türken besetzten Syrien ist in jenen Tagen bei den Bewohnern Palästinas wesentlich ausgeprägter als das Bewußtsein einer eigenen Volksidentität.

In den USA hält Abdulhamid Schoman konsequent die Lebensvorschriften des Koran ein. Er raucht nicht, er trinkt keinen Alkohol, und er macht sich bei seinen Landsleuten in den USA nicht gerade beliebt, weil er diese Prinzipien mit missionarischem Eifer verficht. Trotzdem gewinnt er in mehrfacher Hinsicht deren Respekt und Bewunderung. Schon seine äußere Erscheinung ist ehrfurchtgebietend. Abdulhamid ist zwar kaum einssiebzig groß, aber er besitzt nicht zuletzt dank der jahrelangen Arbeit im Steinbruch von Beit Hanina eine imposante Statur. Kerzengerade ist seine Haltung, der Rücken breit, die Arme muskulös und die Hände groß und kräftig. Sein mächtiger Kopf wird von einer hohen Stirn gekrönt. Er legt großen Wert auf eine gute, manchmal auffällig gute Kleidung. Ansonsten lebt er genügsam und zeigt sich anpassungsfähig und lernbegierig. Er arbeitet achtzehn Stunden am Tag und legt jeden Cent auf die hohe Kante. Acht französische Goldmünzen im Wert von vierzig Dollar bilden sein Startkapital; am Ende seines USA-Aufenthaltes werden es einige hunderttausend Dollar sein.

Der junge Mann aus dem Steinbruch von Beit Hanina beginnt seine Karriere als Textilvertreter in Pittsburgh. Für 32 Dollar hat er von einem syrischen Großhändler Bettücher, Tischdecken und einfache Kleidung erworben und verkauft die Ware radebrechend von Haus zu Haus, Tag für Tag, Monat für Monat. Nach kaum zwei Jahren hat er bereits ein kleines Vermögen von zweitausend Dollar angespart.

Mit diesem Kapital macht er sich auf nach Buffalo, um dort mit zwei ebenfalls aus Beit Hanina stammenden Männern das Vertretergeschäft in größerem Rahmen aufzuziehen. Nach sechs Monaten ist sein Guthaben auf der Bank auf zehntausend Dollar angewachsen. Stolz schickt er dreitausend Dollar an seine Eltern. Seine junge Frau ist anderthalb Jahre nach der Geburt seines Sohnes Abdulmadschid in Beit Hanina gestorben. Die Großeltern kümmern sich um das Kind, das auf Wunsch des Vaters eine europäische Schule in Jerusalem besuchen soll.

Nachdem die Geschäfte in Buffalo monatelang stagnieren, geht er mit den restlichen siebentausend Dollar 1915 nach Baltimore. Dort kauft er nun selbst en gros Textilien ein und läßt sie von einer innerhalb kurzer Zeit auf sechzig Männer angewachsenen Vertreterschar verhökern. Die Umsätze seines Handels werden immer höher, und er muß immer mehr – was ihn sehr fasziniert – mit seiner Hausbank, der Metropolitan Savings Bank, zusammenarbeiten. Mit dem Manager seiner Bankfiliale pflegt Abdulhamid engen Kontakt. Er will von ihm alle Einzelheiten des Bankgeschäftes wissen. Der Manager läßt dies geduldig über sich ergehen, denn Mr. Schoman wird innerhalb von zwei Jahren zum wichtigsten Kunden der Filiale. Allein seine Ersparnisse betragen nun 120000 Dollar.

Ende 1917 verblüfft Abdulhamid den geplagten Filialmanager völlig, als er sein blühendes Geschäft in Baltimore auflöst, die 120000 Dollar abhebt und nach New York übersiedelt. In Manhattan liegt in diesen Tagen das Zentrum der amerikanischen Textilbranche. Mitten in der Höhle des Löwen will der nunmehr Siebenundzwanzigjährige eine Produktion von Konfektionskleidung starten und als Großhändler für den Vertrieb sorgen.

Bereits nach einem Jahr weist die Bilanz von Shoman Stores, 27 Broadway, einen Jahresgewinn von 25000 Dollar aus. Ein Filialdirektor der National Chase Bank of New York (heute: Chase Manhattan) durchlebt das gleiche Martyrium wie sein Kollege in Baltimore. Es kommt sogar noch schlimmer: Abdulhamid Schoman wirbt der Bank eines ihrer fähigsten Jungtalente ab. Mit ihm entwickelt er ein perfektes Finanzsystem für seine Firma. Immer mehr beschäftigt ihn der Gedanke, eines Tages selbst ein Bankgeschäft zu betreiben.

Bei all seinen wirtschaftlichen Erfolgen in den USA hat Abdulhamid Schoman jedoch nicht die Entwicklungen in seiner Heimat aus den Augen verloren. Mehr noch: In der amerikanischen Emigration wird aus dem Syrer ein Palästinenser. Dieser Bewußtseinswandel hat ihn nicht zum blinden Antisemiten gemacht. Seine tüchtige Chefsekretärin ist Jüdin, und er zahlt ihr einen großzügigen Wochenlohn von 35 Dollar. Aber er sieht seine Heimat durch die Zionisten bedroht. Ihm ist bekannt, daß die Einwanderung der Juden nach Palästina rapide zugenommen und ihr Anteil an der Gesamtbevölkerung mehr als zwanzig Prozent erreicht hat.

Die Zionisten nutzen die Gunst der Stunde. Im Nahen Osten ist nach der Zerstörung des Osmanischen Reiches ein Machtvakuum entstanden, in das vor allem Briten und Franzosen eindringen. Noch während in Europa die massenmörderischen Materialschlachten des Ersten Weltkrieges toben, vereinbaren im Mai 1916 der britische Diplomat Sykes und sein französischer Kollege Picot im Auftrag ihrer Regierungen ein Geheimabkommen, in dem sie den Nahen Osten unter sich aufteilen und dabei auch die Grenzen für einen neuen Staat Palästina festlegen. Da auch das russische Zarenreich als Schutzmacht für das neue Land vorgesehen ist, erhält sein Außenminister eine Kopie des Vertragswerks. Kurz nach der Oktoberrevolution entdecken es die Bolschewiken und machen es bekannt. Der Nahe Osten gerät in hellen Aufruhr.

Die allseitige Empörung über das Sykes-Picot-Abkommen richtet sich vor allem gegen die Briten. Sie treiben teils aus Hilflosigkeit, teils aus Raffinesse ein doppeltes Spiel. Ihren arabischen Verbündeten im Kampf gegen die Türken haben sie ganz andere Grenzen und Hoheitsrechte versprochen. Und auch gegenüber den Juden versichert am 2. November 1917 die Regierung in einer Deklaration von Lord Balfour: »Die Regierung Seiner Majestät betrachtet mit Wohlwollen die Errichtung einer nationalen Heimstätte für das jüdische Volk in Palästina und wird bemüht sein, die Durchführung dieses Vorhabens nach Kräften zu erleichtern, unter der ausdrücklichen Voraussetzung, daß nichts geschehen soll, was die bürgerlichen und religiösen Rechte der in Palästina bestehenden nichtjüdischen Gemeinden oder die Rechte und den politischen Status der Juden in irgendeinem anderen Lande beeinträchtigen könnte.«

Die Zionisten fühlen sich durch die Balfour-Deklaration so ermutigt, daß sie der Pariser Friedenskonferenz im Februar 1919 ihren Plan für die Grenzen eines zukünftigen Palästinas vorlegen. Dieses Staatsgebiet ist etwa viermal so groß wie das, welches im Sykes-Picot-Abkommen beschlossen wurde. Es beginnt oberhalb von Sidon, von wo die Grenze in östlicher Richtung bis etwa dreißig Kilometer südlich von Damaskus reicht. Von dort führt sie in südlicher Richtung, immer in einem Abstand von rund fünf Kilometer an der Eisenbahnstrecke Damaskus–Deraa–Amman–Maan entlang, dann in einem geschwungenen Bogen Richtung Südwest bis an den Golf von Akaba. Von dort aus soll die Grenze in fast gerader Nordwestrichtung unterhalb von Rafah wieder an die Mittelmeerküste stoßen. Diese großisraelische Lösung spukt noch heute in den Köpfen militanter Zionisten.

Die zahlreichen Planspiele im Nahen Osten machen auch beide Häuser des amerikanischen Kongresses in Washington neugierig. Ein gemeinsamer Ausschuß von Senat und Repräsentantenhaus untersucht die Vorgänge und lädt eine Delegation arabischer Persönlichkeiten zu einer Anhörung ein. Der erfolgreiche New Yorker Textilunternehmer Abdulhamid Schoman ist ein führendes Mitglied dieser Abordnung. Der Ausschuß zeigt viel Interesse und Sympathie für die Anliegen der Araber.

Doch noch sind die USA ohne Einfluß im Nahen Osten. Die europäischen Mächte Großbritannien und Frankreich spielen die Trümpfe um diese Region aus.

In Schoman reift in den kommenden Jahren der Entschluß, wieder in seine Heimat zurückzukehren. Er weiß auch schon, welchen besonderen Dienst er sich und seinem Land erweisen kann: die Gründung einer Bank für Palästina.

Das Ende eines arabischen Traumes

Bis zu seinem Tod im Jahr 1974 wird Abdulhamid Schoman niemals die Rückkehr in seine Heimat vergessen. Er wird sich noch an jedes Detail seiner Ankunft in Jerusalem erinnern. Für ihn ist es ein Triumph sondergleichen. 1929, achtzehn Jahre nachdem er Beit Hanina heimlich wie ein Dieb verlassen hat, wird ihm, dem dritten Sohn eines Schafhändlers und Steinbruchbesitzers, ein Empfang bereitet, als sei er ein bedeutender Efendi, dessen Abwesenheit in den letzten Jahren schmerzlich empfunden worden ist. Die besondere Aufmerksamkeit, die ihm zuteil wird, hat sicherlich auch damit zu tun, daß ihm das Gerücht vorauseilt, er sei inzwischen ein mit Allahs Segen besonders bedachter Dollarmillionär.

Noch am Tag der Ankunft gibt der höchste Würdenträger der islamischen Gemeinde von Jerusalem, der Großmufti Hadsch Amin al-Husaini, zu Ehren von Schoman ein großes Essen, bei dem zahlreiche Efendis und Notabeln Palästinas anwesend sind. Der Ehrengast präsentiert sich mit westlicher Eleganz. Er trägt einen schwarzen Anzug mit weißem Stehkragenhemd und dunkler Fliege. Von der Knopfreihe seiner Weste führt eine schwere Goldkette zur passenden Uhr in der Tasche. Seine rechte Hand spielt mit einem schwarzpolierten Spazierstock. Der Kontrast zur äußeren Erscheinung des Muftis ist groß. Wie es der Tradition entspricht, hat Hadsch Amin al-Husaini eine graue Robe aus feinem Wollstoff angelegt. Der Kopf wird von einem perfekt getrimmten Bart und einem strahlendweißen Turban geschmückt.

Nach einigen Sätzen der gegenseitigen Ehrerbietung besinnen sich einige der anwesenden Gäste auf ihre vornehme Herkunft und teilen Spitzen gegen den in ihren

Augen dandyhaften Emporkömmling aus. Einer wagt die Bemerkung, daß es wohl nicht allzu schwierig sei, in den Vereinigten Staaten zu Reichtum und Wohlstand zu kommen.

»Sie dürfen nicht annehmen, daß alle unsere Emigranten in den Staaten Erfolg haben. Tatsächlich scheitern viele«, entgegnet Schoman.

»Das liegt daran, daß sie Analphabeten sind«, wendet der andere ein.

»Das kann als Erklärung nicht genügen, mein Freund. Als ich nach Amerika ging, war ich praktisch ein Analphabet«, kontert Schoman kokett.

Es entsteht eine peinliche Pause. Der Großmufti beendet sie, indem er auf die aktuelle politische Situation in Palästina zu sprechen kommt. Er beklagt den aggressiven Expansionsdrang der Zionisten und die unüberwindliche Macht der Briten im Lande. Die Gäste pflichten ihm bei und schildern exemplarische Vorfälle. Einige deuten an, daß es sicherlich bald zu gewalttätigem Widerstand der arabischen Palästinenser kommen werde. Schoman hört sich das eine Weile mit wachsender Ungeduld an und sagt schließlich: »Lassen Sie mich sagen, daß ich mehr über die Briten weiß als Sie, meine Herren. Sie mögen Angst vor ihnen haben, weil sie bewaffnet sind und Sie nicht. Doch im großen und ganzen ist die Macht der Briten dahin. Ihr Handel zum Beispiel ist tot. Ich weiß das sehr gut. Für Großbritannien bleibt nichts übrig. Die wirkliche Macht ist heute in den Händen der Amerikaner. Es mag natürlich sein, daß die Briten hier in Palästina ängstlich bemüht sind, ihre Macht zu demonstrieren. Tatsächlich aber ist es damit vorbei. Amerika kann sich beispielsweise mit den notwendigen Rohstoffen selbst versorgen, die Briten müssen sie aus ihren Kolonien importieren. Sie haben keine Ahnung vom wahren Zustand der internationalen Märkte, meine Herren. Ich kenne diese Märkte besser als Sie, glauben Sie mir.«

Unter den Gästen des Muftis wird es unruhig. Widerspruch wird laut. Aber unbeirrt und selbstbewußt fährt

Schoman mit seiner Analyse der Weltlage fort: »In naher Zukunft wird Deutschland seine alte Stärke wiedererlangen, und Sie werden sehen, es wird Frankreich und Großbritannien überflügeln. Ich weiß, wie die deutschen Einwanderer in den USA Tag und Nacht arbeiten, ihr Heimatland unterstützen und alles dafür tun, daß die USA ein Bündnis mit Deutschland eingehen. Ohne Amerika hätte Großbritannien den Krieg nie gewonnen. Frankreich war ohnehin schon von Beginn an geschlagen.«

In der Begeisterung über sein selbstbewußtes Auftreten im erlauchten Kreis der Efendis merkt Schoman nicht, wie sehr er sich mit seiner Haltung und seinen Reden schadet. Für die versammelte Elite hat sich der eigensinnige Aufsteiger aus Beit Hanina mit respektloser Besserwisserei in Szene gesetzt. Er wird diese Verachtung der noblen Kreise um den Großmufti noch lange zu spüren bekommen. Sein Projekt, eine Bank für Palästina zu gründen, wird vorerst ihren Segen und ihre Hilfe nicht haben.

Schoman ficht das nicht an. Er weiß, was er will, und er wird es auch durchsetzen. Aber er muß noch lernen, wie es wirklich um seine Heimat bestellt ist. Seine Analysen und Prophezeiungen mögen zum Teil auf die Dauer richtig sein. Doch über die Lage Palästinas im Jahr 1929 wissen die Efendis und Würdenträger wirklich mehr, ebenso über die Macht und Ohnmacht der Briten. Das Hauptproblem mit den Besatzern ist, daß sie ihr Wort nicht halten. Seit fünfzehn Jahren weiß man nicht, woran man mit ihnen ist.

Im November 1914 hatten Großbritannien, Frankreich und das zaristische Rußland dem Osmanischen Reich den Krieg erklärt, da es mit dem Deutschen Reich und der österreichischen Monarchie verbündet war. Im selben Monat nahm der britische Hochkommissar in Ägypten, Lord Kitchener, mit dem Scherif von Mekka, Husain Ibn Ali, Kontakt auf. Ein Bote sollte in der Hauptstadt des haschimidischen Königreiches sondieren, ob die Araber dem Aufruf des Sultans zum Heiligen Krieg gegen die christlichen Feinde Allahs Folge leisten würden. Er brachte gute Nachricht nach Kairo zurück. Der Scherif wollte nicht in den Dschihad, den Heiligen Krieg, ziehen. Der König war sogar bereit, gegen die Türken zu kämpfen, wenn die Briten nach einem eventuellen Sieg garantierten, den arabischen Völkern ihre Unabhängigkeit zu gewähren. Der Herrscher der Haschimiden brauchte dazu allerdings Waffen, Munition und Geld.

Nach einigen Monaten entsprachen die Briten den Bitten nach konkreten Hilfeleistungen. Henry McMahon, der Nachfolger von Lord Kitchener in Kairo, schickte 30000 Pfund und versprach, die Summe bei Bedarf auf 50000 Pfund aufzustocken. Der Scherif bestand auf 70000 Pfund. Er erhielt sie. Einer der ersten Geldboten war Sir Ronald Storrs, der Sekretär für orientalische Fragen beim britischen Hochkommissariat in Kairo. Er wurde begleitet von einem Achtundzwanzigjährigen, der vor dem Krieg als Archäologe in der Türkei und als Student der Orientalistik in Oxford gearbeitet hatte. Seinen Kriegsdienst leistete der Orientexperte als Offizier des Nachrichtendienstes in Kairo. Nicht zuletzt dank einer langjährigen homosexuellen Liaison mit einem Araber kannte und schätzte er orientalische Denk- und Verhaltensweisen. Sehr schnell gewann er vor allem das Vertrauen und die Wertschätzung des zweiten Sohnes von Scherif Husain Ibn Ali, des Emirs Faisal. Und so wurde in den kommenden Jahren Thomas Edward Lawrence zur Schlüsselfigur im Bündnis zwischen den Haschimiden und den Briten. Seinen Einsatz für die arabische Sache hat er in seinen Memoiren – *Die sieben Säulen der Weisheit* – zur Legende stilisiert und sich vor allem in Europa und den USA als »Lawrence von Arabien« einen märchenhaften Ruhm erworben.

In den Gesprächen mit den Sendboten des Hochkommissars McMahon mußte Scherif Husain Ibn Ali den Eindruck gewinnen, daß die Briten seinem Entwurf für die neuen Grenzziehungen nach dem Krieg wohlwollend ge-

genüberstanden. Der haschimidische Herrscher träumte von einem arabischen Königreich, das Mesopotamien, Syrien, Palästina, die Region östlich des Jordans und sein Königreich im Nordwesten der Arabischen Halbinsel umfaßte. Seine drei Söhne waren bereits als Heer- oder Rädelsführer in den strategisch wichtigen Regionen tätig. Ali, der Älteste, kämpfte mit den Stämmen des Hedschas gegen die Türken und rückte mit Lawrence' Hilfe bis nach Akaba vor. Der Zweitälteste, Prinz Faisal, konspirierte mit den arabisch-nationalistischen Geheimkomitees in Beirut, Damaskus und Bagdad. Der dritte Sohn, Prinz Abdallah, scharte Verbündete in dem Gebiet jenseits des Jordans um sich.

Der Plan des Scherifen zur Schaffung eines Königreichs von Arabien schien mit den Siegen gegen die Truppen des Sultans immer greifbarer. Obwohl er nie mehr als 30000 Mann unter Waffen hatte, konnte er den Türken empfindliche Niederlagen und Verluste zufügen. Vom osmanischen Heer wurden etwa fünftausend Soldaten getötet, 1600 verwundet und achttausend gefangengenommen. Auch Prinz Faisal gelang es, in Beirut, Damaskus und Bagdad Aufstände gegen die Türken zu entfachen. Wenig Engagement und Kampfbereitschaft zeigten indes die Bewohner der Region von Palästina. So starteten die Briten mit Hilfe von arabischen Kommandoeinheiten des Scherifen von Mekka unter dem Oberbefehl von General Allenby ihre Palästinaoffensive. Ende 1917 eroberten sie Gasa, Hebron, Bethlehem und Jerusalem. Diese Zurückhaltung nahmen die Haschimiden noch für Jahrzehnte den Arabern des Heiligen Landes, den Palästinensern also, übel.

Bereits im Sommer 1916 war sich der Scherif seines Erfolges so sicher, daß er am 10. Juni in Mekka die Unabhängigkeit der arabischen Völker verkündete. Am 2. November proklamierte er das Königreich von Arabien und ließ sich zum Herrscher einer Nation ausrufen, die vorläufig nur auf dem Papier stand und die von keinem anderen Staat der Welt anerkannt wurde.

Da die Briten weder Ablehnung noch Anerkennung äußerten, glaubte der König ohne Königreich, daß sein Anspruch unangefochten sei. Als Ende 1917 das Sykes-Picot-Abkommen und die Balfour-Deklaration bekannt wurden, dämmerte es dem Scherifen von Mekka, daß die Briten ein doppeltes Spiel mit ihm getrieben hatten. Er versuchte zu retten, was nicht mehr zu retten war, und schickte seinen Sohn Faisal mit großem Gefolge nach Europa.

In London traf sich Faisal mit dem Führer der zionistischen Bewegung, Dr. Chaim Weizmann. Die beiden vereinbarten nach relativ kurzen Verhandlungen ein Abkommen, das am 3. Januar 1919 unterzeichnet wurde. In der Präambel heißt es: »Ihre Königliche Hoheit, Emir Faisal, bevollmächtigter Vertreter des Arabischen Königreichs Hedschas, und Dr. Chaim Weizmann, bevollmächtigter Vertreter der zionistischen Organisation, / eingedenk der rassischen Verwandtschaft und der alten Bande, die zwischen den Arabern und dem jüdischen Volke bestehen, / in dem Bewußtsein, daß eine möglichst enge Zusammenarbeit bei der Entwicklung des Arabischen Staates und Palästinas das sicherste Mittel zur Verwirklichung ihrer nationalen Aspirationen ist, und in dem Wunsche, das gute Einvernehmen zu bestätigen, das zwischen ihnen besteht, / haben sich über die folgenden Artikel geeinigt.«

Elf Artikel umfaßt der Vertrag. In ihm wurde unter anderem festgelegt, daß arabische und jüdische Vertreter zwischen den beiden Territorien ausgetauscht werden sollen. Es sollten »alle nötigen Maßnahmen getroffen werden, um die Einwanderung der Juden nach Palästina auf einer breiten Grundlage zu ermutigen und zu fördern und die jüdischen Einwanderer so schnell wie möglich durch engere Besiedlung des Landes und intensivere Bearbeitung des Bodens anzusiedeln«. Dabei werden die arabischen Bauern und Grundbesitzer in ihren Rechten geschützt und in ihrer wirtschaftlichen Entwicklung gefördert werden. Der Vertrag schreibt fest, daß für alle

Einwohner des Landes eine uneingeschränkte Religions- und Glaubensfreiheit garantiert wird. Die Zionistische Organisation verpflichtete sich, nicht nur in Palästina, sondern auch im Arabischen Staat alles zur Entwicklung der natürlichen Hilfsquellen und der wirtschaftlichen Möglichkeiten zu tun. Bei Meinungsverschiedenheiten zwischen Arabern und Juden sollte die britische Regierung als Schiedsrichter fungieren.

Der Vertrag ist auf englisch formuliert und mit einer einfachen Schreibmaschine getippt. Am Ende des Abkommens heißt es in einem von Emir Faisal in arabisch verfaßten Zusatz: »Unter der Voraussetzung, daß die Araber die Unabhängigkeit erhalten, wie ich sie in meinem Memorandum an das Foreign Office der britischen Regierung vom 4. Januar 1919 gefordert habe, werde ich bei der Durchführung der obenstehenden Artikel mitwirken. Falls jedoch die mindeste Änderung oder Abweichung von den Forderungen dieses Memorandums erfolgen sollte, werde ich nicht durch ein einziges Wort des vorliegenden Abkommens gebunden sein, das als nichtig, wertlos und ungültig erachtet werden soll, und ich werde hierfür keine wie immer geartete Verantwortung tragen.«

Mit diesem Abkommen im Gepäck setzten Faisal und sein illustres Gefolge über den Kanal, um bei den Pariser Friedensverhandlungen den Traum von einem Königreich von Arabien Wirklichkeit werden zu lassen. Das Unternehmen geriet zum Fiasko. Von den Konferenzteilnehmern wollte keiner den Repräsentanten der Araber ernst nehmen. Faisal erschien in orientalischen Prachtgewändern mehr oder weniger unaufgefordert bei den Sitzungen. Hinter ihm bezogen zwei hünenhafte, halbnackte Nubiersklaven mit gezogenem Schwert Stellung. Ohne diplomatische Floskeln trug Faisal seine Forderungen vor: »Ich vertrete hier meinen Vater, der auf Bitten der französischen und britischen Regierung den Aufstand der Araber gegen die Türken angeführt hat. Ich bin hier, um zu verlangen, daß die arabischsprechenden Völker Asiens von der Linie Alexandretta – Diarbekr bis zum Indischen Ozean als unabhängige Völker anerkannt werden.«

Einige Delegierte verweisen darauf, daß die Araber ihrer Meinung nach einen gewissen Nachholbedarf an kultureller und politisch-gesellschaftlicher Zivilisation haben. Deswegen sei es nur im Sinne der Araber, wenn europäische Schutzmächte ein volkserzieherisches Mandat in der Region ausübten. Diese Bemerkungen brachten Faisal in Rage, und er polterte los: »Mein Land war schon zivilisiert, als noch sämtliche hier vertretenen Länder von Barbaren bevölkert waren.« Diese Aussage ist zwar historisch durchaus gerechtfertigt, aber 1919 wurde sie von den Europäern als ungeheure Beleidigung empfunden. Faisal war mit seiner Pariser Mission endgültig gescheitert. Und der Vertrag mit Weizmann ist weder die Mühe noch das Papier wert gewesen, auf dem er getippt wurde.

»Am al-Nakba«, das »Jahr der Katastrophe«, nennen noch heute die Araber das Jahr 1920, in dem sie mit dem Mut der Verzweiflung ihr Schicksal in die Hand nehmen wollten. Am 8. März tagte in Damaskus der Syrische Nationalkongreß. Führende Politiker aus islamischen und christlichen Kreisen des Landes, die bislang in Geheimbünden konspiriert und aktiv am Aufstand gegen die Türken teilgenommen hatten, berieten und beschlossen nunmehr öffentlich die Unabhängigkeit Syriens als konstitutionelle Monarchie. Des Scherifen Husain Ibn Ali Sohn, Emir Faisal, sollte ihr König sein. Zur gleichen Zeit fand in der mesopotamischen Metropole Bagdad eine ähnliche Versammlung statt, die den Irak zu einem unabhängigen Königreich erklärte und Emir Faisals Bruder Abdallah den Thron anbot. Während sich Abdallah abwartend verhielt und in Mekka blieb, machte sich Faisal sofort auf den Weg nach Damaskus.

Keine sieben Wochen nach den konstituierenden Kongressen in Bagdad und Damaskus fiel im italienischen San Remo die endgültige Entscheidung über das Schicksal der Araber in den kommenden Jahrzehnten. Am 25. April entschied dort die Konferenz des Obersten Rates der Alliierten, daß das von Scherif Husain Ibn Ali erträumte Königreich von Arabien zwischen Großbritannien und Frankreich aufgeteilt wird. Die uneingeschränkte direkte Herrschaft wurde verharmlosend »Mandat« genannt. Syrien sollte durch eine willkürlich gezogene West-Ost-Grenze in zwei Teile aufgeteilt werden. Der Norden fiel an Frankreich. Der Süden, darunter auch Palästina, ging an die Briten. Sie behielten Kuwait, die Golfstaaten, Oman, Aden und Ägypten und erhielten außerdem aus der türkischen Erbmasse Mesopotamien und das Niemandsland östlich des Jordans, das nunmehr »Transjordanien« genannt wurde. Ein arabisches Selbst- oder Mitbestimmungsrecht stand in San Remo nicht zur Diskussion.

Am 14. Juli, dem französischen Nationalfeiertag, erhielt Syriens König Faisal von den Franzosen ein Ultimatum, in dem er zur bedingungslosen Unterwerfung unter die Mandatsherrschaft aufgefordert wurde. In Beirut und Tripoli waren bereits Truppen gelandet, die in Richtung Damaskus marschierten. Eine kleine Schar von syrischen Freiheitskämpfern stellte sich ihnen unter der Führung des jungen Kriegsministers Jussuf el-Asmeh im engen Tal von Maissalam entgegen und wurde vernichtend geschlagen. Am 25. Juli besetzten die Franzosen Damaskus. Zwei Tage später überbrachte ein Bote des kommandierenden Generals folgendes Schreiben an König Faisal: »Ich habe die Ehre, Ihrer Königlichen Hoheit eine Entscheidung der französischen Regierung mitzuteilen. Ihre Hoheit wird aufgefordert, Damaskus zu verlassen. Ein Sonderzug steht Ihrer Königlichen Hoheit und dem Gefolge zur Verfügung. Dieser Zug wird vom Hedschas-Bahnhof morgen, den 28. Juli 1920, um 5 Uhr vormittags abfahren.«

Mit 25 Frauen, siebzehn Mann Leibgarde und 72 Höflingen bestieg der 142-Tage-König Faisal den Zug gen Süden. Als er schließlich in Al Kantara den Sueskanal erreichte, hatte ihn unterwegs bereits der gesamte Hofstaat verlassen. Faisal fuhr alleine nach Kairo weiter. Und das Unglaubliche: Er kam recht bald wieder zu königlichen Ehren – wenn auch in einem anderen Land.

Im »Jahr der Katastrophe« brach auch im Irak ein blutiger Aufstand gegen das britische Mandat aus. Die nationale Revolte wurde von den schiitischen Geistlichen in Kerbala mit einem Aufruf zum Dschihad unterstützt. Erst nach monatelangen und verlustreichen Kämpfen gelang es den Briten, die Volkserhebung niederzuschlagen. Der Traum von einem unabhängigen Arabien ist auf Jahre hinaus ausgeträumt.

Im Februar 1921 übernahm Winston Churchill das Amt des britischen Kolonialministers. Er war entschlossen, die harte und kompromißlose Politik im Nahen Osten flexibler und mit Gesten der Rücksicht zu gestalten. Churchill traf sich mit dem Sohn des Scherifen Husain Ibn Ali, Abdallah, in Jerusalem und machte der Haschimiden-Familie einen Kompromißvorschlag. Danach sollte Faisal auf die syrische Königskrone offiziell verzichten und statt dessen mit Großbritanniens Segen König vom Irak werden, der Vater seinen Traum vom Königreich von Arabien aufgeben und König des unabhängigen und souveränen Hedschas bleiben. Großbritannien unterstütze ihn mit einem Bündnis- und Schutzvertrag sowie einer hohen jährlichen Subvention. Abdallah erhielte das neue Staatsgebilde Transjordanien und würde dort Emir unter britischer Schutzherrschaft.

Jahre später berichtete Emir Abdallah von dem Gespräch mit dem britischen Kolonialminister: »Das alles war wenig, sehr wenig im Vergleich zu dem, was man uns während des Krieges versprochen hatte. Aber Churchill gab mir sehr deutlich zu verstehen, daß es für uns keine andere Wahl gab, als das, was er uns anbot, zu nehmen oder alles zu verlieren. So blieb mir nichts anderes übrig, als ja zu sagen. Ich teilte Churchill mit, daß ich bereit sei, in Transjordanien zu bleiben und das mir unterstellte Emirat in enger Zusammenarbeit mit den Engländern zu regieren. Und ich versprach ihm, meinen Bruder Faisal zur Annahme der Königskrone von Irak zu bewegen. Dabei dachte ich vor allem an die Zukunft, in der Hoffnung, daß es uns eines Tages doch noch gelingen würde, unsere beiden Staaten mit Syrien, Libanon und Palästina zu einem großen haschimidischen Königreich zu vereinigen. Dagegen war ich mir darüber im klaren, daß mein Vater niemals seine Zustimmung zu der getroffenen Regelung geben würde, obwohl er auf diese Weise seine Herrschaft über den Hedschas und die heiligen Stätten hätte sichern können. Denn ich wußte, daß er sich nicht mit dem Bruch der Versprechungen abfinden konnte, die ihm die Engländer gegeben hatten, und entschlossen war, eher sich selbst und seinen Thron zu opfern, als ein Unrecht hinzunehmen, das er vor seinem Gewissen, vor seinem Volk und vor der Geschichte nicht verantworten zu können glaubte. Tatsächlich ist er nicht nur, wie er vorausgeahnt hatte, der ›König der Araber‹ ohne Königreich geblieben, sondern er hat auch sein eigenes Königreich Hedschas, das Stammland der Haschimiden, verloren.«

Anfang der zwanziger Jahre, als die Hegemonie der Europäer über den Nahen Osten unangefochten war, gab es in der ganzen arabischen Welt nur eine unabhängige Region: das Reich des wahhabitischen Stammesfürsten Abd al-Asis Ibn Abd el-Rahman al Faisal al-Saud. Die Araber nennen ihn Abd al-Asis, in Europa kennt man ihn als Ibn Saud. Der Wüstenherrscher der radikal-islamischen Sekte der Wahhabiten hatte sich mit seinen gefürchteten Beduinenkriegern den größten Teil der Arabischen Halbinsel untertan gemacht, von Kuwait bis an die Grenzen Omans und des Jemen im Süden, von den britischen Kolonien der Piratenküste bis ans Königreich Hedschas.

Die Wahhabiten wollten seit dem 18. Jahrhundert den Islam auf seine ursprüngliche Form zurückführen und alle Neuerungen ausmerzen. Sie setzten seit 1740 der osmanischen Expansion erbitterten Widerstand entgegen und konnten 1806 Mekka erobern. 1883 mußte die Familie Ibn Sauds aus Rijad fliehen. Ibn Saud konnte mit britischer Unterstützung 1902 Rijad zurückerobern. Damit begann sein Siegeszug durch die Arabische Halbinsel. Bis 1913 konnte er die Türken aus dem Nordostteil der Halbinsel vertreiben.

Die Briten sahen im Herrschaftsgebiet des Wahhabitenfürsten eine Quantité négligeable in der geostrategischen Planung ihres asiatischen Empires. Immerhin wiesen sie Ibn Saud in seine Schranken, als er 1920 versuchte, mit zehntausend bewaffneten Kamelreitern Transjordanien zu erobern. Die seit dem Kampf gegen die Türken noch immer bestehende Arabische Legion stellte sich den Wahhabiten unter dem Befehl britischer Offiziere entgegen. Sie waren zwar zahlenmäßig weit unterlegen, aber die arabischen Legionäre verfügten über zwei Flugzeuge und vier Panzerspähwagen. Mit Granaten, Fliegerbomben und Dauerfeuer aus einigen hundert Maschinengewehren schlugen sie die mit Flinten und Schwertern bewaffneten Kamelreiter in die Flucht. Bilanz: fünfhundert Gefallene und sechshundert Gefangene. Ibn Saud lernte seine Lektion und richtete nunmehr sein Hauptaugenmerk auf das Königreich Hedschas.

Ibn Saud erhielt seine Chance 1924. Zu Beginn des Jahres stattete der König des Hedschas, der Scherif Husain Ibn Ali, seinem inzwischen zum Emir von Transjordanien avancierten Sohn Abdallah in Amman einen Besuch ab. Dort erreichte ihn die Nachricht, daß die Nationalversammlung der türkischen Republik beschlossen hatte, das Kalifat aufzugeben. Bislang gebührte dem osmanischen Sultan die Würde und der Titel, das geistliche Oberhaupt der gesamten islamischen Welt zu sein. Scherif Husain Ibn Ali fühlte sich als direkter und 37. Nachfahre des Propheten Mohammed besonders legitimiert, die Würde des Kalifen anzunehmen. Eilends ließ er islamische Würdenträger aus Mekka und Medina herbeirufen, einige Beduinenscheichs aus Transjordanien und dem Hedschas kamen hinzu, und von dieser bestellten Versammlung wurde er zum Kalifen ausgerufen.

Doch damit war der Scherif von Mekka zu weit gegangen. Aus der ganzen islamischen Welt wurde Widerspruch laut. Die Gemeinden in Nordafrika und Ägypten, im Iran, in der Sowjetunion, in Indien, Indonesien und anderen Ländern des Fernen Ostens erklärten die Wahl für ungesetzlich, weil sie nicht von einer repräsentativen Körperschaft der Gläubigen aus aller Welt getroffen worden war. Nicht einmal in Syrien und im irakischen Königreich seines Sohnes Faisal fand Husain Ibn Ali die Anerkennung als Kalif. Damit hatte die Stunde von Ibn Saud geschlagen. Er verdammte den Scherifen als Ketzer und Usurpator, der sich in frevelhaftem Größenwahn die Nachfolge des Propheten angemaßt hatte und deswegen bestraft werden mußte.

Mit mehreren tausend Kriegern fiel er in das Königreich Hedschas ein. Husain Ibn Ali richtete einen Hilferuf an die verhaßten Briten. Doch diese reagierten kühl. London betrachtete den Konflikt mit dem Wahhabitenfürsten als eine religiöse Streitigkeit, die Husain Ibn Ali selbst heraufbeschworen habe. Ibn Saud war nicht mehr aufzuhalten. Seine Beduinenkrieger besetzten die Stadt Taif und ermordeten deren gesamte männliche Bevölkerung. Dann rückten sie weiter nach Mekka vor. Dort herrschten nach der Kunde von dem Blutbad in Taif Angst und Schrecken. Die Bewohner bestürmten den Scherifen abzudanken, um den Zorn des Wahhabitenfürsten zu beschwichtigen. Husain Ibn Ali verzichtete zugunsten seines Sohnes Ali auf den Thron, auf alle Titel und Würden und floh aus seinem Reich. Kampflos zog Ibn Saud in die heilige Stadt ein und führte sofort ein strenges wahhabitisches Regiment ein: Schmuck und Ornamente an den heiligen Stätten wurden entfernt, der Genuß von Alkohol und Tabak wurde ebenso hart bestraft wie die Benutzung von Musikinstrumenten.

Der älteste Sohn und Nachfolger des Scherifen, Ali, hatte sich mit den letzten Kriegern der Hedschasarmee in der Hafenstadt Dschidda verschanzt. Er hoffte, daß ihm die Briten auf dem Seeweg Waffen, Geld und Lebensmittel liefern oder wenigstens mit tatkräftiger Unterstützung dafür sorgen würden, daß seine Brüder Abdallah und Faisal Hilfstruppen entsenden könnten. Doch Großbritannien dachte überhaupt nicht daran. Es hatte sich längst mit Ibn Saud arrangiert. Über ein Jahr hielt Ali, der letzte König des Hedschas, dem Ansturm der Wahhabiten stand. Aber als keine Hilfe kam und in der Stadt eine Hungersnot ausbrach, die Tausenden das Leben kostete, nahm Ali schließlich das Angebot Ibn Sauds an, der ihm freies Geleit zugesichert hatte. Er flüchtete zu seinem Bruder Faisal nach Bagdad. Die Haschimiden, matt gesetzt von den Briten, hatten ihren Kampf um ein Königreich von Arabien endgültig verloren.

Zur Erleichterung der britischen Besatzer war das Mandatsgebiet Palästina in den ersten Jahren nach der Machtübernahme im September 1920 eine Oase relativer Friedfertigkeit. Die Grenzen des Landes waren weder von außen bedroht, noch gab es im Innern einen organisierten Widerstand oder gar aufreibende Kämpfe mit bewaffneten Partisanen. Die britischen Soldaten wurden im Konflikt zwischen Juden und Arabern als Schiedsrichter und Beschützer von beiden Seiten akzeptiert.

Da in den Jahren 1919 und 1920 die Einwanderung von Juden aus der Sowjetunion rapide zunahm, wuchs unter den palästinensischen Arabern allerdings der Unmut über die andersartigen Neuankömmlinge. Antizionismus und Antisemitismus nahmen immer aggressivere Formen an. Im März 1921 versuchten die Delegierten des Nationalen Palästinensischen Kongresses in Haifa mit einer Erklärung den in Palästina weilenden Kolonialminister Winston Churchill auf die »jüdische Gefahr« hinzuweisen: »Der Jude ist in seiner Sippschaft verwurzelt und deswegen ein schlechter Nachbar. Er kann sich nicht mit denen vermischen, die um ihn herum leben. Er genießt die Privilegien und Vorteile eines Landes und macht mit der Bevölkerung, die er in Armut gestürzt hat, was ihm beliebt. Er bricht Kriege vom Zaun, wenn es der Eigennutz diktiert, und er benützt die Armeen der Nationen dazu, sein eigenes Spiel zu treiben.«

Churchill antwortete sofort: »Es ist ein prinzipielles Recht der Juden, die über die ganze Welt verstreut sind, daß sie ein nationales Zentrum und eine nationale Heimstätte erhalten, wo sie sich wieder vereinen können. Und wohin sollten sie sonst gehen, als hierher, nach Palästina, mit dem sie für mehr als 3000 Jahre innig und ernsthaft verbunden sind? Wir glauben, daß es gut für die Welt sein wird, gut für die Juden und gut für das bitische Empire. Aber wir glauben ebenso, daß es gut sein wird für die Araber, die aus Palästina stammen, und wir wollen, daß es gut für sie sein wird. Sie sollen nicht die Leidtragenden oder gar Vertriebenen des Landes werden, aus dem sie stammen. Ihnen darf nicht der Anteil an Fortschritt und Wohlstand verweigert werden, der ihnen gebührt.«

Viele palästinensische Araber waren mit dieser Antwort des Kolonialministers nicht zufrieden. Zwei Monate später, im Mai 1921, kam es in Haifa, Hadera, Petah Tikwa, Jaffa, Rehovot und Jerusalem zu bewaffneten Angriffen auf jüdische Häuser und Plantagen. Der Hochkommissar Sir Herbert Samuel, selbst jüdischer Abstammung, reagierte sofort und verbot jede weitere Einwanderung von Juden. Später wurde der radikale Erlaß gemildert. Die Immigration durfte nur so stark sein, daß »die ökonomische Kapazität Palästinas die neuen Einwanderer absorbieren kann«.

Die Zionisten sorgten von nun an vor allem dafür, daß die »ökonomische Kapazität« des Landes ausgeweitet wurde. Sie kauften unkultiviertes Land, um es urbar zu machen. Zwischen 1921 und 1925 investierte der Jüdische Nationalfonds fast eine Million ägyptische Pfund für Grundstückskäufe in der Jesreelebene. Entlang der Bahnlinie nach Haifa wurden 132 Quadratkilometer erworben. 2600 jüdische Siedler gründeten dort Dörfer.

Der Hochkommissar verfolgte die Entwicklung in der Jesreelebene genau; am 22. April berichtete er: »Als ich sie 1920 zum erstenmal sah, da war sie eine Wüste. Vier oder fünf kleine und schmutzige arabische Dörfer, die weit voneinander entfernt lagen, konnte man auf den Gipfeln der niedrigen Hügel da und dort erkennen. Da gab es kein Haus, nicht einen Baum [...]« Innerhalb von fünf Jahren registrierte er einen enormen Wandel: »Zwanzig Schulen sind eröffnet worden. Es gibt eine landwirtschaftliche Fachschule für Frauen in einem Dorf, in einem anderen ein Krankenhaus. Alle Sümpfe der Region sind durch Entwässerung kultiviert worden. Der ganze Anblick der Ebene hat sich verändert. Im Frühling bedecken Felder mit Gemüse und Getreide über Meilen das Land, und das, was vor fünf Jahren wie eine etwas bessere Wildnis aussah, ist in eine freundliche Landschaft verwandelt worden.«

Während die Juden unter der Schirmherrschaft der Briten in den zwanziger Jahren ihre Chance nutzten, erkannten die Araber Palästinas die Möglichkeiten eigener Weiterentwicklung und Selbstbestimmung nicht. Sie waren zerstritten und schätzten, verleitet durch die Vorgänge in ihrer Nachbarschaft, ihre Position in Palästina falsch ein.

In Ägypten verkündete Großbritannien am 28. Februar 1922 die Aufhebung des Protektorats. Zwei Jahre später, am 28. Januar 1924, avancierte der Führer der nationalistischen Wafd-Partei, Zaghlul Pascha, zum Ministerpräsidenten von Ägypten. Am 19. April 1928 wurde durch eine neue Verfassung die konstitutionelle Monarchie eingeführt.

In Syrien weitete sich der Drusenaufstand im Juli 1925 zu einer nationalen Revolte aus. Erst Ende 1927 konnten die Franzosen die Rebellion niederschlagen, wobei sie die Hauptstadt Damaskus zweimal – im Oktober 1925 und im Mai 1926 – bombardierten.

Die Araber Palästinas waren von diesen Vorgängen so beeindruckt, daß ein Teil von ihnen überzeugt war, daß auch sie in der Lage seien, mit einem Aufstand gegen die Briten ein unabhängiges arabisches Palästina zu erringen. Vor allem der 1926 von den Briten zum Großmufti von Jerusalem ernannte Hadsch Amin al-Husaini, zugleich Vorsitzender des Obersten Muslimischen Rats, scharte Anhänger einer Politik der revolutionären Rebellion gegen die Besatzer um sich. In seiner Position verfügte der Großmufti über die Besetzung der Scharia-Gerichtshöfe und über die Einnahmen aus dem Grundbesitz islamischer Einrichtungen, dem Wakf-Land. Seinen personellen und finanziellen Einfluß verstand er geschickt für seine politischen Interessen zu nutzen. Sein Ansehen bei den einfachen Gläubigen hatte zudem eine besondere metaphysisch-genealogische Komponente: Die Husainis stammen vom zweiten Sohn der Tochter des Propheten ab.

Die großen Gegenspieler der Husainis waren die Naschaschibis, ebenfalls eine Jerusalemer Großgrundbesitzerfamilie. Ihr Oberhaupt, Radschib Bei, war von den Briten zum Bürgermeister von Jerusalem ernannt worden. Er hatte eine lose Koalition einflußreicher Familien um sich geschart. Die Notabeln in den Städten und Dörfern schlugen sich gegen Ende der zwanziger Jahre auf die Seite der Naschaschibis: Ihnen, die zu mehr als einem Drittel Christen sind, ist der betont islamische Kurs der Husainis nicht geheuer. Unter einem Regime des Muftis fürchteten sie mehr Freiheiten und Einfluß zu verlieren als unter einer Führung der eher weltlich und arabisch-nationalistisch gesinnten Naschaschibis.

Auch Abdulhamid Schoman war 1929 nach seinem verunglückten Auftritt beim Festmahl des Muftis im Lager der Naschaschibis gelandet. Aus deren Freundeskreis gewann er Teilhaber und Förderer seiner Bank. Als er am 23. August 1929 mit Fakhry al-Naschaschibi und Hassan Sidgi al-Dadschani die Jerusalemer Al-Aksa-Moschee verließ, erlebten die drei den Beginn eines von Mufti Hadsch Amin al-Husaini geschürten Judenpogroms. Dessen paramilitärische Miliz, Al Nadschada, veranstaltete eine blutige Jagd auf alles, was jüdisch anmutete. Innerhalb von drei Tagen griffen die Ausschreitungen auf ganz Palästina über und kosteten 133 Juden und 116 Araber das Leben.

Die Briten konnten und wollten offensichtlich auch nicht den Mufti als Drahtzieher dieses blutigen Terrors entlarven und bestrafen. Sie sorgten mit verstärktem militärischen Einsatz für Ruhe und spekulierten lieber mit dem komplizierten politischen Machtgefüge der innerpalästinensischen Rivalitäten: ein gefährliches, weil in seiner widersprüchlichen Vielfalt kaum beherrschbares Spiel, wie sich Mitte der dreißiger Jahre zeigen wird.

Schoman ist Anfang 1930 am Ziel seiner Wünsche angelangt, wenn auch mit einer für eine Bankgründung nicht gerade üblichen Methode. Er heiratet die Tochter von Achmed Hilmi Pascha, der nicht nur mit Bankgeschäften vertraut ist, sondern auch als enger Verbündeter der Naschaschibis zu den einflußreichsten Männern Palästinas gehört. Am 14. Juli 1930 eröffnet Abdulhamid Schoman in der Jaffa Street von Jerusalem seine Bank. Er nennt sie »Arab Bank Ltd.«. Das Emblem des Instituts besteht aus drei miteinander verbundenen Kreisen. Im linken ist ein beladenes Kamel in der Wüste abgebildet, im rechten ein aufrecht dahinstolzierendes Pferd. In der Mitte veranschaulicht eine Landkarte das vorgesehene Betätigungsfeld: Es reicht von Marokko bis Oman, von Somalia bis Ägypten.

Eine halbe Stunde vor der Eröffnung der Bank läßt der Gründer die elf Angestellten antreten und hält eine Rede, in der er sie auf das besondere Ziel seiner Bank einschwört: »Ihr seid der Kern, die Saat für eine Unternehmung, die unserer nationalen Sache mehr dient, als die Teilnahme an Demonstrationen oder der Applaus für Märchenerzähler und Propagandaredner. Die einzige Wahrheit heißt Arbeit. Nur durch Arbeit werden Nationen gebaut. Wo immer ihr hinblickt – in Jerusalem, Jaffa oder Haifa –, werdet ihr Beweise des Wohlstandes und des Wachstums von zionistischen und kolonialistischen Institutionen sehen. Ihr könnt davon ausgehen, daß dieser Wohlstand und dieses Wachstum Zeichen unserer Schwäche und unserer Abhängigkeit von ihnen sind. Jede kolonialistische und zionistische Institution, die erfolgreich ist, bedeutet einen Nagel mehr für den Sarg, in dem unser Palästina gebettet werden soll. Andererseits dient jede arabische Unternehmung als Schild und Bastion zum Schutz und der Verteidigung von Palästina. Laßt uns in diesem Sinne an die Arbeit gehen.«

Von der Revolte in die Katastrophe

Schon in den ersten Tagen und Wochen nach der Eröffnung der Arab Bank muß Abdulhamid Schoman die bittere Erfahrung machen, daß sein Institut eher einem wackeligen Kartenhaus auf Treibsand gleicht als einer abwehrstarken und unverrückbaren Bastion im Kampf gegen die Zionisten und die britischen Kolonialherren. Das liegt nicht so sehr an der Macht der Feinde, sondern eher an der Mentalität des Personals und des Publikums der Bank.

Als am Ende des ersten Tages die Einzahlungen von 1990 Pfund in der Kasse nachgeprüft werden, fehlen zehn Pfund. Da es keine Auszahlungen gegeben hat, stellt Schoman seinen Kassierer zur Rede: »Ich werde nicht dulden, daß so etwas passiert. Ich will nicht unfair sein, aber die Verantwortung liegt bei dir. Dennoch bin ich bereit, sie mit dir zu teilen. Jeder von uns wird fünf Pfund einzahlen, um den Verlust auszugleichen.«

»Soviel Geld habe ich nicht«, entschuldigt sich der Kassierer.

»Das macht nichts. Ich werde es dir vorschießen und am Ende des Monats von deinem Gehalt abziehen. Wieviel verdienst du?«

»Zehn Pfund.«

»Gut, dann werde ich die Hälfte einbehalten. Ich hoffe, daß dir das eine Lehre sein wird.«

Es kostet Schoman einige Mühe, seine Angestellten zum pünktlichen Erscheinen am Arbeitsplatz zu erziehen. Auch besteht er darauf, daß keine liebgewonnenen Basarsitten wie Kaffee- und Teebewirtung im Schalterraum seiner Bank einreißen. Er will seine Geldgeschäfte genauso diskret und nüchtern abwickeln, wie es in den USA und in Europa üblich ist. Die Arab Bank, auf arabisch »al-Bank al-Arabi«, soll zu einem Musterinstitut westlicher Managementmethoden werden.

Die Gratwanderung zwischen westlichen und islamischen Sitten hat ihre Tücken. In den ersten Wochen kommt es mit einem wohlhabenden Kunden zum Eklat, als der von einem Bankangestellten erfährt, daß er auf seine eben eingezahlten fünftausend Pfund Zinsen erhalten wird. Der Kunde ist empört und fordert sofort sein Geld zurück. Schoman schaltet sich ein.

»Bis-mil-la-hir rah-ma-nir rahim – Im Namen Allahs, des Gnädigen, des Barmherzigen, Zinsen darf ich nicht annehmen, Herr Schoman, Sie wissen, was im Koran geschrieben steht«, sagt der Bankkunde.

»Ich weiß«, antwortet der Bankdirektor und zitiert die zweite Sure, Vers 276: »Die nun vom Wucher (Zinseszins) leben, werden einst mit Krämpfen auferstehen als vom Satan Besessene.«

»So spricht Allah, Herr Schomann«, bestätigt der Kunde und fügt hinzu: »Und in der dreißigsten Sure, Vers vierzig...«

»Was ihr auf Wucher ausleiht, um euer durch anderer Vermögen zu vermehren, das wird nicht vermehrt durch den Segen Allahs«, ergänzt Abdulhamid Schoman.

»Sie kennen den Koran sehr gut, Herr Schoman, aber Sie halten sich nicht an ihn.«

»Als ich nach Amerika ging, dachte ich genauso wie Sie. Nun aber glaube ich, daß Bankzinsen eine gerechte Belohnung für die Benutzung von Kapital sind. Genauso wie Sie eine Miete für ein Haus oder ein Fahrgeld für ein Taxi bezahlen. In Ihrem Fall werden wir Ihnen gerne zu Diensten sein und ein Konto einrichten, das keine Zinsen bringt.«

Darauf kann sich der Kunde einlassen. Und Schoman verabschiedet ihn mit dem Vers 284 aus der zweiten Sure: »Traut aber einer dem anderen, so gebe der, dem vertraut wird, das Anvertraute wieder und fürchte Allah.«

»Bismallah, so soll es sein«, sagt der zufriedengestellte Kunde und verläßt die Bank.

Das klare Zinsverbot des Koran stürzt den strenggläubigen Bankier Schoman nicht in Gewissensnöte. Er interpretiert die Vorschriften des Propheten als Schutzmaßnahmen gegen Wucherzinsen. Seine Arab Bank hingegen verlangt und gewährt angemessene Entlohnungen für das Verleihen und die Nutzung von Kapital. Außerdem ist Schoman überzeugt, daß eine Bank, die internationale Verbindungen im Dienste der arabischen Sache anstrebt, auch nach den Gesetzen des weltüblichen Geldgeschäfts funktionieren muß. Seine Pflichten als Moslem nimmt er ernst: das Glaubensbekenntnis (Schahada), das rituelle Gebet (Salat), das Fasten (Saum) und auch die Almosenabgabe (Zakat). Das Wort »Zakat« stammt von dem Verb »zaka« und bedeutet soviel wie »reinigen«. Wer also Zakat gibt, der reinigt sich von Besitzgier und Haß. Schoman befolgt gerade dieses Gebot in einem Ausmaß, daß er bald in Jerusalem und Umgebung als außergewöhnlich großzügiger Mann bekannt ist.

Größere Sorgen als der Konflikt mit dem Koran bereiten dem Bankier Mentalität und Geschäftsmethoden seiner Landsleute. Eine Bank erscheint ihnen so fremd und überflüssig wie alle Sitten und Gebräuche der Ungläubigen. Nach mehr als zehn Jahren britischer Besatzung werden Handel und Produktion der palästinensischen Araber noch immer wie zu Sultans Zeiten abgewickelt. Mit wachsender Verbitterung verfolgt Schoman die Dynamik und die westliche Effizienz der Zionisten. Der überall sichtbare Erfolg der Juden stachelt jedoch die meisten Araber nicht an, ähnliches zu vollbringen, sondern nährt nur ihren wachsenden Minderwertigkeitskomplex, der wiederum von britischen Besatzern und arroganten Zionisten als reale und gottgegebene Minderwertigkeit angesehen wird. So führen koloniale Arroganz und unterwürfige Ohnmacht sowie Unselbständigkeit zu einem Teufelskreis von Verachtung und Unterlegenheit. Statt Kooperation und Respekt werden Konfrontation und Haß zu den dominierenden Motiven im arabisch-jüdischen Konflikt.

Der Anteil der Juden an der Bevölkerung von Palästina erhöhte sich von einem Zehntel zu Beginn der britischen Mandatszeit auf ein Viertel bis Mitte der dreißiger Jahre. Der jüdische Besitz an Anbauflächen erweiterte sich im selben Zeitraum von neun und über zwanzig Prozent. Davon gehörten etwa 38 000 Hektar der Jüdischen Kolonisationsgesellschaft des Baron de Rothschild, 28 000 Hektar der Zionistischen Agentur und rund 58 000 Hektar jüdischen Privatfarmern. Viele Araber beklagten, daß dieser Ankauf von riesigen Ländereien nur durch eine betrügerische Kumpanei zwischen den britischen Besatzern und den zionistischen Siedlern zustande kam. Tatsächlich gab es eine Anordnung der Mandatsregierung, nach der Land, das drei Jahre brachlag, in Staatsbesitz überging und dann zumeist an die Zionisten verkauft wurde. Vor allem die politischen Lakaien der Großgrundbesitzer prangerten diese konspirative Enteignung der arabischen Heimaterde an. Tatsache aber ist: Nur 14 Prozent des von Juden angekauften Landes stammte aus Staatseigentum. Mehr als 75 Prozent des jüdischen Grundbesitzes war hingegen von arabischen Efendis und Notabeln für zumeist weit überhöhte Preise erstanden worden.

Die Verkaufsliste liest sich wie ein Gotha des arabisch-palästinensischen Landadels:

Said al-Schawa, Mitglied des Obersten Muslimischen Rates, verkaufte unter einem falschen Namen 138 Hektar in der Nähe von Maschdal.

Abdullah Samara, ein Anhänger von Mufti Hadsch Amin al-Husaini, veräußerte ein karges und sandiges Territorium, auf dem die jüdische Siedlung Mikhmoret errichtet wurde.

Asim al-Said, Bürgermeister von Jaffa, gab seinen Anteil an der Qubeibaregion ab.

Die griechisch-orthodoxen Brüder Alfred, Arthur und Butrus Rock aus Jaffa machten ein gutes Geschäft mit dem Verkauf ihrer Ländereien in Masub, Beit Dadschan und Duran.

Subhi al-Khadsa verhökerte alles, was er in Safed besaß.

Abd al-Rahman al-Hadsch Ibrahim, der Bürgermeister von Tulkarm, bot sich unentwegt mit seinen Söhnen Salim und Slama als ein erfolgreicher Aufkäufer für die Zionisten an.

Jakub al-Ghusayn, ein fanatischer Anhänger des Muftis, verdiente viel Geld mit den Grundstücken, auf denen der Kibbuz Nir Am und die Orangenplantagen in Beit Hanun angelegt wurden.

Besonders aktiv zeigten sich die Mitglieder des al-Husaini-Clans: Ismail Bey verkaufte Böden in Nazle nahe Petah Tikwa an den Kibbuz Givat Haschloscha, Tawfiq Orangenhaine im Wadi Hanin, Dschamil Ländereien in Dir Amer, Dschamal aus Gasa Teile der Idniva-Region an die Siedler von Kfar Menahem, Fahmi, der Bürgermeister von Gasa-Stadt, 520 Hektar in Nakhabir, wo der Kibbuz Beeri entstand, und er beschaffte außerdem dreihundert Hektar als Agent in der Nähe von Gasa-Stadt.

Auch die Familien Faruli, Dadschani, Busnak, Baitar, Laban, al-Alami, Kanan und Schukairí tätigten Landverkäufe in großem Stil.

Nur Radschib Bei al-Naschaschibi, seit 1921 Bürgermeister von Jerusalem, ging leer aus: Den Zionisten war sein Preis für das Dorf Yalo zu hoch.

Die Opfer dieser lukrativen Großgrundtransaktionen waren Landarbeiter, Pächter und Kleinbauern. Zehntausende von Landarbeitern und Pächtern verloren dadurch zumeist von heute auf morgen ihre Erwerbsgrundlage. Die Kleinbauern gerieten – sofern sie nicht durch ihre zu hohe Verschuldung zum Verkauf ihres Besitzes an arabische Großgrundbesitzer gezwungen waren – in eine für sie aussichtslose Konkurrenz zu den modernen und effektiven Anbaumethoden der jüdischen Plantagenbesitzer. Diese kontrollierten bereits Mitte der dreißiger Jahre über achtzig Prozent des Zitrusanbaus von Palästina.

Der andere wichtige und vormals ertragreiche Bereich der Landwirtschaft – der Anbau, die Weiterverarbeitung und der Verkauf von Oliven – ging den palästinensischen Kleinbauern bis Mitte der dreißiger Jahre aus zwei Gründen verloren. Zum einen boten die südeuropäischen Länder Olivenöl zu einem günstigeren Preis an, zum anderen gelang es den jüdischen Siedlern Palästinas, eine weniger kostenintensive Produktion aufzuziehen. So sanken die Exporterlöse bei den arabischen Kleinbauern von 342 000 Pfund im Jahr 1925 auf 52 091 Pfund 1936, während ihre jüdischen Konkurrenten im selben Zeitraum ihre Ausfuhreinnahmen aus dem Olivenölverkauf auf 91 068 Pfund steigern konnten.

Die fortschreitende Verelendung der arabischen Landarbeiter, Pächter und Kleinbauern wird von der jüdischen Zeitung *Haaretz* 1934 in einem Bericht über die nördlich von Jerusalem gelegene Stadt Nablus beschrieben: »Tausende von Fellachenfamilien haben das Gebiet von Nablus verlassen. Tausende, die in Nablus zurückblieben, sind kaum mehr in der Lage, ihren Lebensunterhalt zu bestreiten. Hunderte von Häusern stehen leer. Ein Haus, das in Haifa für hundert Pfund pro Jahr vermietet werden kann, bringt in Nablus zwanzig Pfund. Die Armut ist weit verbreitet in Nablus. Nablus ist nicht mehr die Stadt des Goldes (Orangen) oder die Stadt des Handels (Olivenöl). Nablus ist eine Stadt der leeren Häuser, der Finsternis und des Elends geworden.«

Von den etwa 100 000 erwerbslosen Landarbeitern, Pächtern und Kleinbauern fanden rund 20 000 eine saisonale Beschäftigung auf den Plantagen des Baron de Rothschild oder anderen jüdischen Besitzern. Sie verdienten dort zwar nur halb so viel wie die jüdischen Arbeiter, aber das war immer noch mehr, als die arabischen Großgrundbesitzer bezahlten. Zehntausende schlugen sich mit Gelegenheitsarbeiten durch: Vor allem sie bildeten das Reservoir für die Gefolgschaften in den innerpalästinensischen Machtkämpfen der Clans und politischen Cliquen. Nur wenigen dieser Entrechteten und Verelendeten kam dabei in den Sinn, daß es die Efendis waren, die sie verraten und betrogen hatten.

Im Sommer 1934 erfuhr die Machtbalance der politisch-familiären Blöcke innerhalb der arabisch-palästinensischen Gesellschaft eine entscheidende Veränderung. Bei der Wahl zum Bürgermeister von Jerusalem fielen die Naschaschibis einem geschickt eingefädelten Coup des feindlich gesinnten Husaini-Clans zum Opfer. Die Khalidis kündigten überraschend ihre bis dahin lockere Koalition mit den Naschaschibis auf. Statt Radschib al-Naschaschibi wurde Husain al-Khalidi mit Hilfe der Husainis zum neuen Bürgermeister der Heiligen Stadt. Von nun an kam Leben in die politische Landschaft Palästinas.

Neben der bereits 1932 gegründeten Arabischen Unabhängigkeitspartei (Istiklal), in der Abdulhamid Schomans Schwiegervater Achmed Hilmi Pascha ein führendes Mitglied war, formten die Naschaschibis die Nationale Verteidigungspartei. Die Khalidis wiederum riefen flugs eine eigene Partei der Arabischen Reform ins Leben, um ihre Unabhängigkeit von den Husainis und den Naschaschibis zu demonstrieren. In Nablus bildete zudem der Rechtsanwalt Abdel Latif Salah den Nationalen Block.

Alle diese Parteien jedoch blieben mit ihrer Anhängerschaft auf die jeweiligen Familien und deren direkten Machtbereich beschränkt. Einzig Mufti Hadsch Amin al-Husaini schaffte es, mit seiner Palästinensischen Arabischen Partei (PAP) über das Einflußgebiet seines Clans hinaus im ganzen Mandatsgebiet Anhänger zu gewinnen. Als offizieller Vorsitzender der PAP fungierte Dschamal al-Husaini, ein Vetter des Muftis. Er bemühte sich, den islamischen Charakter der Partei zu mildern, indem er einflußreiche Christen aus Jaffa in den Vorstand wählen ließ. 1935 haben der Mufti und seine Familie im Machtkampf um die Führung der Araber Palästinas endgültig die Oberhand gewonnen.

Zu einem wichtigen Instrument der alltäglichen Demonstration von Präsenz und Kampfkraft der Palästinensischen Arabischen Partei gediehen ihre Jugendgruppen. Sie rekrutierten sich insbesondere aus dem Lager des nationalistisch gesinnten Bürgertums in den Städten. Im Mittelstand des ganzen arabischen Raums herrschte eine große Bewunderung für die Faschisten Italiens und die deutschen Nationalsozialisten. Nach deren Vorbild entstand alsbald eine arabische Jugendbewegung, die mit dem Schlagwort: »Zeit der Hemden« charakterisiert wird. In den Städten paradierten Jugendliche im Stil von SA-Trupps oder Schwarzhemden. Sie verstanden sich als Kolonnen des Fortschritts und der nationalen Disziplin. Die PAP organisierte unter der Führung von Emil al-Ghawri palästinensische Jugendmilizen wie die Al Futuwa. Die Pfadfinderabteilung der Partei schmückte sich eine Zeitlang sogar mit dem Namen »Nazi-Scouts«. Sie verteilten Flugblätter mit nationalsozialistischen Parolen und Hakenkreuzen.

Es gehört zu den absurden Widersprüchen und fatalen Fehleinschätzungen in der Palästinapolitik des Großmuftis von Jerusalem, daß er bei all seiner unverhohlenen Sympathie für die Nationalsozialisten in Deutschland nicht die Tatsache zur Kenntnis nehmen will, daß die Rassenpolitik der Nazis Zigtausende von Juden ins Heilige Land fliehen läßt. In den ersten drei Jahren nach Hitlers Machtübernahme strömen über 150000 Flüchtlinge in das Mandatsgebiet. Diese hohen Einwanderungszahlen nimmt der Mufti zum Anlaß, die arabische Bevölkerung mit antizionistischen und antibritischen Kampagnen zum entschiedenen Widerstand anzustacheln. Insgeheim fördert er allerorts Tendenzen eines gewaltsamen Aktionismus gegen die Besatzer und jüdischen Siedler.

Besonders nützlich erweist sich eine vom Mufti unterstützte fundamental-islamische Organisation um Scheich Izz el-Din al-Kassam in Haifa. Al-Kassam, 1921 aus Syrien nach Palästina eingewandert, arbeitet und agitiert als Wanderprediger und am Scharia-Gerichtshof von Haifa. Rund um die Hafenstadt und im südlichen Galiläa bemüht er sich um die Opfer der gesellschaftlichen und ökonomischen Entwicklung in Palästina: um die verarmten Fellachen, die ausgebeuteten Wanderarbeiter und die entwurzelten Bewohner des Slumgürtels um Haifa. Al-Kassam kann viele davon überzeugen, daß nur eine Rückbesinnung auf die ursprünglichen Werte des Islam die Kraft geben wird, die fremden Besatzer und Einwanderer aus dem Land zu jagen. Immer wieder fordert er zum Dschihad gegen die britischen und jüdischen »Feinde Allahs« auf. Seine Anhänger, bald Kassamiten genannt, besorgen sich Waffen und gehen nicht nur den Großmufti um finanzielle Unterstützung an, auch italienische Agenten des Mussolini-Regimes werden angesprochen und zeigen sich spendabel.

Anfang November 1935 ist es dann soweit: Al-Kassam zieht mit einem Dutzend seiner engsten Gefolgsleute in die Gebirgsregion um Jenin. Sie wollen mit einer blutigen Auftaktaktion einen Volksaufstand in ganz Palästina provozieren. Am 7. November ermorden die Kassamiten einen Sergeanten der jüdischen Hilfspolizei. Doch schon vierzehn Tage später wird die Gruppe von britischen Soldaten aufgespürt und gestellt. Al-Kassam und zwei seiner Gefährten weigern sich aufzugeben und werden getötet. Zwei weitere Kassamiten können fliehen. Der Rest der Truppe gerät in Gefangenschaft.

Dieser eher bescheidene und recht glücklos inszenierte Versuch, einen nationalen Aufstand zu entfachen, wird im Nu von den Propagandisten des Muftis zu einer gewaltigen und heroischen Schlacht stilisiert, bei der statt einem Dutzend einige hundert Männer für die Freiheit des palästinensischen Volkes gekämpft haben sollen. Innerhalb der Bevölkerung tun der islamische Märtyrerglauben und die orientalische Neigung zu rhetorischen Übertreibungen ein übriges. So gerät die Beerdigung von Scheik Izz el-Din al-Kassam in Haifa zu einer machtvollen Demonstration der Araber gegen die Mandatsregierung und die Zionisten. Die Kassamiten werden als Mudschahedin, als heilige Krieger, verehrt und im ganzen Land als leuchtende Vorbilder gepriesen.

Anfang 1936 erreichen die ehrliche Empörung und der

aufgepeitschte Haß einen explosiven Höhepunkt. Die Milizen der PAP und lokale, lose mit dem Mufti assoziierte Kommandos und Freischärler stehen zum Angriff bereit. Hadsch Amin al-Husaini aber behält einen kühlen Kopf und denkt strategisch. Er wartet die Ernte auf den Zitrusplantagen ab. Es gilt die wirtschaftlichen Interessen der arabischen Großgrundbesitzer zu schützen und das rebellische Potential der Wanderarbeiter als Kämpferreserve zu nützen. Mitte April sind die Früchte gepflückt, verpackt und verladen: Die Revolte kann beginnen.

Der erste – wenn auch nicht im inneren Zirkel des Muftis geplante – Anschlag findet am 13. April statt. Zwei jüdische Busreisende werden auf der Straße zwischen Nablus und Tulkarm umgebracht und ausgeraubt. Bei den Tätern handelt es sich offensichtlich um gewöhnliche Kriminelle, die seit einiger Zeit die Gegend unsicher machen. In der folgenden Nacht werden bei Petah Tikwa zwei Araber von Unbekannten getötet. Die arabische Bevölkerung wertet die Morde als eine Vergeltungsaktion der Juden. Am Tag darauf ruft der Mufti den nationalen Notstand aus und schart mit gezieltem Druck ein Höheres Arabisches Komitee um sich, in dem alle politischen Gruppierungen und bedeutenden Persönlichkeiten Palästinas vereinigt sind. Das vom Mufti perfekt dirigierte Komitee ruft zum Generalstreik auf, der prompt von weiten Teilen der arabischen Bevölkerung befolgt wird.

Noch während das Komitee tagt, schlagen die Milizen und Kommandos des Muftis los. Innerhalb von einem Monat überfallen sie mehr als ein Dutzend Einrichtungen und Siedlungen der Juden. Dabei werden 21 Siedler getötet und viele Felder und Obstplantagen niedergebrannt. Sechs Araber finden in Kämpfen mit britischen Polizisten den Tod. Niemand ahnt zu dieser Zeit, daß die Scharmützel im April und Mai 1936 nur der Beginn einer mehrjährigen blutigen Auseinandersetzung sind und die arabische Gesellschaft Palästinas in einen verheerenden

Selbstzerstörungsprozeß stürzen werden. Die politische Führung, die diese katastrophale Entwicklung zu verantworten hat, wird unter dem Schlagwort »Die Generation des Desasters« in die Geschichte Palästinas eingehen.

Im Frühjahr 1936 hat Mufti al-Husaini noch alles unter Kontrolle. Im Höheren Arabischen Komitee hören alle auf sein Kommando: PAP-Chef Dschamal al-Husaini, der Führer der Jugendmilizen Jakub al-Ghusayn, der Vorsitzende des Nationalen Blocks, Abdel Latif al-Salah, Dr. Husain al-Khalidi, der Führer der Arabischen Reformpartei und Bürgermeister von Jerusalem, sowie Abdulhamid Schomans Schwiegervater Achmed Hilmi Pascha von der Istiklal-Partei.

Nur die Naschaschibis verweigern anfangs den Beitritt zum Komitee. Aber bald nehmen die vom Mufti organisierten Anschläge auf ihren Besitz und ihre Anhänger so stark zu, daß Radschib Bei al-Naschaschibi und sein Gefolgsmann Jakub Farradsch doch mitmachen.

Auch Abdulhamid Schoman wird vom Mufti in die nationale Pflicht genommen. Der Bankier muß sich um die Finanzen des Widerstands kümmern und wird zum Leiter eines neugegründeten Boykott- und Versorgungskomitees ernannt. Es soll den Arabern helfen, die infolge des Generalstreiks mittellos werden und ihren Lebensunterhalt kaum noch bestreiten können. Schoman organisiert unter anderem einen Großhandel mit Zucker und Reis aus Ägypten, wobei er mit 20 000 Pfund aus eigener Tasche den Import finanziert. Nur wenige Tage nachdem er zum Ärger der arabischen Lebensmittelspekulanten den Zucker und den Reis zum Einkaufspreis an die Bedürftigen in Jerusalem verkauft hat, wird er von der britischen Polizei verhaftet.

Schoman wird angeklagt, unter dem Deckmantel von Lebensmittelimporten auch Waffen und Munition ins Land geschmuggelt zu haben. Außerdem soll er Milizen und Freischärlern Geld gegeben und Unterschlupf gewährt haben. Er wird nach kurzem Prozeß zu achtzehn Monaten Gefängnis verurteilt und in das Internierungslager Sarafand in der Nähe von Haifa deportiert. Dort sind bereits einige tausend arabische Gefangene in Baracken, Zeltlager oder unter freiem Himmel untergebracht. Schoman sorgt für Stimmung und Zeitvertreib im Lager, indem er innerhalb von kurzer Zeit eine große Frühsportgemeinde organisiert. Die nahezu ruhenden Geschäfte der Bank werden von seinem inzwischen erwachsenen und von einem Studium in den USA zurückgekehrten Sohn Abdulmadschid geführt.

Mufti al-Husaini gelingt das Kunststück, den britischen Besatzern fast ein Jahr lang den Eindruck zu vermitteln, als habe er mit dieser Rebellion nichts zu tun. Mehr noch: Als Vorsitzender des Höheren Arabischen Komitees, der einzigen Institution im Lande, die eine quasilegitime Repräsentanz der Araber für sich in Anspruch nehmen kann, bietet sich der Mufti als Vermittler zwischen der Mandatsadministration und den Aufständischen an. Obwohl dem Hochkommissar Sir Arthur Wauchope bereits in den ersten Monaten des Generalstreiks Berichte des militärischen Geheimdienstes CID mit Beweisen für die Drahtzieherrolle des Muftis in der Revolte vorliegen, akzeptiert der Vertreter der Krone ihn als Vermittler zwischen den Fronten. Wauchope hat ohnehin wenig Handlungsspielraum. Er kann vorläufig keine zusätzlichen Soldaten anfordern. 1936 ist für die Briten ein Krisenjahr, in dem die Truppen an vielen Stellen des Empire gebunden sind.

Das gilt insbesondere für den afrikanisch-arabischen Raum:
- Rund um das Horn von Afrika herrscht Alarmzustand, weil die Italiener das Königreich Abessinien annektiert haben.
- In Ägypten ist die koloniale britische Hoheit nicht mehr aufrechtzuerhalten. Der konstitutionellen Monarchie mit dem sechzehnjährigen Faruk an der Spitze wird am 26. August die volle Souveränität gewährt. Nur am Sueskanal bleiben noch britische Truppen stationiert.

- Im Irak, dem die Briten bereits 1932 eine beschränkte Souveränität zugestanden haben, kommt es ebenfalls zu Unruhen, bei denen General Bekir Sidki im Oktober mit einem Staatsstreich die Macht übernimmt.

Sir Arthur Wauchope registriert zudem einen stimulierenden Einfluß der Unruhen in den nördlichen, von den Franzosen beherrschten Staaten Syrien und Libanon auf die Revolte im Mandatsgebiet Palästina. Unter dem Druck von Streiks und bewaffneten Anschlägen stimmen die französischen Besatzer pro forma einer Reduzierung ihrer Mandatshoheit zu und schließen im September und Oktober Bündnisverträge, die allerdings erst Jahre später von der Nationalversammlung in Paris ratifiziert werden.

In Palästina ging der am 15. April ausgerufene Generalstreik nach fast exakt sechs Monaten, am 12. Oktober, zu Ende. Die in diesem halben Jahr verübten Überfälle der Milizen, Freischärler und Banditen kosteten mindestens 140 Arabern, achtzig Juden und 37 Briten das Leben. Auf beiden Seiten gab es insgesamt etwa 1500 Verwundete zu beklagen. Neben zahllosen Getreidefeldern, Gemüsegärten und Obstkulturen fielen mehr als 90000 von jüdischen Siedlern gepflanzte Bäume gezielten Brandstiftungen zum Opfer. Häuser und Werkstätten, Straßen und Busse, Gleisanlagen und Züge waren durch Bombenanschläge zerstört oder stark beschädigt. Gekappte Stromkabel und Telefondrähte sowie demolierte Wasserleitungen erschwerten überall das ohnehin elende Alltagsleben.

Während die Todesopfer und die Zerstörungen bei den Juden Abwehrbereitschaft und Motivation zur weiteren Kolonisation verstärkten, hatten der Generalstreik und die gewalttätigen Begleitaktionen fatale Folgen für die politische, wirtschaftliche und gesellschaftliche Situation der Araber Palästinas. Innenpolitisch war der Mufti Ende 1936 weiter denn je davon entfernt, das Land in einen unabhängigen arabischen Staat unter seiner Herrschaft zu verwandeln. Die alten Rivalen formierten sich unter der Führung der Naschaschibis zum Widerstand. Die Briten hatten weitere Truppen ins Land geholt, um in Zukunft entschlossener und effektiver gegen jedwede Rebellion vorgehen zu können.

Mit seiner Außenpolitik war es dem Mufti zwar gelungen, das Interesse der arabischen Nachbarn auf Palästina zu lenken, aber die Machthaber der Anrainerstaaten benützten den Mufti nach ihrem Belieben und sahen in der Palästinakrise eine willkommene Ablenkung von Problemen im eigenen Land. Die arabischen Herrscher in Bagdad, Amman, Kairo und Rijad, deren Kooperationsbereitschaft mit den Briten auf den Widerstand einheimischer Nationalisten und Panislamisten stieß, konnten ihren Völkern am Beispiel der palästinensischen Araber demonstrieren, wie notwendig eine Allianz mit dem britischen Empire war.

Gleichzeitig mißbrauchten sie das Heilige Land als Arena für ihre eigenen panarabischen Herrschaftskämpfe. Emir Abdallah von Transjordanien, leiblicher und politischer Sohn des Scherifen Husain Ibn Ali von Mekka, träumte noch immer von der Verwirklichung eines arabischen Reichs unter haschimidischer Führung und erhob deshalb gewisse Ansprüche auf die Oberhoheit über Palästina. Dagegen konspirierte der inzwischen durch eigene Hand gekrönte König von Saudi-Arabien und Erzfeind der Haschimiden, Ibn Saud, mit dem Nationalen Block in Syrien und den Monarchen in Ägypten und im Irak. Die Machthaber in Badgad wiederum bemühten sich intensiv um eine direkte Einflußnahme auf die Entwicklungen in Palästina, weil sie dem islamischen Kurs des Großmuftis mit einer arabisch-nationalistischen Politik entgegenwirken wollten.

In allen größeren Städten des Nahen Ostens sind Komitees zur Verteidigung Palästinas entstanden, die freiwillige und bezahlte Kämpfer rekrutieren sowie Waffen, Munition und Geld besorgen. Eine zentrale Vermittler- und Kontaktfunktion übt Achmed Hilmi Pascha aus. Er ist nicht nur als Teilhaber und Aufsichtsratsvorsitzender der Arab Bank seines Schwiegersohns Abdulhamid Schoman für diskrete Geldtransaktionen bestens geeignet. Als führendes Mitglied der arabisch-nationalistischen Istiklal-Partei verfügt Achmed Hilmi Pascha auch über ausgezeichnete Beziehungen zu den politisch gleichgesinnten und einflußreichen Persönlichkeiten in Syrien und im Irak. Mit deren Hilfe entsteht ein Freiwilligen- und Söldnerkorps, das sich zur erfolgreichsten Truppe im Kampf gegen die britische Besatzungsmacht in Palästina entwickelt und im Verlauf der Rebellion eine wichtige Rolle im innerpalästinensischen Machtkampf zwischen dem Mufti und der von den Naschaschibis geführten Opposition spielt.

Fausi al-Din al-Kawukdschi, der Kommandeur dieser irakisch-syrischen Heerschar, ist ein alter Haudegen. In Tripoli geboren, hat er als Offizier bei der türkischen Armee gedient. Danach war er Nachrichtenoffizier bei der französischen Besatzungsmacht in Syrien, kämpfte 1925 gegen die Franzosen auf seiten der drusischen Rebellen im Hauran, fungierte wenig später als militärischer Berater von König Ibn Saud und zuletzt als Ausbilder an der Kriegsschule von Bagdad. Er ist Glücksritter, panarabischer Idealist und ein erprobter Soldat mit beachtlichem organisatorischen Talent und einem wachen politischen Instinkt. Schon seit 1934 hat er seinen Einsatz in Palästina vorbereitet. Jahre später erklärt er in einem Interview: »Daher konnten wir, als der Streik ausbrach, binnen zwanzig Tagen genügend Leute in Homs, Hama, Damaskus und Transjordanien sowie bei den Drusen, im Libanon und im Irak aufbringen und auch die nötigen Waffen und Munition. Wir hatten den Weg jedes einzelnen sowie der Waffen- und Munitionstransporte nach Palästina genau vorgezeichnet.«

In Palästina demonstriert Kawukdschi, was er in seiner Laufbahn als Offizier gelernt hat. Er organisiert Militärdistrikte, setzt Kommandeure ein, koordiniert verschiedene Freischärlergruppen und erläßt militärische Kommuniqués, die seine politischen Ziele verraten. Er unterzeichnet stets als »Oberkommandierender der Revolte in Südsyrien«. Im September 1936 greifen Kawukdschis Truppen zum erstenmal eine britische Militäreinheit auf der Straße von Nablus nach Tulkarm an. Die Freischärler können sich trotz des Einsatzes von Flugzeugen und Artillerie nach einem sechs Stunden dauernden Kampf geordnet zurückziehen. Sie haben sogar ein Flugzeug abgeschossen. Kawukdschis Söldner operieren zumeist im Dreieck Nablus, Tulkarm und Jenin. Von dort aus sind die logistischen Verbindungen zu Syrien, Transjordanien und dem Irak gewährleistet. Kawukdschis Anspruch auf den militärischen Oberbefehl über alle Truppen der Rebellion stößt auf den heftigen Widerstand der Kommandeure des Muftis. Mehrmals nimmt Kawukdschi an den Sitzungen des Höheren Arabischen Komitees teil und schlägt sich immer deutlicher auf die Seite der Naschaschibi-Fraktion. Nach der Beendigung des Generalstreiks zieht er sich mit seinen Truppen über den Jordan zurück und wartet auf den Beginn einer neuerlichen Erhebung gegen die britische Mandatsmacht.

Der Großmufti von Jerusalem hat Ende 1936, Anfang 1937 einen schweren Stand mit der britischen Besatzungsmacht. Der militärische Geheimdienst CID hat inzwischen eine Faktensammlung angelegt, die seine Drahtzieherrolle und seine Machtbasis in Palästina überzeugend offenlegt. Die britischen Agenten haben herausgefunden, daß der Mufti seine Funktion als Oberhaupt des Obersten Muslimischen Rates mißbraucht hat, um ein nach sehr weltlichen Kriterien geknüpftes Netzwerk von gewalttätigen Gefolgschaften aufzubauen. Beamte der Wakf-Verwaltung und der Scharia-Gerichte, eine Vielzahl von Kadis, Geschichtsschreibern und Sekretären sind direkt mit der Organisation des bewaffneten Kampfes beschäftigt. Die Einkünfte aus der Wakf-Fonds und religiösen Sammlungen in Palästina und anderen Ländern der islamischen Welt dienen dem Kauf von Waffen und Munition sowie der Entlohnung von Freischärlern. Zwei nahe Verwandte des Muftis, Dschamal Bei und Abdel Kader al-Husaini, sind Heerführer von Widerstandsgruppen und kämpfenden Einheiten.

Auch gewinnen die Briten immer mehr Einblick in die Strukturen, Fraktionen und Führungszirkel der bewaffneten Opposition. Neben einigen integren und der nationalen Sache verpflichteten Kommandeuren wie Hassan Salameh in der Scharonebene und dem Kassamiten Mohammed el-Salih in Samaria gibt es eine Reihe von Rebellenführern, die eher kriminelle Banditen sind. In einem CID-Bericht heißt es über drei von ihnen:

Hadsch Mohammed »Abdur Rahin« Jasin: Aus Danabeh bei Tulkarm, Kopf einer terroristischen Bande. War früher Kornhändler, ging bankrott. Es wird berichtet, daß er sich an den Spenden bereichert, die durch seine Hände gehen.

Abdallah el-Asrah: Ein notorischer Bandit, der seine Bande den Rebellen in den Hügelregionen anschloß, als die Unruhen anfingen. Nach dem Ende der Revolte setzte er sein Bandenunwesen für einige Zeit fort, lebt von Zwangsabgaben der Dörfler.

Fakhri Abdel Hadi: Stellvertretender Kommandeur Fausi Kawukdschis. Während der türkischen Herrschaft wurde er als waghalsiger Bandit bekannt. Wurde nach dem Großen Krieg [Erster Weltkrieg] zu fünfzehn Jahren Gefängnis wegen Ermordung seines Onkels verurteilt. Der wichtigste Bandenführer bis zur Ankunft Fausi Kawukdschis. Er organisierte und führte alle früheren großen Angriffe gegen Konvois und Patrouillen.

Drei Jahre später, Anfang 1939, wird die Liste von acht ehemaligen Gebietskommandeuren im syrischen Exil in einem offenen Protestbrief an den Mufti um drei weitere düstere Gestalten ergänzt:

Aref Abdul Razzik: Begann sein Leben als Straßenräuber und bestahl die Fellachen. 1923 waren mit ihm sieben andere Banditen, deren Anführer er war [...] zu drei Jahren Gefängnis verurteilt, die er abgesessen hat. Nach seiner Entlassung wurde er zum Landverkäufer, der mehr als die Hälfte des Bodens des Taibeh-Dorfes, Unterbezirk Tulkarm, an Juden verkaufte [...] schloß sich der Rebellion an und ermordete auf Befehl einiger Mitglieder des Höheren Arabischen Komitees und ihrer Gefolgsleute nicht weniger als dreihundert Araber [...] griff niemals ein britisches Militärlager oder eine jüdische Siedlung an. Er gab sich mit der Sammlung von Geldspenden zufrieden, und als er etwa 20000 Pfund zusammen hatte, verschwand er aus dem Land.

Fares el-Azzuni: ein Mörder und Straßenräuber. Flüchtete aus dem Gefängnis, wo er eine Strafe von fünfzehn Jahren für zahlreiche Verbrechen sühnen sollte [...] Für Abdul Razzik mordete er und terrorisierte friedliche Einwohner durch Plünderungen und Raub [...] ermordete sogar seinen Onkel.

Hamad el-Zawati: ein Schafhirte, der Schafe von anderen Hirten stahl. 1936 stahl er ein Schaf [...] wurde zu sechs Monaten Gefängnis verurteilt [...] flüchtete [...] ermordete nicht weniger als fünfzig Araber [...] war dafür bekannt, daß er die Schuhe der Gläubigen vor den Moscheen stahl.

Seit Anfang 1937 liegen der britischen Mandatsregierung Informationen über Hadsch Amin al-Husaini und seine Verbindungen zu den Freischärler- und Banditengruppen vor, die den Hochkommissar Sir Arthur Wauchope nun zwingen, vom Großmufti deutlich abzurücken: Als Vermittler oder Repräsentant seines Volkes wird er nicht mehr akzeptiert. Wauchope setzt jetzt mehr auf die Naschaschibi-Fraktion im Höheren Arabischen Komitee.

Im Juli 1937 legt die britische Untersuchungskommission, die nach der Beendigung des Generalstreiks eingesetzt worden war, ihren Bericht zur Lage in Palästina vor. Die nach ihrem Vorsitzenden, Lord Peel, benannte Kommission schlägt darüber hinaus einen Teilungsplan des Mandatsgebietes vor, um den arabisch-jüdischen Konflikt zu befrieden. Es ist das beste Friedensangebot, das die Araber Palästinas erhalten sollten: eine einzigartige historische Chance.

Die Peel-Kommission schlägt vor, Palästina in drei unabhängige Regionen aufzuteilen: in einen jüdischen und einen arabischen Staat sowie eine Zone unter britischer Verwaltung. Den Juden wird der Norden des Mandatsgebietes bis zum Litanifluß und ein etwa fünfzehn Kilometer breiter Küstenstreifen nördlich von Gasa zugesprochen. Die Briten sollen eine Zone kontrollieren, die von Jaffa über Lod und Ramla bis östlich von Jerusalem und Bethlehem reicht. Der etwa drei Viertel des Mandatsgebiets umfassende Rest ist als arabisches Staatsgebiet vorgesehen.

Die Vertreter der jüdischen Siedler und die Führung der Zionisten stimmen dem Plan zähneknirschend zu. Der jüdische Ministaat macht nicht einmal ein Fünftel des zionistischen Traums von Erez Israel aus. Auch die Naschaschibi-Fraktion im Höheren Arabischen Komitee neigt zunächst dazu, den Teilungsplan der Peel-Kommission anzunehmen. Doch Mufti Hadsch Amin al-Husaini und seine Verbündeten verweigern ihre Zustimmung entschieden. Der Mufti beharrt auf seinen Maximalforderungen: Sofortiger Stopp der jüdischen Einwanderung und ein ungeteiltes, unabhängiges Palästina unter arabischer Führung. Daraufhin wollen ihn die Briten am 17. Juli 1937 verhaften. Doch er kann rechtzeitig in den Jerusalemer Tempelbezirk Harem esch-Scherif fliehen. Um sich nicht den heiligen Zorn der islamischen Welt zuzuziehen, verzichtet die Mandatsregierung darauf, mit einer Polizeimacht dort einzudringen.

In seinem sicheren Versteck organisiert der Mufti sofort eine Reihe von Bomben- und Mordanschlägen auf Besitz und Leben von Persönlichkeiten des Höheren Arabischen Komitees, die sich bereit zeigen, dem Teilungsplan der Peel-Kommission zuzustimmen. Die brutale Einschüchterungspolitik hat Erfolg. Das Komitee lehnt den Teilungsplan schließlich ab. Am 26. September wird der Distriktkommissar Andrews auf einem Kirchgang in Nazareth ermordet. Es ist der blutige Anlaß, den die Mandatsregierung braucht, um von nun an mit entschiedener Härte und großem Einsatz gegen die rebellischen Araber Palästinas vorzugehen.

Am 1. Oktober 1937 lösen die Briten das Höhere Arabische Komitee, die lokalen Nationalen Komitees und den Obersten Muslimischen Rat auf. Die Wakf-Verwaltung wird einer Regierungskommission übertragen, Hadsch Amin al-Husaini als Präsident des Obersten Muslimischen Rates abgesetzt, und alle Mitglieder des Höheren Arabischen Komitees, sofern man ihrer habhaft wird, werden auf die Seychellen deportiert. Darunter sind: Jakub el-Ghusayn, Husain el-Khalidi, Fuad Saba, Raschid Ibrahim, Ruschdi al-Schawa, Munif al-Husaini und Achmed Hilmi Pascha, der Schwiegervater von Abdulhamid Schoman. Nach Syrien können sich rechtzeitig Awni Abdel Hadi, Izzat Darwaza, Alfred Rock, Abdel Latif Salah und Dschamal al-Husaini absetzen. Auch dem Mufti gelingt es, unerkannt aus dem Jerusalemer Tempelbezirk zu entkommen. Als Beduine verkleidet, besteigt er in der Nacht vom 12. zum 13. Oktober ein Fischerboot, das ihn in den Libanon bringt. Von dort aus reist er nach Damaskus, um von der syrischen Hauptstadt aus eine neue, noch blutigere Revolte in Palästina zu entfachen. Offene Feldschlachten und geheime Mordkommandos wird es bis 1939 geben; sie führen vor allem innerhalb der arabischen Bevölkerung Palästinas zu einer demoralisierenden Verwilderung und einer verheerenden Zerstörung von Leben und Gut.

Nach den offiziellen Statistiken der britischen Administration sterben in den Jahren 1937 und 1938 in Palästina 196 Zivilisten und Sicherheitskräfte der Mandatsmacht, 238 jüdische Siedler und 498 Araber. Der palästinensische Historiker Walid Khalidi errechnet für die gesamte Zeit der Rebellion, von 1936 bis 1939, einen weitaus höheren Blutzoll der Araber: 5032 Tote und 14760 Verwundete. Seine Erhebungen erfassen allerdings nicht nur die in direkten Kämpfen mit den Briten und den Zionisten Getöteten und Verletzten, sondern auch die Opfer von Fehden und gewöhnlicher Kriminalität, Verbrechen, die unter dem Deckmantel der nationalen Sache begangen wurden.

Die gewalttätigen Unruhen und die unberechenbare Bedrohung durch gedungene Mörder veranlassen viele Mitglieder der palästinensischen Elite, das Land zu verlassen. Ärzte, Geschäftsleute, Großgrundbesitzer und all jene, die es sich irgendwie leisten können, fliehen in den Libanon, nach Syrien, nach Transjordanien oder nach Ägypten. Die Familie der Naschaschibis, die ab 1938 unverhohlen mit der Mandatsmacht kooperiert, wird von den Killern des Muftis besonders rücksichtslos und noch Jahre nach dem Ende der Rebellion heimgesucht. Der Machtkampf der beiden Jerusalemer Familien nimmt solche Ausmaße an, daß Radschib Bei al-Naschaschibi 1939 sarkastisch feststellt, daß es noch fünfzig Jahre dauern werde, bis die Morde, die von 1936 bis 1939 begangen worden sind, durch Blutrache gesühnt sein werden.

Die große Mehrheit der palästinensischen Araber ist dem Terror und dem Banditentum gänzlich ungeschützt ausgesetzt. Hassan Salameh, einer der wenigen integren Kommandeure von Freischärlergruppen, beklagt am 18. November 1938 in einem Brief an seine Unterführer in der Region Jerusalem: »Von den Dörfern des Jerusalemer Distrikts sind Beschwerden über das Brandschatzen und Plündern, Töten und Foltern eingegangen, Verbrechen, die von einigen schlechten Menschen begangen wurden, die das Gewand der heiligen Krieger tragen [...] Welche Fehler haben jene Unschuldigen begangen, deren Geld gestohlen, deren Vieh geplündert wurde, deren Frauen vergewaltigt, deren Schmuck geraubt und die auf noch viele andere Arten leiden, von denen Ihr ohne Zweifel gehört habt? Unsere Rebellion ist ein Krieg gegen die Dörfer geworden anstatt gegen die Regierung oder die Juden.«

Gemessen an dem Elend und dem Schrecken seiner Landsleute überstehen Abdulhamid Schoman und seine Familie die Jahre der Revolte relativ unbeschadet. Nach der Beendigung des Generalstreiks wird der Bankier aus dem Internierungslager Sarafand entlassen. Einige Monate später ist er wieder mit Finanzoperationen im Zusammenhang mit der Rebellion beschäftigt. Zusammen mit seinem Sohn Abdulmadschid verteilt er persönlich oder über Mittelsmänner Gelder an Kommandeure und Lieferanten der Truppen, die aus Bagdad per Überweisung an die Arab Bank gehen. Die Transaktionen bleiben den Briten nicht verborgen. Schoman wird erneut verhaftet und im Polizeihauptquartier von Jerusalem verhört.

Der Vernehmungsoffizier legt während der Befragung einen entsicherten Revolver demonstrativ in Griffnähe. Schoman gibt sich unbeeindruckt und kaltschnäuzig: »Warum haben Sie Angst vor mir? Ich bin unbewaffnet, während Sie von Wachen, Mauern und Stacheldraht umgeben sind.«

»Ich muß vorsichtig sein, weil Sie ein gefährlicher Krimineller sind. Sie finanzieren Terroristen und kassieren Großhandelsprovisionen von Textillieferungen an die revolutionären Kräfte«, entgegnet der Offizier.

»Die Bank kauft und verkauft kein anderes Gut als Geld. Ich habe Fracht- und Warenrechnungen von Kunden aus dem Irak finanziert und damit nur die üblichen Aufgaben einer Bank wahrgenommen«, erklärt Schoman.

Der Offizier reagiert verärgert: »Verkaufen Sie mich nicht für dumm. Da steckt mehr dahinter. Sie finanzieren Terroristen.«

»Sie nennen sie Terroristen«, erwidert Schoman, »ich sage, sie sind es nicht. Das sind Männer, die für die Rechte und die Unabhängigkeit ihres Landes kämpfen. Ihr seid die wahren Terroristen. Eure Soldaten zerstören unsere Häuser, verbrennen unsere Ernte und vernichten unsere Vorräte.«

Abdulhamid Schoman wird zu einem Jahr Gefängnis

verurteilt und in eine Haftanstalt nach Akko gebracht. Es beginnt eine harte Zeit für ihn. Die Briten bestrafen seine anhaltende Renitenz mit verschärfter Einzelhaft. Schoman tritt in einen Hungerstreik, der ihn so schwächt und erkranken läßt, daß er in ein Militärhospital in Jerusalem eingeliefert werden muß. Während der Rekonvaleszenz reifen Überlegungen, die er bereits während seiner Haft angestellt hat, zu schwerwiegenden Entschlüssen: Er will seine Bank dem Einfluß der politischen Kreise seines Schwiegervaters Achmed Hilmi Pascha entziehen und sie mehr für Hadsch Amin al-Husaini einsetzen. Auch was die allgemeine Geschäftspolitik der Arab Bank angeht, will er in Zukunft andere Ziele anstreben als sein Schwiegervater und Teilhaber. Doch noch befindet sich Achmed Hilmi Pascha im Zwangsexil auf den Seychellen. Der Respekt und die guten Sitten verbieten es Schoman, konkrete Veränderungen vorzunehmen, bevor sein Schwiegervater aus der Verbannung zurückgekehrt ist.

Als im März 1939 die letzten Kämpfe der Rebellion beendet sind, hat Schoman ohnehin sehr wenig Handlungsspielraum für Zukunftspläne. Die jahrelangen blutigen Auseinandersetzungen, Boykotts und Zerstörungen haben nicht nur die Moral und die gesellschaftlichen Bindungen zerrüttet sowie die politische Situation zum Nachteil der Araber verändert, auch die ökonomische Lage ist desolat. Selbst Bauern, deren Häuser nicht zerstört und deren Felder nicht niedergebrannt wurden, sind völlig verarmt. Jahrelang konnten sie ihre Produkte nicht absetzen, weil sie von ihren Märkten in der Küstenebene und in den großen Städten abgeschnitten waren. Die Bauwirtschaft ist völlig zum Stillstand gekommen. Die arabische Blockade der Häfen von Haifa und Jaffa läßt den jüdischen Hafen Tel Aviv florieren zum Nachteil der arabischen Schauerleute und Speditionen. Der allgemeine drastische Rückgang der Investitionen hat eine verheerende Wirkung auf den Arbeitsmarkt und den Lebensstandard ausgeübt.

Am 1. September 1939 bricht in Europa der Zweite Weltkrieg aus. In Palästina setzt sofort ein Run auf die Banken ein, der die Arab Bank nach neunjähriger Existenz an den Rand des Ruins treibt. Innerhalb von kurzer Zeit verliert die Bank mehr als die Hälfte ihrer Einlagen. Die Barreserven sind praktisch Null. Schoman setzt sein gesamtes Privatvermögen ein, um die Auszahlungsfähigkeit zu sichern und damit den Ruf der Bank zu retten. Es gelingt ihm, und von da an wird die Arab Bank zu einem Institut, dessen Zuverlässigkeit und korrektes Geschäftsgebaren bis zum heutigen Tag im ganzen Nahen Osten einen legendären Ruf genießen. Den Schomans wird das Geschäftsmotto aus dem Koran von jedem Araber abgenommen: »Traut aber einer dem anderen, so gebe der, dem vertraut wurde, das Anvertraute wieder und fürchte Allah.«

Nach dreijähriger Verbannung dürfen Achmed Hilmi Pascha und die anderen ehemaligen Mitglieder des Höheren Arabischen Komitees 1940 von den Seychellen nach Palästina zurückkehren. Schon bald nach der Ankunft des Schwiegervaters offenbart Abdulhamid Schoman seine Zukunftspläne mit der Arab Bank. Erstens besteht er darauf, daß die säumigen Schuldner des Instituts, die vor allem zur politischen Klientel der von Achmed Hilmi Pascha mitbestimmten Istiklal-Partei gehören, mit Nachdruck zur Zins- und Rückzahlung ihrer Kredite aufgefordert werden. Zweitens soll der geschäftliche Schwerpunkt der Bank von Spareinlagen und Krediten auf die weitaus lukrativere Vorfinanzierung von Import- und anderen internationalen Geschäften verlagert werden. Drittens möchte Schoman eine kräftige Kapitalerhöhung vornehmen, um in den Ländern rund um Palästina neue Filialen zu gründen.

Achmed Hilmi Pascha lehnt alle drei Vorschläge ab. Nach seiner Meinung ist die Arab Bank dazu da, in Palästina als Instrument der Politik zu fungieren und mit Krediten die einheimischen Bauern, Geschäftsleute und gesellschaftlichen Institutionen zu fördern. Es kommt zum offenen Bruch zwischen Schoman und seinem Schwiegervater. Und da Achmed Hilmi Pascha nur 125 der insgesamt 3750 Anteile zu je vier Pfund am Gesellschafterkapital besitzt, hat er keine Chance, sich gegen seinen Schwiegersohn durchzusetzen, der mit 3598 Anteilen über 95 Prozent des Grundkapitals kontrolliert. Er verkauft seine Anteile, gründet mit der Umma Bank ein neues Institut und fördert über Zeitungen, mit deren Inhabern er befreundet ist, eine Schmutz- und Verleumdungskampagne gegen Schoman.

Der inzwischen Fünfzigjährige, der in seinem Leben gelernt hat, seiner Arbeitskraft, seiner guten Nase und seinem festen Willen zu vertrauen, wehrt sich auf seine Weise: Schoman macht sich mit großer Energie an die Verwirklichung seiner Pläne. Er schreibt die Schulden der Klienten seines Schwiegervaters ab. Aber seine Importfinanzierungen werden durch die florierende Kriegskonjunktur zu einem ausgezeichneten Geschäft. Die Briten stecken viel Geld in den Ausbau der Infrastruktur ihres nun strategisch wichtigen Mandatsgebietes Palästina. Das Grundkapital der Arab Bank wird auf 137500 Anteile zu je vier Pfund aufgestockt. Bis 1947 entstehen sieben weitere Filialen in Syrien, im Libanon, in Ägypten und im Irak. In den Jahren zwischen 1940 und 1945 steigt der Geschäftsumsatz der Bank um das Dreiunddreißigfache auf fast vierzehn Millionen Pfund. Die Barreserven und das Grundkapital betragen mehr als neun Millionen Pfund. Die ausgezeichneten Geschäfte während des Zweiten Weltkriegs machen aus der Arab Bank ein Institut, das über die Grenzen Palästinas hinaus im ganzen arabischen Raum an Geltung und Einfluß gewinnt. Schoman findet überall schnell Zugang zu Königen, Prinzen oder Ministerpräsidenten, bei denen er mit Vorliebe als Missionar panarabischen Stolzes und Wirtschaftens auftritt.

Der Großmufti ist in jenen Jahren ähnlich aktiv, aber bei weitem nicht so erfolgreich in der Durchsetzung seiner Ziele. Im Gegensatz zu den anderen Mitgliedern des

Höheren Arabischen Komitees erlauben es ihm die Briten nicht, daß er nach Palästina zurückkehrt. Dennoch versteht er es nach wie vor, über seine Familie und andere treue Bundesgenossen Einfluß auf das innerarabische Geschehen in seinem Heimatland zu nehmen. Er hat seine Exilorganisation von Beirut nach Bagdad verlegt. Dort findet er einen großen Sympathisantenkreis für seine politischen Ziele in Palästina. Auch kommen ihm immer mehr seine ausgezeichneten Beziehungen zu den Faschisten in Italien und den Nationalsozialisten in Deutschland zugute. Über die deutsche Botschaft in Bagdad empfängt er regelmäßige Zahlungen. Im September 1940 beklagt allerdings Italiens Außenminister Graf Ciano gegenüber dem deutschen Botschafter in Rom, Graf Mackensen, daß die Geschenke in Millionenhöhe bislang wenig erbracht haben.

In den ersten Jahren des Zweiten Weltkriegs ist die große Mehrheit der arabischen Welt auf seiten der Achsenmächte. Nach der Devise »Die Feinde meines Feindes sind meine Freunde« begeistern sie sich für die antibritische Politik von Adolf Hitler und Benito Mussolini. Mit dem autoritären Charakter der beiden Diktaturen können sich die streng patriarchalisch erzogenen Araber zudem eher anfreunden als mit den individualistischen Prinzipien der von ihnen als dekadent eingestuften westlichen Demokratien. Und natürlich schätzen sie an den Deutschen besonders deren radikale Verfolgung der Juden. Was die Araber dabei geflissentlich übersehen, ist, daß es sich beim deutschen Antisemitismus um einen extremen Rassismus handelt, der sich konsequenterweise auch gegen die semitischen Araber richten müßte.

In Ägypten kommt es 1941 und 1942 immer wieder zu Demonstrationen mit Parolen wie »Wir sind Rommels Soldaten«. Ein Teil des ägyptischen Generalstabs bemüht sich um konspirative Absprachen mit den deutschen Militärs. Dazu gehören vor allem General Asis el-Misri sowie die beiden Offiziere Gamal Abdel Nasser und Anwar as-Sadat. Im Libanon paradieren HJ-ähnliche Jugendgruppen wie die maronistische Kataib durch die Straßen. In Syrien haben die sunnitische Jugendorganisation Nadschada und die Syrische Sozial-Nationalistische Partei des Antun Saadeh NS-Vorbilder. Ein guter Freund von Abdulhamid Schoman, der libanesische Politiker Sakhib Arslan, pendelt als Kontaktmann der italienischen Faschisten zwischen Beirut, Damaskus und Bagdad. Im ganzen arabischen Raum werden antibritische Aktionen und Revolten diskutiert und geplant. Die deutsche Regierung ermuntert alle diese geheimen Bemühungen im November 1940 mit einem Manifest über die Zukunft der arabischen Länder. Darin wird die »endgültige Befreiung des Arabertums« als eines der deutschen Kriegsziele genannt und der ausdrückliche Wunsch nach »Sicherung der nationalen Belange der Araber« formuliert.

Dem Großmufti bleibt es vorbehalten, den einzigen tatsächlich stattfindenden Aufstand gegen die Briten zu organisieren. In Bagdad kann er eine Gruppe von Militärs, die unter dem Namen »Goldenes Viereck« bekannt sind, zum Putsch überreden; sie setzen den Hitler-Verehrer und renommierten irakischen Politiker Raschid al-Gailani als Premierminister ein. Nach anfänglichem Erfolg im April 1941 wird der Staatsstreich bereits nach dreißig Tagen von Hilfstruppen aus Transjordanien und Indien niedergeschlagen. Noch Jahre später beklagt sich Raschid al-Gailani: »Die irakische Armee war mit ihren vierzig- bis fünfzigtausend Mann stärker als alle Truppen, die die Engländer damals gegen uns mobilisieren konnten. Uns fehlten nur Waffen, Munition, Flugzeuge und eine ausreichende militärische Schulung. Wir wußten nicht und konnten nicht wissen, daß wenige Wochen nach unserem Aufstand der deutsche Angriff auf die Sowjetunion erfolgen sollte. Um dieses Zieles willen hat Hitler unsere Aktion nicht ernst genommen, aber ich bin noch heute überzeugt, daß der Krieg einen anderen Verlauf genommen und anders geendet hätte, wenn Hitler damals erkannt hätte, daß die Entscheidung über Sieg oder

Niederlage nicht an der Westfront und nicht an der Ostfront, sondern im arabischen Orient fallen wird.«

Raschid Ali al-Gailani, Mufti Hadsch Amin al-Husaini und die Offiziere des »Goldenen Vierecks« müssen nach dem gescheiterten Staatsstreich aus dem Irak fliehen und treffen sich nach einigen Monaten und Umwegen allesamt in Berlin wieder. In der Hauptstadt des Großdeutschen Reiches wurde der Großmufti zu einem fanatischen Propagandisten des Hitler-Regimes. Er agitiert in Radiosendungen für die arabische Welt und wirkt aktiv beim Aufbau islamischer SS-Freiwilligenverbände und arabischer Sabotagekommandos mit, die als Untergruppen der »Division zur besonderen Verwendung 800 – Brandenburg« in Nordafrika und im Nahen Osten eingesetzt werden. Der Mufti interveniert am 13. Mai 1943 beim Reichsaußenminister Ribbentrop, der als Propagandageste fünftausend jüdische Waisenkinder aus dem Balkan nach Palästina ausreisen lassen will. Der Mufti setzt sich durch. Die Kinder kommen ins Lager.

Hadsch Amin al-Husaini ist bei Adolf Hitler ein gerngesehener Gast. Er trifft sich regelmäßig mit Heinrich Himmler sowie Adolf Eichmann und hat auf einer Rundreise durch die Konzentrationslager Theresienstadt, Belsen, Auschwitz und Mauthausen deren Kommandanten Seidl, Kramer, Höß und Ziereis kennen- und schätzengelernt. Im Nürnberger Prozeß erinnert sich der Angeklagte Legationsrat Wilhelm Melchers: »Der Mufti war ein ausgemachter Feind der Juden und machte keinen Hehl daraus, daß er sie am liebsten alle umgebracht sehe.«

Am Ende des Zweiten Weltkrieges gelingt es Husaini über die Schweiz nach Frankreich zu flüchten. Dort wird er von der Polizei in der Nähe von Paris unter Hausarrest gesetzt. Mit technischen Vorwänden vermeiden die britischen Behörden die Auslieferung des Muftis nach Großbritannien. Das Außenministerium in London macht sich Sorgen über eventuelle unangenehme Rückwirkungen auf die arabischen Länder. Ohne Mühe verläßt der

Mufti Ende Mai 1946 Frankreich, um sich in Ägypten niederzulassen. Von Kairo aus beginnt er sofort wieder, direkt auf die politischen Entwicklungen in Palästina Einfluß zu nehmen. Daß Briten wie Franzosen es mehrmals versäumt haben, Hadsch Amin al-Husaini zur Verantwortung zu ziehen, macht ihn in der arabischen Welt zu einem Helden und einem Symbol des palästinensisch-arabischen Kampfes gegen Zionismus und den Imperialismus des Westens. Für das Schicksal der Araber Palästinas wird dies katastrophale Folgen haben.

Bis Januar 1949 werden Tausende von ihnen eines gewaltsamen Todes sterben, Hunderttausende in die Nachbarländer fliehen und für Jahrzehnte jede Hoffnung aufgeben müssen, jemals wieder in ihre Heimat zurückkehren zu können. Auch der Traum von einem unabhängigen Palästina unter arabischer Führung wird endgültig zerstört werden und die palästinensischen Araber zu hilflosen Opfern der Politik der Staaten des Nahen Ostens degradieren. Diese selbsternannten Freunde und Brüder werden auf Jahre hinaus eine tödlichere Gefahr für sie sein als die zionistischen Feinde. Ob in Flüchtlingslagern oder in der Heimat: Die Araber Palästinas werden für Generationen zum Spielball fremder machtpolitischer Interessen.

Sturm über Palästina

Es ist, als ob er die Leiden und den Verfall seines Volkes am eigenen Leib miterleben müßte: 1948 gerät Abdulhamid Schoman in eine schwere gesundheitliche Krise. Er übersteht sie nach einer Operation in Kairo. Aber die alte Dynamik und die gewohnte Kraft des Achtundfünfzigjährigen werden niemals mehr zurückkehren. Das enorm gewachsene Geschäftsvolumen der Arab Bank, die rastlosen Reisen zu den Metropolen des Nahen Ostens, die zähen und nervenaufreibenden Verhandlungen mit zögernden Kunden und sturen Beamten und natürlich die deprimierende Lage der Araber in Palästina fordern ihren Tribut an Lebenskraft und Einsatzwillen. In Kairo, wo er vor und nach der Operation monatelang im »Shepheard's Hotel« residiert, befindet sich der ruhebedürftige Schoman im brodelnden Zentrum des Kampfes um Palästina. Er hat keine Chance, sich aus diesem politischen Hexenkessel herauszuhalten. Zu sehr ist er persönlich wie geschäftlich mit den Hauptakteuren der katastrophalen Ereignisse verbunden.

Seit der Mufti Husaini im Frühjahr 1946 in Kairo seine Zelte aufgeschlagen hat und von dort in die Geschicke seiner Heimat eingreift, ähnelt die politische Auseinandersetzung in Palästina immer mehr den blutigen Machtkämpfen in den Jahren der Rebellion von 1936 bis 1939. Keiner der Akteure ist fähig und willens, aus der noch jungen Geschichte des Landes zu lernen; alle scheinen dazu verdammt, die alten Fehler zu wiederholen. Wieder einmal inszenieren die gleichen Regisseure und Statisten ein verheerendes Spektakulum von Konfrontation und Gewalt, von Haß und Verblendung, von Mord- und Totschlag. Und wieder einmal veranstalten die arabischen Brüder und Nachbarn gewaltige Wortgefechte und klägliche Feldschlachten und sind emsig bemüht, in einem Wirrwarr von Sympathien und Antipathien, von großen Visionen und kleinlichen Zielen stets ihr eigenes Interesse zu wahren.

Diese konsequente Politik des arabischen Nationalegoismus ist von einem schillernden Wortschaum einer panarabischen Vision umhüllt, von einer politischen Rhetorik, die jeglichen Sinn für die reale Situation im Nahen Osten vermissen läßt. »Der 22. März 1945 wird als einer der denkwürdigsten Tage in die Geschichte der arabischen Völker eingehen«, lobpreist der ägyptische Ministerpräsident Mahmud Fahmi el-Nokraschi Pascha vor den im Prunksaal des Zaafarane-Palastes in Kairo versammelten Delegierten des ersten panarabischen Kongresses. Dann setzt er als erster seine Unterschrift unter ein Dokument mit dem Titel »Pakt der Liga der Arabischen Staaten«, während eine Kanone auf der Zitadelle von Kairo den ersten Salutschuß abfeuert. Sechs weitere Donnerschläge folgen, als der transjordanische, der libanesische, der syrische, der irakische, der saudiarabische und der jemenitische Repräsentant signieren. »Das Dokument, das wir, die bevollmächtigten Vertreter von sieben unabhängigen arabischen Staaten, an diesem Tag unterzeichnet haben«, führt der ägyptische Ministerpräsident seine Lobrede fort, »bedeutet die Erfüllung eines jahrhundertealten Traumes der arabischen Völker. Es ist ein Instrument der arabischen Brüderlichkeit, der arabischen Einheit. Am 22. März 1945 hat hier in Kairo eine neue Epoche in der glorreichen Geschichte der arabischen Nationen begonnen.«

In der Präambel des Ligapaktes versprechen die sieben Staaten, »für das Wohlergehen aller arabischen Länder, für ihre gemeinsamen Interessen, für die Sicherung ihrer Zukunft und die Verwirklichung ihrer Hoffnungen« zu sorgen. Die zwanzig Paragraphen des Vertrages regeln die Tätigkeiten eines Ständigen Rates, diverser Komitees sowie des Generalsekretariats. Der Pakt der Liga der Arabischen Staaten ist weder eine Konföderation noch ein Verteidigungsbündnis. De facto bedeutet er nicht mehr als die Einrichtung eines gemeinsamen Forums zum Dialog oder zur Proklamation arabischer Anliegen. Persönliche und traditionelle Feindschaften sowie objektive Interessengegensätze bleiben unüberwunden. Der König von Saudi-Arabien wacht eifersüchtig über die Aktivitäten des haschimidischen Emirs Abdallah und verachtet den Emporkömmling König Faruk in Kairo. Ägypten und der Irak versuchen eine Vorherrschaft der Saudis und Haschimiden zu verhindern. In Bagdad und Damaskus gibt es zugleich mächtige Gruppen, die mit Emir Abdallah von einem arabischen Reich träumen, das Syrien, Irak, Transjordanien und Palästina umfaßt. Und genau aus diesem Grund kooperiert die herrschende Clique der syrischen Nationalisten mit Saudi-Arabien, um den Emir und seine Anhänger in Schach zu halten. Die vielfältige Vermengung der nationalen Interessen mit persönlichen Rivalitäten läßt bei jedem neu auftauchenden innerarabischen Konflikt ganz neue Koalitionen entstehen. Beteiligte und Beobachter können kaum Schritt halten mit den variantenreichen Marschrichtungen der arabischen Brüderlichkeit und Einheit.

Zum ersten Generalsekretär der Arabischen Liga wird Abd ar-Rahman Assam gewählt. Der Zweiundfünfzigjährige hat eine panarabische Karriere par exellence hinter sich. Auf der Arabischen Halbinsel geboren, in Ägypten aufgewachsen, ging er nach einem Medizinstudium in Großbritannien als Einundzwanzigjähriger an der Spitze eines libyschen Beduinenstammes von 1914 bis 1932 in den Guerillakampf gegen die Italiener. Nach Kairo zurückgekehrt, war er von 1924 bis 1936 Abgeordneter im ägyptischen Parlament, diente von 1936 bis 1939 als Diplomat und amtierte zwischen 1939 und 1945 mehrmals als Außenminister des Nilstaates. Der schlanke und stets elegant gekleidete Assam fühlt sich offenbar seinem berühmten Vornamen verpflichtet. Abd ar-Rahman, arabischer Statthalter in Spanien und Feldherr, war 732 mit seinen Truppen bis nach Tours und Poitiers vorgestoßen und in der Schlacht gegen den fränkischen Führer Karl Martell gefallen.

Zwölf Jahrhunderte später sieht Abd ar-Rahman Assam in den Arabern der Neuzeit das wahre »auserwählte Volk der Zukunft«, das gegen den westlichen Imperialismus antritt. Und das nicht nur in ihrem eigenen Interesse, sondern »um die Welt zu retten, indem sie die Araber retten«. Seit dem Untergang der arabischen Hochkultur sei die Menschheit unter den verhängnisvollen Einfluß des Materialismus geraten. Nur wenn die »arabische Rasse« wieder die Vorherrschaft erlange, so glaubt Assam, werde der Materialismus des Westens durch den Spiritualismus des Orients ersetzt und somit die Menschheit vor dem kulturellen Untergang gerettet: Am arabischen Wesen soll die Welt genesen.

Doch gleich nach seinem Amtsantritt als Generalsekretär der Liga muß Assam von den Höhen seiner arabischen Weltmission in die Niederungen des Palästinakonflikts hinabsteigen. Das Dilemma beginnt bereits damit, daß sich die rivalisierenden Parteien so sehr mißtrauen, daß sie sich nicht entschließen können, einen Vertreter der Husainis, der Naschaschibis oder eines anderen mächtigen Clans zu den Sitzungen der Arabischen Liga zu entsenden. Aus Syrien muß eigens Premierminister Dschamil Mardam anreisen und als Unparteiischer einen Kandidaten küren. Seine Wahl fällt auf Musa al-Alami, der aus einer angesehenen Familie stammt, in Cambridge studiert hat und seit Jahren als Kronanwalt der Mandatsregierung sowie zeitweilig sogar als Sekretär des Hochkommissars zu den einflußreichsten Persönlichkeiten des Landes gehört.

Musa al-Alami ist auf besondere Weise mit Abdulhamid Schoman und der Arab Bank verbunden. Er hatte alle zur Gründung der Bank notwendigen juristischen Genehmigungen besorgt und saß von Anfang an im Aufsichtsrat des Instituts. Mit Schoman teilt er die kritische Einschätzung der arabischen Gesellschaft Palästinas. Er hält sie für »altmodisch, schwerfällig und in sich uneinig«. Auch in ihrer Sympathie für den Großmufti sind sich die beiden vor dem Zweiten Weltkrieg noch einig. Aber während Schoman weiterhin zu den Förderern des Muftis gehört, setzt sich Alami Anfang der vierziger Jahre von ihm ab. Er lehnt den radikalen Antisemitismus Husainis und seinen starren Kurs in die gewaltsame Konfrontation mit den Juden ab. Die Bande zwischen Schoman und Alami lösen sich. Schoman wird sich sogar zu öffentlichen Diffamierungen seines ehemaligen Weggefährten hinreißen lassen.

Auf den Konferenzen der Arabischen Liga macht der eloquente Anwalt, der diplomatisches Geschick beweist, indes eine gute Figur. Obwohl er nur einen vage definierten Status als Beobachter hat, versteht er es, die Sache Palästinas zum Hauptthema der Liga zu machen. Das liegt auch daran, daß der Konflikt im Heiligen Land sich hervorragend dazu eignet, von den eigenen innenpolitischen Problemen und den außenpolitischen Differenzen der Liga-Staaten abzulenken. Musa al-Alami schlägt vor, als Gegengewicht zu den weltweiten zionistischen Aktivitäten Arabische Büros in London, New York und Washington einzurichten. Die Delegierten stimmen diesem Propaganda-Unternehmen zu und gewähren einen Etat von zwei Millionen Pfund, der von Alami verwaltet wird. Außerdem begrüßen sie ausdrücklich einen weiteren Vorschlag des palästinensischen Vertreters: Es soll eine Arabische Entwicklungsgesellschaft mit einem Gründungsfonds von fünf Millionen Pfund eingerichtet werden. Damit will man die Landverkäufe an Juden verhindern, die Verschuldung der Fellachen beseitigen und den allgemeinen Lebensstandard der arabischen Landbevölkerung in Palästina anheben.

Sowohl Mufti Hadsch Amin al-Husaini als auch Abdulhamid Schoman finden zunächst Gefallen an dieser Entwicklungsgesellschaft. Schadet sie doch einem politischen Gegner der beiden: Achmed Hilmi Pascha. Schomans Schwiegervater betreibt seit seiner Rückkehr von den Seychellen mit respektablem Erfolg eine Bank, die ähnliche Ziele wie die Arabische Entwicklungsgesellschaft verfolgt. Aber die aus Schadenfreude genährte Sympathie für Alamins Unternehmung flaut bald ab. Von den insgesamt sieben Millionen Pfund, die die Liga-Staaten der Entwicklungsgesellschaft großspurig versprochen haben, zahlt nur der Irak einen einmaligen Betrag von 250 000 Pfund.

Musa al-Alami läßt sich dennoch nicht entmutigen und bemüht sich auf einer Rundreise zu den Regierungschefs der Liga, wenigstens eine militärische Unterstützung für den bevorstehenden Kampf mit den Juden sicherzustellen. Das traurig-schaurige Ergebnis dieser Gespräche kann man in seiner autorisierten Biographie nachlesen: »Sein erster Stopp in Damaskus gab ihm einen Vorgeschmack auf das, was er überall antreffen würde. ›Ich bin glücklich, Ihnen sagen zu können‹, versicherte ihm der syrische Präsident, ›daß unsere Armee und ihre Ausrüstung in bestem Zustand und gut in der Lage sind, mit ein paar Juden fertig zu werden, und ich kann Ihnen im Vertrauen mitteilen, daß wir die Atombombe haben.‹ Angesichts von Musas Ausdruck des Erstaunens setzte er hinzu: ›Ja, sie wurde hier am Ort hergestellt. Glücklicherweise fanden wir einen sehr cleveren Burschen, einen Blechschmied...‹ Anderswo fand er die gleiche Selbstzufriedenheit und Ignoranz, die nicht weniger schlimm war. Im Irak sagte ihm der Premierminister, es seien nur ›einige wenige Besen‹ nötig, um die Juden ins Meer zu jagen. Vertraute Ibn Sauds ließen ihn wissen: ›Sobald wir grünes Licht von den Briten erhalten, können wir ohne Mühe die Juden rausschmeißen.‹ Die ägyptischen Führer schienen nur eine Sorge zu haben, daß Emir Abdallah, den sie wegen seines Realismus und seiner scharfen Zunge haßten, nicht noch mehr Gebiete aus dem zerstückelten Palästina erhalten würde.«

Hohle Rhetorik, verbale Kraftmeiereien und kleinlicher Eigennutz der arabischen Machthaber verraten eine fatale Fehleinschätzung der wirklichen Macht- und

Kräfteverhältnisse in Palästina. Sie haben offensichtlich keine Vorstellung von der Entschlossenheit ihrer jüdischen Gegner. Sei es aus Ignoranz oder Egoismus, sei es aus übersteigerter Rachsucht: Die arabischen Herrscher – ausgenommen Emir Abdallah von Transjordanien – wollen nicht begreifen, daß die Juden, die zweitausend Jahre Diaspora mit blutigen Pogromen und zuletzt den Holocaust, die systematische Vernichtung des europäischen Judentums, überlebt haben, ihre letzte Chance in der Gründung eines eigenen Staates in Palästina sehen. Was vor der Schreckensherrschaft der Nationalsozialisten noch ein religiöser Traum, ein gesellschaftliches Experiment oder ein kolonialistisches Abenteuer gewesen sein mag, ist jetzt eine Frage um Sein und Nichtsein eines ganzen Volkes. Die Sympathie der meisten Araber auch nach dem Zweiten Weltkrieg für die millionenfachen KZ-Morde der Nazis steigert bei den Juden Palästinas die Kampfmoral in einen Mut der Verzweiflung, der in einem diametralen Gegensatz zum überheblichen Säbelgerassel der arabischen Feinde steht.

Dazu kommt: Auch über die britische Haltung im Palästinakonflikt machen sich die Juden keine Illusionen mehr. Seit der drastischen Beschränkung der Einwanderung (1939) und des Landkaufs (1940) durch die Mandatsverwaltung rechnen sie mit dem Schlimmsten und erwarten noch mehr Nachgiebigkeit der Briten gegenüber den Arabern. Als selbst die Kollaboration des Muftis mit den Nazis von der britischen Regierung nicht geahndet wird, wächst bei den Juden die Überzeugung, daß sie ihren Überlebenskampf gegen Araber *und* Briten zu führen haben. Schon während des Zweiten Weltkrieges ist sich David Ben Gurion, der Präsident der Jewish Agency, sicher: »Unsere Aufgabe ist es, eine jüdische Armee aufzustellen inmitten eines Krieges, nach dessen Beendigung wir uns bemühen werden, ein *fait accompli* zu schaffen: den jüdischen Staat.«

Auf Worte folgen Taten: So entsteht aus den zum Schutz der jüdischen Siedlungen gegen arabische Überfälle aufgestellten Einheiten die Untergrundarmee Hagana. Zu ihr stoßen nach dem Weltkrieg Mitglieder der Jüdischen Brigade, die als Teil der britischen Streitmacht gegen die Deutschen kämpfte, sowie weitere jüdische Soldaten aus anderen Armeen der Alliierten. Millionen von Dollar werden für Waffeneinkäufe in aller Welt ausgegeben. Die Waffenlieferanten sitzen vor allem in Frankreich und der Tschechoslowakei. Bevor sie in den Kampf zieht, verfügt die Hagana über 45000 ausgebildete und ausgerüstete Soldaten sowie einiges an schwerem Kriegsgerät wie Geschütze und Flugzeuge. Die jüdische Armee ist gut vorbereitet und gerüstet – wenn auch auf dem Papier den Streitmächten der Araber hoffnungslos unterlegen.

Parallel zu dieser von den Briten teils geduldeten, teils tatsächlich nicht bemerkten Aufrüstung operieren zionistische Terrorgruppen, die im Gegensatz zu den führenden Zionisten nichts Gutes mehr von den Briten erwarten und sie blutig und erbittert bekämpfen. Diese »Revolver-Zionisten« wie die Sternbande oder Irgun Zwai Leumi gehen so entschieden und erfolgreich vor, daß die britische Regierung trotz 200000 im Mandatsgebiet stationierter Soldaten der Lage nicht mehr Herr wird. Im Februar 1947 beschließt sie daher, das Palästinamandat in die Hände der Vereinten Nationen zu übergeben. Von da an erfährt die Entwicklung in und um das Heilige Land eine Dynamik und Brisanz, die unausweichlich in kriegerische Auseinandersetzungen führen müssen.

Nur noch die UNO sucht eine friedliche Lösung. Ein Sonderkomitee empfiehlt nach halbjährigen Untersuchungen und Sondierungen eine Teilung Palästinas in einen jüdischen und einen arabischen Staat sowie in eine internationale Region um Jerusalem. Dem jüdischen Staat werden dabei mit 15000 Quadratkilometer 56,47 Prozent des Mandatsgebietes zugestanden. Dort sollen 499020 Juden und 509780 Araber miteinander auskommen. Mit 11600 Quadratkilometer, das sind 42,88 Prozent der besetzten Region, sollen sich die arabischen Palästinenser zufriedengeben. In diesem Gebiet leben 749010 Araber und 9520 Juden. In der 176 Quadratkilometer großen internationalen Zone von Jerusalem bilden die Araber mit 105540 Einwohnern ebenfalls eine Mehrheit gegenüber 99960 Juden. Am 29. November 1947 stimmt die Vollversammlung der Vereinten Nationen auf ihrer Tagung in Flushing Meadows mit 33 gegen 13, bei zehn Enthaltungen, dem Vorschlag des Sonderkomitees zu. Mit Ja votieren nicht nur die USA und Frankreich, sondern ebenso die UdSSR und die Staaten des Ostblocks. Das britische Mandat endet in der Nacht vom 14. auf den 15. Mai 1948.

Die Grenzen des Teilungsplanes sind so gezogen, daß beide Staaten aus je drei lose miteinander verbundenen Territorien bestehen, die keine geschlossene Einheit bilden. Um zu überleben, müssen die beiden Staaten miteinander kooperieren. Die Juden sind dazu bereit und akzeptieren die konfliktträchtigen Grenzziehungen. Die Araber lehnen den Teilungsplan sofort ab. Mufti Hadsch Amin al-Husaini und die Liga verkünden kompromißlos, daß sie »den Kampf für die Unabhängigkeit und Einheit Palästinas bis zum Endsieg fortsetzen werden«.

Bis zum Abzug der britischen Truppen wollen die Liga-Staaten auf einen Einmarsch ihrer Armeen verzichten. Aber in den fünf Monaten bis dahin fördern und steuern die Regierungen und regimetreuen Medien der arabischen Länder eine Propaganda- und Mobilisierungskampagne, die von der Bevölkerung begeistert aufgenommen und mit propalästinensischen Demonstrationen unterstützt wird. Tausende melden sich als Freiwillige. Allerorten werden Geld und Waffen für die bedrohten Brüder gesammelt. In den Zeitungen erscheinen maßlos übertriebene Berichte über die Heldentaten der Freiheitskämpfer im Heiligen Land. Millionen von Araber geraten in einen Taumel kriegerischer Begeisterung und unerschütterlicher Siegesgewißheit – und sind damit weit entfernt von den Realitäten des Kriegsschauplatzes Palästina.

Schon am 30. November 1947, einen Tag nach der Abstimmung über den UN-Teilungsplan, beginnen arabische Freischärler mit bewaffneten Überfällen auf jüdische Siedler und Einrichtungen. Bis Ende Dezember sterben dabei 205 Juden und 122 Araber. Zahllose Felder und Wälder gehen in Flammen auf. Häuser und Werkstätten werden zerstört. Die britischen Soldaten verlieren von Tag zu Tag mehr die Kontrolle über ein Land, in dem sich Juden und Araber immer schonungsloser bekämpfen. Da beide Bevölkerungsgruppen wie Inseln über das ganze Mandatsgebiet verstreut sind, gibt es zunächst keine klar erkennbaren Frontlinien. Arabischer Terror und jüdischer Gegenterror wüten in über zwanzig Siedlungen und Städten. In Jerusalem kommt es durchschnittlich jeden zweiten Tag zu Mord- und Totschlag. Die Chronik des Schreckens lautet en détail:

2. Dezember 1947: Ein Mob von zweihundert Arabern plündert jüdische Geschäfte, zieht randalierend durch die Straßen und verprügelt Passanten. Sechs Juden werden schwer verletzt.

3. Dezember: In der Altstadt wird ein Jude ermordet.

4. Dezember: Mehrere Araber überfallen eine Synagoge. Dabei wird ein Araber getötet, ein Jude verletzt.

7. Dezember: Arabische Heckenschützen erschießen zwei Juden.

8. Dezember: Bei arabischen Unruhen werden zwei Juden zu Tode getrampelt.

11. Dezember: Mehrere hundert Araber versuchen die Juden aus der Altstadt zu jagen. Diese wehren sich. Dabei sterben drei Araber und ein Jude.

12. Dezember: Fünf Araber werden getötet, 47 verletzt, als eine von jüdischen Terroristen gelegte Bombe im Busbahnhof am Damaskustor explodiert.

13. Dezember: Mord an einem jüdischen Kind.

22. Dezember: Ein arabischer Heckenschütze erschießt einen Juden. Zwei britische Soldaten werden von jüdischen Terroristen getötet, weil sie ein jüdisches Mädchen vergewaltigt haben.

23. Dezember: Bei einem Feuergefecht kommen zwei Araber und ein Jude zu Tode.
28. Dezember: Fünf Juden werden von arabischen Heckenschützen erschossen. Aus Rache ermorden noch am selben Tag jüdische Terroristen fünf Araber.
29. Dezember: Arabische Heckenschützen ermorden einen jüdischen Spaziergänger am Berg Zion sowie einen Juden und einen britischen Polizisten bei einem Begräbnis am Ölberg.
31. Dezember: Zwei Juden sterben bei einem arabischen Überfall auf einen Bus, zwei weitere Juden werden auf der Straße ermordet.

In den ersten Monaten des Jahres 1948 wird in Jerusalem besonders erbittert und opferreich gekämpft. Aber wie in allen anderen Orten zeigt sich, daß die jüdischen Terroristen und Selbstverteidigungsgruppen ihr tödliches Handwerk immer besser verstehen. Moral, Kampfkraft und Taktik der Araber leiden hingegen zunehmend unter den traditionellen Strukturen der arabisch-palästinensischen Gesellschaft: der Zwietracht der Clans, der Desorganisation des Kampfes, der Korruption vieler Führer und dem schamlos praktizierten Eigennutz der arabischen Nachbarn. Jeder Versuch, in Palästina eine schlagkräftige arabische Armee mit einer einheitlichen und bedarfsgerechten Kommando- und Bewaffnungsstruktur aufzustellen, scheitert bereits im Ansatz. Nahezu jede Region und jede größere Stadt verfügt zumeist über mehrere Milizen und Freischärlergruppen, die völlig unkoordiniert ganz unterschiedliche politische und militärische Ziele verfolgen – teils aus kurzsichtigem Eigeninteresse, teils im Auftrag von arabischen Regierungen und Machtcliquen im Ausland. Fast alle Kommandeure dieser Truppen und Gruppen haben sich schon in den Jahren der Rebellion von 1936 bis 1939 als Heerführer, Bandenchefs oder Dorfhauptleute einen sehr fragwürdigen Ruf als Militärstrategen und »Befreier des Volkes« erworben.

Im Norden Palästinas operiert wieder der legendäre

Partisanenführer Fausi al-Kawukdschi, ein gebürtiger Kurde, der eine der wechselvollsten militärischen Karrieren des Nahen Ostens aufweisen kann. Kawukdschi diente während des Ersten Weltkrieges in der türkischen Armee und erhielt das Eiserne Kreuz erster Klasse. Danach zeigte er sich als Offizier der französischen Levantearmee in Syrien im Kampf gegen die Rebellen so erfolgreich, daß er zum Ritter der Ehrenlegion geschlagen wurde. Kawukdschi wechselte aber kurz danach ins Lager der aufständischen Drusen. Die Franzosen verurteilten ihn deswegen zum Tode. Er floh nach Saudi-Arabien, wo er sein Brot als Ausbilder in der Armee von König Ibn Saud verdiente. In gleicher Funktion diente er danach beim Militär des Irak, um 1936 als »Oberkommandierender der Revolte in Südsyrien« bei den palästinensischen Unruhen mitzumischen. Nach dem Scheitern der Rebellion mußte er mit Mufti Husaini in den Irak flüchten und beteiligte sich dort aktiv am Aufstand gegen die Briten. Als auch dieser fehlschlug, begab er sich in die Obhut der Nationalsozialisten in Deutschland.

Obwohl Kawukdschi auf einigen Stationen seines bewegten Lebens mit Mufti Husaini gemeinsame Sache machte, ist er stets auch dessen entschiedener Gegner geblieben. Anfang 1948 wird dies bei seinem Einsatz in Palästina ganz besonders deutlich. Mit einer in Syrien ausgebildeten Streitmacht von rund dreitausend Mann schlägt er am 25. Januar 1948 sein Hauptquartier in einem Dorf Samarias auf: in Tubas, das etwa fünfzehn Kilometer nordöstlich von Nablus liegt. Der Großteil seiner militärischen Ausrüstung stammt aus französisch-syrischen Beständen: Acht-Millimeter-Gewehre von Lebel und Berthier, Hotchkiss-MGs und neben anderem Material mindestens eine Batterie Fünfundsechzig-Millimeter-Gebirgsgeschütze. Von Tubas aus starten immer wieder einzelne Gruppen seiner Armee Angriffe auf jüdische Siedlungen. So auch am 17. Februar, als dreihundert Mann aus Kawukdschis Truppe Hanatziv, Sde Eliahn und Tirat Tzevi in einem zehnstündigen Gefecht belagern. Ohne Erfolg müssen sie den Rückzug antreten. Die Kämpfe kosten einem Juden und 57 Arabern das Leben.

Mit dem Hauptteil seiner Streitmacht ist Kawukdschi jedoch bemüht, qua Präsenz die Milizen und Freischärlergruppen von Mufti Husaini in Schach zu halten. Im März 1948 trifft er sich sogar mit Joschna Palmon, zuständig für arabische Angelegenheiten in der Jewish Agency. Ihm berichtet er, daß die Führer der Husaini-Truppen in seinen Augen »korrupte Kommandeure und Banditen seien, nicht wert, Soldaten genannt zu werden«. Kawukdschi zeigt sich zudem gegenüber Palmon zu einem Waffenstillstand mit den Zionisten und, nach dem Abzug der Briten, zu Verhandlungen über einen föderativen Staat unter seiner Präsidentschaft bereit. Der kurdische Hasardeur will offenbar als Krönung seiner Laufbahn Staatspräsident werden.

Mufti Hadsch Amin al-Husaini weiß, daß Fausi al-Kawukdschi ein mächtiger Gegner im Kampf um die Herrschaft in Palästina ist. Geld- und Waffenlieferungen der Arabischen Liga für Kawukdschis Truppen werden vom Kairoer Büro des Muftis zurückgehalten oder eigenen Milizen und Freischärlergruppen zugeschanzt. Dabei werden besonders zwei Kommandeure und ihre Einheiten bedient, die in Treue zum Mufti stehen und einen ähnlich legendären Ruf wie Kawukdschi genießen: Hassan Salameh und Abdel Kader al-Husaini. Noch heute haben diese beiden Freischärlerführer einen festen Ehrenplatz in den Heldensagen der palästinensischen Folklore.

Hassan Salameh galt schon während der Rebellion von 1936 bis 1939 als ein mutiger Patriot und integrer Kommandeur. Von den Briten gesucht, floh er nach Deutschland, wo er auf einer Kommandoschule der Abwehr ausgebildet wurde und den Rang eines Majors der Wehrmacht erhielt. Im Herbst 1944 ließ er sich als Agent per Fallschirm im Jordantal absetzen. Salameh tauchte unter und sammelte insgeheim eine Freischärlergruppe um sich. Anfang 1948 befehligt er rund dreitausend Mann und operiert vornehmlich in der Küstenebene bei Jaffa. Auf Salameh setzt der Mufti große Hoffnungen, die im April ein jähes Ende finden. Ein jüdischer Kommandotrupp sprengt Salamehs Hauptquartier und tötet ihn sowie einige Männer seines Stabes. Diese Gewalttat bringt den Juden einen wichtigen militärischen Vorteil im Kampf um Palästina – beschert ihnen aber einige Jahrzehnte später einen ihrer gefährlichsten Feinde. Hassan Salamehs Sohn wird als einer der führenden Männer der Fatah und des Schwarzen September den Mord an seinem Vater dutzendfach rächen, bis er einen ähnlichen Tod stirbt.

Der zweite wichtige Freischärlerführer für Mufti Husaini ist sein Cousin Abdel Kader. Als Sohn des einst mächtigen Oberhauptes des Husaini-Clans 1908 geboren, arbeitete Abdel Kader nach einem Studium an der Amerikanischen Universität von Kairo Anfang der dreißiger Jahre als Journalist in Jerusalem. Mit seinen Cousins Hadsch Amin und Dschamal bildete er ein mächtiges Triumvirat, das einen erheblichen Einfluß auf die politische Entwicklung Palästinas nahm. In den Jahren der Rebellion von 1936 bis 1939 machte sich Abdel Kader als Freischärlerführer einen Namen und beteiligte sich einige Jahre später ebenso wie sein Cousin Hadsch Amin aktiv am irakischen Widerstand gegen die Briten. Abdel Kader fiel allerdings nach dem Scheitern der Rebellion den britischen Gegnern in die Hände. Diese gingen relativ gnädig mit ihm um und nahmen ihn für drei Jahre in Sicherheitsverwahrung.

Ab 1944 begann Abdel Kader zunächst von Kairo aus – und mit der tatkräftigen finanziellen Unterstützung von Abdulhamid Schoman und seiner Arab Bank – erneut eine Freischärlergruppe in und um Jerusalem zu organisieren. Unter dem bereits traditionellen Namen »Dschihad Mukaddas« stellte er eine Husaini-Armee auf, die sich aus verschiedenen Jugendmilizen rekrutierte. Abdel Kader versuchte zudem seinen Machtbereich nach Jaffa auszudehnen und forderte die Jugendmiliz des populären

Mohammed al-Hawari, die Nadschadah auf, mit den Dschihad Mukaddas zu fusionieren. Das geschah auch, hatte aber bald fatale Folgen. Ein junges Mitglied der Nadschada, Salah Khalaf, wird Jahre später unter dem Nom de guerre »Abu Ijad« als ein führendes Mitglied der Fatah berühmt werden und sich nur mit Bitterkeit an die Fusion mit der Armee des Abdel Kader erinnern: »Sie war weit davon entfernt, der Bewegung neue Impulse zu geben, im Gegenteil: Sie stiftete unter den Mitgliedern der beiden zusammengeführten Organisationen nur Verwirrung, was wiederum zu einer völligen Lähmung führte. Aus Protest gegen ein Unternehmen, das er schon aus Prinzip mißbilligte, stellte der Führer der Nadschadah, Mohammed al-Hawari, jegliche Aktivität ein. Als er schließlich sogar von der Passivität zur Kollaboration überwechselte – mit Beginn der Besetzung Jaffas durch die zionistischen Kampfverbände stellte er sich in den Dienst Israels –, trug der unvergleichliche Volkstribun, einst Führer und Vorbild, ein fanatischer Nationalist, nicht unwesentlich dazu bei, daß viele seiner Bewunderer und Anhänger das Vertrauen in die eigene Sache verloren.«

Erfolgreicher als in Jaffa verlaufen Abdel Kader al-Husainis Bemühungen im etwa siebzig Kilometer südlicher gelegenen Gasa. Seinem Renommee als Patriot und seinem direkten persönlichen Einsatz ist es zu verdanken, daß er die Milizen der Muslimbruderschaft zu einem Übertritt in die Reihen der Husaini-Truppen bewegen kann.

Die Muslimbruderschaft, arabisch »Ikhwan al-Muslimin«, wurde 1928 von dem damals 22 Jahre alten Volksschullehrer Hasan al-Banna in der ägyptischen Stadt Ismailijja gegründet, mit dem Ziel, die traditionellen Vorstellungen des Islam in Staat und Gesellschaft durchzusetzen und den westlichen Einfluß zurückzudrängen. Sie hat sich in den zwanzig Jahren ihrer Existenz zu einer machtvollen Geheimorganisation entwickelt. Ihre über 100000 Anhänger kommen aus allen Bereichen der ägyptischen Gesellschaft: Arbeiter, Bauern, kleine Angestellte, aber auch Intellektuelle und Offiziere. In der Ideologie der Muslimbruderschaft sind sehr unterschiedliche Grundsätze und Zielsetzungen enthalten. Dominierend ist eine sehr volkstümliche und mit viel Mystizismus angereicherte Auslegung des Koran. Daneben gibt es praktische Lebensregeln der körperlichen Ertüchtigung nach dem Vorbild westlicher Turn- und Pfadfinderbewegungen. Aus Europa stammen auch einige nationalistische und sozialistische Ideen. Neben einem ausgeprägten Hang zu verschwörerischen Ritualen zeichnet die Muslimbruderschaft vor allem das Bekenntnis zu einer panarabischen und panislamischen Weltmission aus.

Die lokale Sektion der Muslimbruderschaft im ägyptisch beeinflußten Gasa wird von Abder Rauf al-Kudwa angeführt, der zu einem Zweig der berühmten Husaini-Familie gehört. Er ist das Oberhaupt einer Hamula von Kaufleuten und lebt mit seiner Familie abwechselnd in Gasa und in Kairo. Einer seiner Söhne ist Führer der Jugendmiliz der Muslimbruderschaft. Sein Name: Rahman Abdul Rauf Arafat el-Kudwa al-Husaini. Ein paar Jahre später, als es nicht mehr opportun ist, mit den Husainis verwandt zu sein, nennt er sich nur noch Jasir Arafat.

Im April 1948 konzentrieren sich die Kämpfe zwischen den jüdischen und arabischen Streitkräften auf die Straße, die von Jaffa und Tel Aviv nach Jerusalem führt. An einigen Punkten dieser strategisch wichtigen Verbindung gelingt es den Kämpfern von Abdel Kader al-Husaini, die Nachschublinie der Juden zu durchschneiden. In der Nacht vom 6. zum 7. April findet ein erbittertes Gefecht um das an der Straße gelegene Dorf Kastel statt, bei dem es zu einem für die arabischen Palästinenser folgenschweren Vorfall kommt: Abdel Kader al-Husaini fällt. Bevor der eigentliche Krieg mit den Juden begonnen hat, ist mit ihm nach Hasan Salameh der zweite wichtige Heerführer tot. Der Verlust dieser beiden charismatischen wie befähigten Persönlichkeiten hat fatale Konsequenzen. Die ohnehin nur mühsam vereinigten Kampfeinheiten brechen wieder auseinander. Die arabischen Palästinenser haben dadurch immer weniger Einfluß auf die militärischen Auseinandersetzungen. Ab Mitte Mai 1948 sind sie nur noch Opfer der Ereignisse in ihrer Heimat.

Die Versuche von Fellachen und Dörflern, ihr Schicksal und den Kriegsverlauf selbst zu bestimmen, sind nicht selten tragik-komisch. Der Historiker Elias Shoufani beschreibt den desolaten organisatorischen wie politischen Zustand der Dorfgemeinschaften am Beispiel der Geschichte seines Heimatdorfes Mi'ilya. Dort haben sich die Bewohner bereits 1947 Waffen im Libanon besorgt und über die Grenze geschmuggelt. Der Dorfrat beschließt, daß jede Großfamilie mindestens ein Gewehr besitzen soll. Der Besitz gerät alsbald zu einem Statussymbol. Die Preise auf dem Schwarzmarkt sind mit 100 bis 120 Pfund pro Gewehr so hoch, daß einige Familien Teile ihrer Herde oder ihres Schmuckes verkaufen müssen. Elias Shoufani über die Atmosphäre in Mi'ilya: »Monatelang waren die Dörfler über die wenigen Gewehre, die sie erworben hatten, begeistert. Preis, Qualität und die unterschiedlichen Charakteristika usw. waren Gegenstand langer Unterhaltungen und Diskussionen. Keinerlei professionelle Einweisung war erteilt worden, aber die Bevölkerung hatte bereits begonnen, einen Hauch von Legende um die Gewehre zu schaffen.«

Kontakte oder gar strategische Verbindungen zur Außenwelt gibt es in Mi'ilya kaum. Allenfalls erfahren die Dörfler einige Neuigkeiten aus dem einzigen Radio von Mi'ilya, das im Kaffeehaus steht. Elias Shoufani: »Das politische Bewußtsein der Bauern war nur sehr gering ausgeprägt. Ihre Sicht des Kampfes war einfach. Ihnen gehörte das Land, das die Juden wegnehmen wollten; und sie wollten den Verlust des Bodens verhindern. Sie sprachen nicht über eine arabische Befreiungsbewegung. ›Imperialismus‹ und ›Zionismus‹ waren unbekannte Begriffe. Die Welt der Mi'ilyaner war das Dorf, der Boden und die Menschen. Die Bauern blieben von Entwicklungen an anderen Orten absolut unberührt. Sie betrachteten zum Beispiel einen Angriff auf das wenige Meilen entfernte Januh nicht als etwas, über das sie sich Sorgen machen mußten.«

Ganz anders steht es um das politische wie militärische Bewußtsein der Juden Palästinas: »Aufgrund des natürlichen und historischen Rechts des jüdischen Volkes und gemäß der Entscheidung der Generalversammlung der Vereinten Nationen verkünden wir die Errichtung des jüdischen Staates Palästina und geben ihm den Namen Israel.« Mit diesem Satz beginnt David Ben Gurion am Nachmittag des 14. Mai 1948 im großen Saal des Museums in Tel Aviv vor den Vertretern der Juden Palästinas und der zionistischen Bewegung aus aller Welt die Proklamation eines neuen Staates. Der letzte britische Hochkommissar, Sir Alan Cunningham, ist bereits nach Haifa geflogen, um sich auf den im Hafen wartenden Kreuzer »Euryalus« zu begeben. Um Mitternacht verläßt das Schiff die Territorialgewässer von Palästina. Für die Briten ist damit der letzte Akt ihres Auszugs aus dem Heiligen Land vollzogen. Sie haben dieser organisierten Flucht den sinnigen Namen »Operation Chaos« gegeben. Nach 27 Jahren und acht Monaten stehlen sie sich aus der Verantwortung für ein Desaster, an dem nicht nur die Staaten des Nahen Ostens noch für Jahrzehnte zu leiden haben.

Wenige Minuten nach Mitternacht überschreiten die Armeen Ägyptens, Transjordaniens, des Irak, Syriens und des Libanon die Grenzen Palästinas. Die Regierung in Kairo gibt in einem Kommuniqué bekannt: »Die ägyptische Armee hat den Befehl erhalten, in Palästina einzurücken, um Sicherheit und Ordnung in diesem Lande wiederherzustellen und den Massakern ein Ende zu machen, die durch terroristische Zionistenbanden gegen die Araber und gegen die Menschen begangen werden.«

Abd ar-Rahman Assam, der Generalsekretär der Arabischen Liga, bemüht auf einer Pressekonferenz in Kairo blutrünstige historische Vergleiche: »Dieser Krieg wird ein Vernichtungskrieg sein und zu einem furchtbaren Massaker führen, von dem man in Zukunft ebenso sprechen wird wie von den Massakern der Mongolen und Kreuzritter.«

Glubb Pascha, der britische Kommandeur der von den Briten ausgebildeten und finanzierten Arabischen Legion Transjordaniens, die sich auch an dem Angriff auf Israel beteiligt, schreibt in sein Tagebuch: »Ich wußte, daß die Juden auf den Krieg vorbereitet waren, während die Araber keinen Plan hatten und zu keiner Zusammenarbeit imstande waren. Das Volk erwartete von uns, daß wir in zwei oder drei Tagen Tel Aviv erobern würden. Was sollte ich inmitten von so viel Tollheit tun? Ich fiel auf die Knie und betete: O mein Gott, ich bin diesen Ereignissen nicht gewachsen. Ich flehe Dich an, mir Deine Hilfe zu gewähren und alles zu einem guten Ende zu bringen, falls dies Dein Wille ist.«

Am Ende des Krieges, im Januar 1949, haben die Israelis mehr als viertausend Soldaten und zweitausend Zivilisten als Todesopfer zu beklagen. Die arabischen Staaten geben keine Verlustzahlen bekannt. Die Juden haben die Straße nach Jerusalem unter ihre Kontrolle gebracht, ebenso weite Teile der Küstenebene bis kurz vor Gasa. Sie beherrschen das obere Galiläa und haben den Ägyptern den Negev abgenommen. Für lange Zeit verloren ist hingegen die Altstadt von Jerusalem mitsamt dem jüdischen Viertel. Der neue Staat Israel fällt erheblich größer aus als jener jüdische Staat, den die Vereinten Nationen in ihrem Teilungsplan vorgeschlagen haben. Die Niederlage der arabischen Armeen ist nahezu total, äußerst demütigend und – wie sich in den kommenden Jahrzehnten herausstellen wird – unabänderlich.

Eine Katastrophe bedeutet der Ausgang des Krieges für die Araber Palästinas: Neben Tausenden von Toten und Verwundeten sind über achtzig Prozent aller ursprünglich im neuen Staat Israel lebenden Araber geflohen. Viele haben in panischer Furcht das Land verlassen. Sie sind teils mit blutiger Gewalt vertrieben, teils durch arabische Versprechungen auf baldige Rückkehr überredet worden, ihre Heimat zu verlassen. 100 000 Palästinenser sind im Libanon gelandet, 4000 im Irak, 75 000 in Syrien, 70 000 in Transjordanien, 7000 in Ägypten, 190 000 im Gasastreifen und 280 000 auf der Westbank.

Die Araber Palästinas erleiden ein traumatisches Schockerlebnis, von dessen düsteren Bildern und lähmender Perspektivlosigkeit sie sich für Jahrzehnte nicht mehr befreien können. Palästinenser zu sein bedeutet in Zukunft nicht, sich als Angehöriger eines Volkes mit nationalem Gemeinschaftsgefühl zu verstehen. Die Bezeichnung wird zu einem Synonym für Flüchtling, Vertriebener, Recht- und Heimatloser. Der von außen aufgezwungene Makel gedeiht im Inneren zu einem Minderwertigkeitskomplex. Mit der seelischen Not geht die miserable wirtschaftliche Existenz eines Almosenempfängers im Flüchtlingslager einher. Und es trifft die ohnehin seit langem geschundene und ausgebeutete Mehrheit des Volkes: die Bauern, die Saisonarbeiter, die kleinen Handwerker und Tagelöhner.

Den Angehörigen des bürgerlichen Mittelstandes und der Oberschicht, den Großgrundbesitzern und Efendis, bleibt ein Leben in den elenden Flüchtlingslagern erspart. Sie verstehen es, auch im Exil ihr Auskommen zu finden. Mehr noch: Um den Verlust ihrer Heimat und die Angst vor der verlorenen Identität zu überwinden, widmen sie sich mit enormem Fleiß und ungewöhnlicher Flexibilität und Anpassungsfähigkeit ihren wirtschaftlichen und politischen Karrieren in den jeweiligen Gastländern. Auf die palästinensischen Flüchtlinge der oberen Klasse stützen sich bald die nationalen Eliten. Als Manager und Handlanger der Mächtigen in Wirtschaft und Staat machen sie sich allerdings bei den breiten Massen der Gastvölker immer unbeliebter. Ob arm oder reich, ob relativ einflußreich oder praktisch rechtlos: Die Palästinenser sind nur in der offiziellen politischen Rhetorik die innig geliebten Brüder der arabischen Nationen. Im Alltagsleben schlagen ihnen Mißtrauen, Ablehnung, Neid und bald auch purer Haß entgegen.

Ab 1949 werden Manfa und Ghurba, Exil und Entfremdung, zu den Schlüsselbegriffen der palästinensischen Existenz und bestimmen auch das Leben von Abdulhamid Schoman. In seinem an sich komfortablen Exil im Kairoer »Shepheard's Hotel« leidet der neunundfünfzigjährige, einst kraftvolle und dynamische Mann unter depressiven Erschöpfungszuständen. In kurzen Phasen der Aktivität verfällt er in eine vorher unbekannte Nervosität und in Ausbrüche von Jähzorn. Trotz mehrerer Operationen plagen ihn noch immer Magenschmerzen, Blutungen und Kreislaufschwächen. Seine zweite Frau lebt mit den beiden Kindern Khalid und Nadschwa in Alexandria. Sein Sohn aus erster Ehe, Abdulmadschid, versteht mit einigem Geschick die Geschäfte der Arab Bank von Jerusalem aus zu steuern. Die Wohnhäuser der Schomans sind während des Krieges geplündert und zerstört worden. Auch mußten die Filialen der Arab Bank in Jaffa und Haifa geschlossen werden. Dennoch ist die ökomomische Situation der Familie besser denn je. Der Krieg war ein gutes Geschäft für die Arab Bank.

Während des Krieges gegen Israel fungiert die Arab Bank quasi als Nationalbank von Palästina. Alle arabischen Invasionsarmeen müssen mit der Landeswährung, dem palästinensischen Pfund, versorgt werden. Mit ihren Filialen in Beirut, Damaskus, Bagdad, Amman und Kairo bietet sich die Schoman-Bank als ideale Anlaufstelle für die jeweiligen Regierungen an. Mehrere Millionen Pfund werden sofort gebraucht. Die Schomans besorgen sie und legen dabei stets einen höheren Umtauschkurs zugrunde, der manchmal das Doppelte des international üblichen ausmacht. Sie begründen den hohen Kurs mit patriotischen Argumenten. Sie wollen die palästinensische Landeswährung vor einem panikbedingten Kurssturz schützen. Das ist einerseits gut für Palästina, andererseits aber auch äußerst lukrativ für die Arab Bank. Noch im selben Jahr, in dem der für die Palästinenser katastrophale Krieg zu Ende geht, eröffnet die Schoman-Bank sechs neue Filialen: in Basra, in Alazhar, in

Port Said, in Jiddah, in Ramallah und in Homs. Die Geschäfte gedeihen prächtig. Allein in den kommenden zehn Jahren wird sich das Geschäftsvolumen nahezu verzehnfachen, und das bei stetig steigender Gewinnausschüttung.

Die glänzende Geschäftsentwicklung der Bank steht in krassem Widerspruch zu den krisenhaften Entwicklungen, die die Staaten der arabischen Welt nach der verheerenden Niederlage gegen Israel durchlaufen. Diese schweren Erschütterungen der arabischen Regime sind nicht zuletzt das Ergebnis ihrer maßlosen Siegespropaganda vor dem Krieg. Völlig fassungslos nehmen die Bevölkerungen der Staaten den Ausgang des Krieges auf: Siebzig Millionen Araber mußten vor 600 000 Juden kapitulieren! Die allerorts aufkommende Wut und Enttäuschung werden von den gescheiterten politischen Führern auf die in den arabischen Staaten seit Jahrhunderten lebenden Juden gerichtet. Hunderte von ihnen werden in Pogromen ermordet. Hunderttausende werden ihres Besitzes beraubt und aus dem Land gejagt.

Von den über 870 000 in arabischen Ländern lebenden Juden flüchten die meisten nach Israel. Nach Generationen in der Diaspora kehren sie in ihre biblische Heimat zurück: 252 642 aus Marokko, 13 119 aus Algerien, 46 255 aus Tunesien, 34 265 aus Libyen, 37 867 aus Ägypten, 46 447 aus dem Jemen, 3912 aus Aden, 124 647 aus dem Irak, 4500 aus Syrien sowie 4000 aus dem Libanon.

Der Zustrom dieser rund 600 000 Flüchtlinge verdoppelt innerhalb von kurzer Zeit die Einwohnerzahl des jungen jüdischen Staates. Die Pogrome in den arabischen Ländern tragen damit in absurder Weise zur Stärkung des israelischen Feindes bei. Zudem nimmt die Volkswirtschaft einiger arabischer Staaten erheblichen Schaden durch die gewaltsame Vertreibung der ökonomisch wie intellektuell besonders aktiven jüdischen Bevölkerungsgruppe. Dies gilt vor allem für Marokko, Tunesien, den Jemen und den Irak.

Die als Ablenkungsmanöver inszenierte Vertreibungspolitik der arabischen Regime bewahrt deren Machthaber nicht vor den Konsequenzen der beschämenden Niederlage gegen Israel. Fast alle arabischen Staaten werden von destabilisierenden und revolutionären Prozessen heimgesucht. Die bald übliche literarische Umschreibung der allerorten einsetzenden Unruhen und Umwälzungen wird der »Palästinasturm« genannt. In Syrien finden bereits 1949 innerhalb weniger Monate drei Staatsstreiche statt. Im Libanon und im Irak konspirieren politische Machtgruppen und Offizierscliquen, um die Verantwortlichen des arabischen Desasters zu entmachten und zu bestrafen. Am härtesten aber trifft es Transjordanien und Ägypten.

Anfangs scheint es, daß das Reich des haschimidischen Herrschers Abdallah noch am meisten von den Kämpfen und Wirren in Palästina profitiert. Abdallah, der sich seit dem 25. Mai 1946 »König von Transjordanien« nennt, kann während des Krieges gegen Israel weite Teile des Jordanwestufers inklusive der Altstadt von Jerusalem mit seinen Truppen erobern. Die Palästinenser dieser Region erkennen zudem bereitwillig die Regentschaft von König Abdallah an. Bereits einen Monat nach dem Waffenstillstand mit den Israelis gibt der Monarch in Amman ein neues Kabinett bekannt, in dem einige Prominenz aus der Westbank vertreten ist – unter anderen Radschib Naschaschibi als Minister für Flüchtlingsfragen und als Vizegouverneur von Arabisch-Palästina. Am 2. Juni 1949 wird der Name des neuen und größeren Reiches von König Abdallah in »Jordanien« umgewandelt.

Die Bevölkerung des neuen Staates zählt anderthalb Millionen Menschen. Zu den ursprünglichen Einwohnern von Transjordanien sind die rund 500000 Bewohner des annektierten Gebietes westlich des Jordans sowie eine weitere halbe Million Flüchtlinge aus Israel hinzugekommen. Die Bevölkerungsstruktur hat sich vollkommen gewandelt. Aus einem Beduinenstaat ist nunmehr ein Land mit Landwirtschaft, Kleinhandel und einem Heer von arbeits- und obdachlosen Flüchtlingen geworden. König

Abdallah weiß, daß es sich dabei um ein explosives Völkergemisch handelt und hofft, daß er der neuen Gefahr mit einer alten Vision Herr werden kann: »Wir müssen unseren Völkern eine neue Idee geben, für die sie sich begeistern und die sie davon abhält, den Demagogen und Rebellen Gefolgschaft zu leisten. Diese Idee kann nur die der arabischen Einheit, des Zusammenschlusses unserer Länder zu einem starken und mächtigen Bund sein, der Israel nicht mehr zu fürchten braucht und mit unserem neuen Nachbarn Frieden schließen kann. Wir müssen unverzüglich ans Werk gehen und mit dem Zusammenschluß von Jordanien und Irak den Anfang machen. Dann werden sich Syrien und der Libanon von selbst anschließen, und das Großsyrische Königreich der Haschimiden wird endlich verwirklicht und die tödliche Gefahr, die der arabischen Welt droht, abgewendet sein.«

Am 20. Juli 1951 findet die Neuauflage des haschimidischen Großmachttraumes ein blutiges Ende: König Abdallah wird beim Betreten der Al-Aksa-Moschee in Jerusalem niedergeschossen. Sein sechzehnjähriger Enkel Prinz Husain erlebt das Attentat hautnah mit. Er wird zwei Jahre später, am 2. Mai 1953, den Thron der Haschimiden besteigen. Der Mörder des Königs ist ein einundzwanzigjähriger Schneider aus Jerusalem, der, wie sich bald herausstellt, einer geheimen Organisation von Hadsch Amin al-Husaini angehört, dem Titel und Würden eines Muftis von Jerusalem bereits aberkannt wurden. Husaini ist der große Verlierer im Kampf um Palästina und hat sich unter dem besonderen Schutz der ägyptischen Monarchie nach Gasa begeben. Er fungiert dort als Präsident einer von fast allen arabischen Staaten anerkannten Exilregierung von Palästina. Neben alten Kampfgenossen des Exmuftis gehört ihr Schomans Schwiegervater Achmed Hilmi Pascha als Premierminister an. Selbst in Gasa führt diese Regierung ein Schattendasein ohne irgendwelche Weisungsbefugnisse. So wird sie immer mehr eine Briefkastenfirma, über die schließlich nur noch Achmed Hilmi Pascha und sein Sekretär Dschamal Abdul Rauf el-Kudwa, der ältere Bruder von Jasir Arafat, zu erreichen sind.

Anfang der fünfziger Jahre haben die Machthaber in Kairo jedes Interesse an der Exilregierung Palästinas verloren. Zu sehr sind sie mit den Folgen des »Palästinasturms« im eigenen Land beschäftigt. König Faruk und sein Premierminister müssen sich bereits nach den ersten Niederlagen gegen die Israelis, Anfang 1948, mit der mächtigen Organisation der Muslimbruderschaft auseinandersetzen. Diese wird zum Auffangbecken der unzufriedenen Offiziere, der enttäuschten Nationalisten und der engagierten Revolutionäre. Ende 1948 ruft der Begründer und Oberste Führer der Muslimbruderschaft, Hasan al-Banna, im Namen seiner, wie er meint, »fünfhunderttausend Anhänger« zur offenen Rebellion gegen das Regime auf. Er organisiert Massendemonstrationen und Terroranschläge. Die Regierung löst daraufhin die Bruderschaft auf, beschlagnahmt ihr Vermögen, sperrt ihre Versammlungslokale und verbietet alle ihre Zeitungen und Zeitschriften. Hasan al-Banna revanchiert sich: Am 28. Dezember 1948 läßt er durch einen Studenten Ministerpräsident Nokraschi Pascha ermorden. Wenige Monate später fällt auch der Oberste Führer Hasan al-Banna einem Attentat zum Opfer. Die machtvolle Organisation der Muslimbruderschaft bleibt trotzdem bestehen und kämpft unverdrossen gegen das Regime weiter.

König Faruk und sein neuer Premier Nahas Pascha versuchen verzweifelt, die Unzufriedenheit der Bevölkerung auf die noch immer am Sueskanal stationierten Briten zu lenken. Die beiden überbieten sich in nationalistischer Demagogie und schüren damit eine generelle Ausländerfeindlichkeit, die sich am Schwarzen Samstag, am 26. Januar 1952, in sinnlosen Zerstörungen und blutrünstiger Selbstjustiz entlädt. In Kairo gehen internationale Hotels, europäische Läden und Warenhäuser, ausländische Clubs, Restaurants und Bars in Flammen auf. Zahllose Ausländer oder solche, die dafür gehalten werden, werden überfallen, ausgeraubt und ermordet. Mit zynischem Großmut hält es König Faruk für zweckmäßig, das »sich das Volk ruhig einmal austoben soll«.

Nach sechs Monaten ist sein Regime endgültig am Ende. Ein Geheimbund innerhalb der Armee, der sich »Die freien Offiziere« nennt, putscht und reißt am 23. Juli 1952 die Macht an sich. Der Führungszirkel um Oberstleutnant Gamal Abdel Nasser hebt zunächst General Muhammad Nagib auf den Schild und ernennt ihn zum Präsidenten und Premierminister der neuen Republik. Doch bald ist jedermann am Nil klar: Der wahre Führer der Revolution und mächtigste Mann im Staat ist der Bikbaschi, der Oberstleutnant Gamal Abdel Nasser. Innerhalb weniger Jahre wird er nicht nur selbst das Amt des Staatspräsidenten von Ägypten bekleiden, in ganz Arabien wächst Gamal Abdel Nasser zum El Rais, zum Führer, heran, den die Massen lieben und verehren. Sein Name wird zu einem panarabischen Programm, der Nasserismus zu einer populistischen Ideologie der Befreiung und der Erfüllung alter Sehnsüchte. Die Renaissance der arabischen Hochkultur und Hegemonie ist das Ziel, das Gamal Abdel Nasser anstrebt und 1954 mit folgenden Worten verkündet: »Einst haben wir eine Offenbarung vom Himmel erhalten, die uns befähigte, die Menschheit ihrer Bestimmung entgegenzuführen. Damals ist die Zivilisation des Islam entstanden, die die Welt aus Finsternis und Irrtum, Unwissenheit und Uneinigkeit befreit hat. Heute erfüllt eine neue Offenbarung [nämlich die des Nasserismus] unsere Herzen, die uns noch einmal befähigt, das Menschengeschlecht seiner wahren Bestimmung zuzuführen. Und wieder ist es unsere Botschaft, die die Herzen und Sinne derer, die ihrem Untergang entgegengehen, erleuchten und sie noch einmal vor Finsternis und Irrtum, Unwissenheit und Uneinigkeit retten wird.«

Auch die Palästinenser sehen in Gamal Abdel Nasser den messianischen Mann, der ihr trauriges Schicksal zum Guten wenden wird, ist er doch einer der wenigen Helden im Kampf gegen die Israelis gewesen. Gamal Abdel

Nasser war der Kommandant einer ägyptischen Garnison, die als einzige nicht von den jüdischen Truppen erobert werden konnte. In dem arabischen Städtchen Falloudscha, etwa auf halbem Weg zwischen Tel Aviv und Beer Scheva gelegen, gelang es dem damaligen Hauptmann Gamal Abdel Nasser mit 2500 Soldaten, vom 22. Oktober 1948 bis zum 24. Februar 1949 jeden Angriff der Israelis erfolgreich abzuwehren und nach dem Waffenstillstand als unbesiegter Kommandant nach Ägypten zurückzukehren. Das trug ihm in ganz Arabien den populären Ehrennamen »Der Tiger von Falloudscha« ein.

Die Verehrung, die Gamal Abdel Nasser Anfang der fünfziger Jahre von den Palästinensern zuteil wird, ist so groß, daß sie ihn mit einem legendären Sultan der arabischen Geschichte gleichsetzen: »Wir sahen in Nasser einen neuen Saladin«, erinnert sich Khalil Wasir, einer der Mitbegründer der palästinensischen Befreiungsorganisation Fatah. Der Sultan hatte im 12. Jahrhundert das Heilige Land und Jerusalem von den fränkischen Kreuzrittern zurückerobert; doch er wurde und wird nicht nur als erfolgreicher Feldherr, sondern auch als ein frommer Muslim und ein weiser Gelehrter im Orient wie im Okzident geachtet.

Das Hunderttausende von Palästinensern in den ersten und besonders elenden Jahren nach der Vertreibung in Nasser eine Reinkarnation des großen Saladin herbeisehnen, ist angesichts ihrer Lage nur allzu verständlich. Von den alten arabischen Regierungen fühlen sie sich verraten und verkauft: Die der Gastländer unterbinden jede eigenständige politische Organisation in den Flüchtlingslagern; die Insassen erhalten weder Ausweise noch konkrete wirtschaftliche Hilfen oder Angebote zur Integration; in fast allen arabischen Staaten, in denen sie Zuflucht gefunden haben, werden die Palästinenser wie Aussätzige von der Bevölkerung ferngehalten, als willkommene Subjekte der außenpolitischen Agitation mißbraucht und ansonsten der zuständigen Hilfsorganisation der Vereinten Nationen überlassen; sie hausen in Zeltlagern, Höhlen und Baracken aus Lehm, Bauresten und Beton.

Im ersten Bericht (1950–1951) der United Nations Relief And Work Agency For Palestine Refugees In The Near East, abgekürzt UNRWA, heißt es: »Zwei Drittel aller Flüchtlinge sind in provisorischen Quartieren untergebracht. Größere Räume werden durch Säcke oder ähnliches Material in Familienbereiche aufgeteilt. Hier finden Geburten, Todesfälle und Hochzeiten statt [...] Die Alten, die Jungen, die Gesunden, die Krüppel und die Blinden leben alle zusammen, ohne eine Chance zur Unterhaltung, Erholung oder Ruhe. Die soziale Hauptbeschäftigung besteht in Diskussionen über die Plagen mit ihren ähnlich unglücklichen Nachbarn.«

Besonders schlimm ist die Situation in Gasa. Dort leben auf einem etwa vierzig Kilometer langen und durchschnittlich acht Kilometer breiten Küstenstreifen über 310000 Araber, von denen 210000 Flüchtlinge aus dem Süden Palästinas sind. Sie werden nahezu umfassend von der UNRWA versorgt und erhalten eine Lebensmittelration von maximal 1600 Kalorien pro Flüchtling und Tag. Khalil Wasir, der mit seiner Familie aus dem etwa fünfzehn Kilometer südöstlich von Jaffa gelegenen Ramleh vertrieben wurde, hat den miserablen Alltag in Gasa kennengelernt und niemals vergessen können: »Wir lebten mit vierzehn Familienmitgliedern in einer armseligen Unterkunft, die aus einem Raum bestand, der etwa zwei mal fünf Meter groß war. Die Hütte war mit schlechten Bausteinen gebaut worden und hatte ein provisorisches Dach. Die Winter waren unbeschreiblich [...]«

Der siebzehnjährige Khalil Wasir besuchte eine Schule der UNRWA, als sich in Kairo Gamal Abdel Nasser an die Macht putschte: »Wir waren alle sehr glücklich und aufgeregt. Dennoch warteten wir geduldig ab. Wir warteten, aber nichts geschah. Es mag in jenen Tagen an unserem jugendlichen Alter gelegen haben, daß wir ahnungslos und politisch naiv waren. Deshalb konnten wir nicht verstehen, warum Nasser und die neuen arabischen

Machthaber nichts dafür taten, damit wir wieder in unsere Heimat zurückkehren konnten. Wir sahen nur, daß nichts geschah, und so kehrte die alte Verzweiflung zurück.«

Die neue republikanische Regierung in Kairo sieht in den Flüchtlingslagern immer mehr einen Gefahren- und Unruheherd und verschärft den Druck auf die Bewohner. Khalil Wasir: »Die Lager in Gasa wurden zu Gefängnissen. Es war die gleiche Situation wie in den Lagern von Jordanien und Syrien, vom Libanon und vom Irak. Unser Volk war in den Lagern total isoliert. Die Insassen durften sich nicht frei bewegen. Sie durften sich weder mündlich noch schriftlich zu ihren Problemen äußern. Sie durften sich nicht organisieren. Sie durften nicht demonstrieren. Und jene, die sich zu organisieren versuchten, wurden wie Spione behandelt. Alle arabischen Geheimdienste versuchten mit Einschüchterungen und Folter, unsere Leute dazu zu bewegen, für sie als Agenten zu arbeiten.«

Ende 1953 beginnt der Geheimdienst der ägyptischen Armee damit, unter den männlichen Bewohnern der Lager von Gasa eine Palästinensische Nationalgarde zu rekrutieren. Die Einheit soll für Aufklärungs- und Sabotageoperationen in Israel eingesetzt werden. Der Freischärlergruppe gehören bald siebenhundert Palästinenser an, die unter dem Kommando des Abteilungsleiters des ägyptischen Geheimdienstes in Gasa, Oberst Mustafa Hafes, steht. Die Palästinenser haben zu schweigen und zu gehorchen – und sie müssen Vergeltungsaktionen einer israelischen Spezialeinheit, der Kompanie 101, unter dem Befehl des Hauptmanns Ariel Scharon über sich ergehen lassen.

Unter solchen Repressionen und Anschlägen auf Leben und Gesundheit hat Abdulhamid Schoman nicht zu leiden. Als Nasser in Ägypten die Macht übernimmt, hat Schoman sich nach einer gelungenen Nachoperation in der Schweiz gut erholt und ist entschlossen, sich vom aktiven Bankgeschäft zurückzuziehen und sich nur noch repräsentativen Aufgaben und seinen Privatinteressen zu widmen. Der syrische Präsident Schukri al-Kuwwatli setzt sich persönlich dafür ein, daß Schoman einen syrischen Paß erhält. Und so verbringt er in regelmäßigem Rhythmus die Sommermonate in Europa, den Winter im südägyptischen Assuan und das Frühjahr in Amman. In der jordanischen Hauptstadt befindet sich nunmehr die Zentrale der Arab Bank. Die Schomans lassen in der König-Faisal-Straße ein imposantes, sieben Stockwerke hohes Verwaltungsgebäude errichten, das Formen des Art deco mit Stilmerkmalen der Architektur des italienischen Faschismus vereint. Es ist ein stolzes Bollwerk, das Sicherheit und Kraft ausstrahlt. »Eine Bastion zum Schutz und der Verteidigung Palästinas« aufzubauen, das hatte Schoman am 14. Juli 1930 bei der Eröffnung der Bank in Jerusalem von sich und seinen damaligen Mitarbeitern gefordert. Ein Vierteljahrhundert später ist zwar auch die Arab Bank aus der alten Heimat vertrieben, aber das florierende Geldinstitut ist doch eine der wenigen eindrucksvollen Zitadellen des Palästinensertums im Exil.

Während sein Sohn Abdulmadschid als Generaldirektor die Geschäfte der Bank leitet, sitzt Abdulhamid Schoman dem Aufsichtsrat vor. In ihm sind die wichtigsten Teilhaber aus verschiedenen arabischen Ländern versammelt, zumeist Repräsentanten bedeutender Familien. Aus dem Libanon kommt beispielsweise Emile al-Bustani, ein Offizier, der aus einem mächtigen maronitischen Clan stammt, zu dem berühmte Gelehrte und Politiker wie der Schriftsteller und Lexikograph Butrus sowie der Übersetzer und zeitweilige Minister Sulaiman gehören. Emile al-Bustani wird in den sechziger Jahren als Generalstabschef einen großen Einfluß auf die politische Entwicklung des Libanon ausüben.

Ein anderes prominentes Aufsichtsratsmitglied ist Achmed Schukairi. Er stammt aus einer Familie aus der Region um Akko. Sein Vater Assad war der Mufti von Akko und als »Führer des Nordens« eine wichtige Figur in der arabischen Rebellion von 1936 bis 1939. Das hielt ihn aber nicht davon ab, Grundstücksgeschäfte mit den Zionisten zu machen. So verkaufte er beispielsweise über siebzig Hektar in Neve-Shaanan nahe Haifa an die jüdische Landkaufagentur Hahevra Lehakhsharat Hayishuv. Sein Sohn Achmed Schukairi ist nach dem Krieg von 1948/49 im diplomatischen Dienst Syriens tätig und wird danach von Saudi-Arabien als offizieller UNO-Vertreter des Königreichs engagiert. Der Exilpalästinenser Schukairi profiliert sich bald als heißblütiger Rhetoriker und panarabischer Nationalist. Seine Verehrung für Nasser ist so groß, daß er sich weigert, eine Beschwerde der saudiarabischen Regierung gegen Ägypten in der UNO vorzutragen. Die Saudis wollten dagegen protestieren, daß die ägyptische Armee bei Unruhen im Jemen auf seiten der nationalistischen und antiroyalistischen Kräfte eingreift. Schukairi wird nach dieser Weigerung entlassen und erhält von Nasser einen Posten beim Sitz der Arabischen Liga in Kairo. Nasser findet immer mehr Gefallen an Schukairi und hat noch große Pläne mit ihm.

Auch Schoman ist ein Nasserist der ersten Stunde. Er begrüßt die neue Innenpolitik mit Land- und Steuerreform sowie die Entschlossenheit, das korrupte monarchistische System durch einen modernen Nationalstaat mit republikanischen Strukturen zu ersetzen. Schoman unterstützt ebenso Nassers aggressive Außenpolitik gegenüber den alten Kolonialmächten Frankreich und Großbritannien. Als Nasser im Juli 1956 die Sues-Kanal-Gesellschaft verstaatlicht, fliegen die Briten und Franzosen Truppen an den Kanal, und die Israelis rücken in einem Blitzkrieg durch den Sinai bis zur Wasserstraße vor. Nasser scheint vernichtend geschlagen, aber auf Druck der neuen Großmächte USA und UdSSR müssen sich Briten, Franzosen und Israelis wieder zurückziehen. Der ägyptische Staats- und Regierungschef gilt von da an in der arabischen Welt als strahlender Held im Kampf gegen den Imperialismus.

Mit einer großen Propagandaaktion organisiert Nasser

den Wiederaufbau der bei den Kämpfen zerstörten Stadt am Mittelmeer, Port Said. Schoman gehört zu den großzügigsten Spendern und fleißigsten Spendensammlern. Sein Sohn und er werden von Nasser mit einem offiziellen Empfang im Regierungspalast belohnt. Die Verehrung der Schomans für Nasser wächst noch mehr, als der ägyptische Staatschef am 1. Februar 1958 sein Land mit Syrien zur Vereinten Arabischen Republik verbindet. Nicht nur die Schomans glauben, daß dies ein erster Schritt zur Erfüllung des alten Traumes von der arabischen Einheit und Größe bedeutet.

Drei Jahre später gibt es für die Schomans ein bitteres Erwachen in doppeltem Sinn. Anfang 1961 werden im Zuge einer fortschreitenden Nationalisierungspolitik alle fünfzehn Filialen der Arab Bank in der Vereinten Arabischen Republik verstaatlicht. Außerdem beendet Syrien am 28. September 1961 die Staatenfusion mit Ägypten. Arabien bleibt uneins wie eh und je. Um so verzweifelter hält Schoman fortan bei seinen Reisen in die orientalischen Metropolen den Mythos der arabischen Einheit und Stärke hoch: »Warum bekämpfen uns die USA, Europa und die UdSSR? Warum bekämpfen sie zum Beispiel nicht Indien oder Ostafrika? Das geschieht deswegen, weil die vereinten Araber eine Großmacht bilden würden. Wir besitzen Geld, Land, Menschen, Wissen, Religion, Kultur und Zivilisation. Wir haben eine jahrhundertealte Geschichte. Wir waren in der Vergangenheit erfolgreich, und wir werden es auch in der Zukunft sein.«

Schoman bietet sich vor allem den nationalistisch und revolutionär gesinnten arabischen Machthabern als Berater, Vermittler oder Förderer an. Offen bekennt er: »In der Vergangenheit habe ich mit Worten und Taten gefochten, jetzt kämpfe ich mit meinem Geld.« Er leistet großzügige Spenden für die Aufrüstung der syrischen und jordanischen Armee. Er finanziert den Bau von Moscheen und Erziehungseinrichtungen, und er läßt in seinem Geburtsort Beit Hanina ein mehrere große Bauwerke umfassendes Institut zur Lehrerausbildung errichten, worauf er besonders stolz ist. Je älter er wird, um so bitterer wird die Kritik am Versagen seiner Generation im Kampf um Palästina. In den sechziger Jahren keimt in ihm die Hoffnung, daß es einer neuen Generation von Palästinensern gelingt, einen besseren und erfolgreicheren Kampf um die verlorene Heimat zu führen. Den Führern dieser neuen Widerstandsgeneration steht er mit Rat und Tat sowie mit viel Sympathie und noch mehr Geld zur Seite. Immer wieder ermahnt er sie: »Laßt euch nicht durch Versprechungen täuschen, wie wir das mit uns geschehen ließen. Laßt nicht nach, bevor ihr den Sieg im Kampf um die Befreiung Palästinas davongetragen habt.«

Im Schatten des Rais

Nur wenige Monate nachdem sich Gamal Abdel Nasser mit der Verschwörergruppe der Freien Offiziere in Ägypten an die Macht geputscht hat, findet im Schatten der revolutionären Ereignisse in Kairo eine Wahl statt, die von geringer Tragweite scheint und dennoch die Initialzündung für einen neuen palästinensischen Widerstand ist. Im September wählen die an der Kairoer Universität eingeschriebenen Palästinenser den Präsidenten und das Exekutivkomitee der Generalunion Palästinensischer Studenten, abgekürzt GUPS. Mehrere Kandidaten stellen sich der Wahl. Das Rennen macht mit großer Mehrheit ein dreiundzwanzigjähriger angehender Bauingenieur. Er heißt Mohammed Rahman Abdul Rauf Arafat el-Kudwa al-Husaini, nennt sich aber kurz Jasir Arafat.

Die Liste seiner Kandidaten für das Exekutivkomitee ist mit großem politischen Geschick und klugem Sinn für persönliche Loyalitäten zusammengestellt. Einer der Mitglieder und persönlicher Freund von Jasir Arafat, der damals neunzehnjährige Literaturstudent Salah Khalaf, erinnert sich Jahre später, nachdem diese Wahl als ein Akt von historischer Bedeutung gewertet wird: »Jasir Arafat und ich hatten gute Beziehungen zu allen Studenten, ganz unabhängig davon, wie ihre politischen Einstellungen waren. Wir präsentierten uns nicht als Gegner irgendwelcher Parteien, sondern als Vorkämpfer unserer ›Studenten-Union‹, wie wir unsere Liste für die neun Sitze im Exekutivkomitee nannten. Sechs davon, Arafat und mich eingeschlossen, gehörten unserer Gruppe an. Drei Sitze gaben wir an Mitglieder anderer Parteien – einem Muslimbruder, einem Baathisten und einem Kommunisten –, um zu zeigen, wie sehr wir um Demokratie und Einheit bemüht waren.«

Die Studentengruppe um Jasir Arafat und Salah Khalaf kann nicht nur voller Stolz darauf verweisen, daß die GUPS »die einzige palästinensische Organisation ist, die bis dahin demokratische Wahlen abgehalten hat«, sie kann auch für sich beanspruchen, die alten Machtstrukturen bei den Arabern Palästinas durchbrochen zu haben. Nur zwei Mitglieder des Exekutivkomitees von GUPS – Jasir Arafat und Zuheir al-Alami – stammen von traditionell mächtigen Familienclans ab, fühlen sich aber ihrer Herkunft in keiner Weise verpflichtet. Alle anderen Mitglieder der Studentenführung sind Nachkommen kleiner Handwerker oder Händler, deren Existenz durch die Vertreibung aus ihrer Heimat ruiniert wurde. Ein Machtwechsel in der politischen Führung der Palästinenser kündigt sich an. Das Zeitalter der Efendis geht zu Ende und mit ihm ein feudales System, das die Mehrheit der Palästinenser in Elend stürzte und ins Exil brachte.

Doch trotz aller demokratischen Prinzipien und guten Vorsätze wird die Führung der GUPS bald zu einer Ein-Mann-Veranstaltung. Abu Adeeb, in jenen Tagen Student, später Vertrauter Arafats und offizieller Vertreter der PLO in Kuwait, entsinnt sich: »Natürlich hatten wir ein Exekutivkomitee. Aber die Wahrheit ist, Arafat leistete neunzig Prozent der Arbeit.« Der kleine drahtige und jähzornige Arafat entpuppt sich als ein ungewöhnlich energischer und erfolgreicher Führer, der das Spiel mit den Mächtigen erstaunlich selbstsicher beherrscht. Er ist ein großes politisches Talent, das alle Register zu ziehen vermag: Er ist selbstlos und unersetzlich, liebevoll und listenreich, verletzbar und behält letztlich immer wieder die Oberhand. In den kommenden Jahrzehnten wird Arafat immer mehr zu der Person, die den palästinensischen Widerstand und die Selbstbehauptung seines vertriebenen und mißbrauchten Volkes verkörpert.

Jasir Arafat wurde am 24. August 1929 in Kairo als sechstes von sieben Kindern aus erster Ehe seines Vaters Abder Rauf Arafat el-Kudwa al-Husaini geboren. Die Familie gehörte zu einem verarmten Zweig der ansonsten mächtigen und reichen Husainis und lebte hauptsächlich in Gasa und Khan Yunis. Die Mutter Zahwa – was im Arabischen soviel wie »Die stolze Schöne« bedeutet – stammte aus der angesehenen Jerusalemer Familie Abu Saud. Sie war ungewöhnlich groß gewachsen, von kantiger Statur und hatte ein rundes und freundliches Gesicht. Der kleine Jasir Arafat war kaum vier Jahre alt, als die Mutter an einem Nierenleiden 1933 starb. Zusammen mit seinem jüngeren, achtzehn Monate alten Bruder Fathe wurde Jasir zum Bruder der Mutter nach Jerusalem geschickt. Vier Jahre lang wuchsen sie dort in ärmlichen Verhältnissen auf, bis der Vater erneut heiratete und die beiden Jungs zu sich nach Kairo holte.

Die Stiefmutter war ihrer Aufgabe überhaupt nicht gewachsen und behandelte die Kinder so schlecht, daß sich Abder Rauf nach nur wenigen Monaten von ihr trennte und Jasir und Fathe der Obhut ihrer ältesten Schwester Inam anvertraute. Nach einigen Jahren heiratete er ein drittes Mal, trennte aber die neue Frau von der Familie und richtete ihr einen separaten Wohnbereich ein. Um seine Kinder kümmerte er sich kaum. Er ging seinen Geschäften als Lebensmittelgroßhändler nach und war in der Muslimbruderschaft tätig. Wenn die Kinder ihn einmal sahen, dann erlebten sie ihn zumeist als ungeduldigen und lautstarken Choleriker.

Der frühe Tod der geliebten Mutter, die schlechten Erfahrungen mit den beiden Stiefmüttern und die jahrelange Erziehung durch seine älteste Schwester haben sicherlich zur Abneigung Arafats beigetragen, mit einer Frau zusammenzuleben oder gar zu heiraten, woraus aber CIA-nahe Kreise ganz andere Schlüsse zogen. Sie unterstellten ihm homosexuelle Neigungen, so bereits in jungen Jahren zu seinem Lehrer Madschid Halaby, von dem auch der Name »Jasir«, der Angenehme, stamme. Die älteste Schwester Inam versicherte dagegen, daß der Rufname »Jasir« schon in frühester Kindheit bei den Schwestern und Brüdern üblich gewesen sei. Sicher ist jedenfalls, daß sich Arafat bereits als Jugendlicher und später auch als Student nur im Kreise gleichgeschlechtlicher Freunde und politischer Wegbegleiter bewegt hat. Mit einer Freundin oder einer Geliebten wurde er nie gesehen. Er hat diese auffallende Zurückhaltung später stets mit seinem starken Engagement für die Sache der Palästinenser erklärt: »Ich bin mit Palästina verheiratet.«

Kaum zwölf Jahre alt, war Jasir Anfang der vierziger Jahre bereits Chef einer Jugendbande in Kairo. Er arbeitete als Laufbursche und Teeservierer in den Lobbies des Parlaments, in den Cafés und Clubs der politischen Parteien und konspirativen Zirkel. Sehr bald geriet er in den Kreis des palästinensischen Widerstandes um Abdel Kader al-Husaini, einem prominenten Kommandeur der Rebellion von 1936 bis 1939 und Cousin des Muftis Husaini. Seit 1941 lebte Abdel Kader im ägyptischen Exil und baute mit deutscher Unterstützung eine palästinensische Widerstandsgruppe auf. Mit stillschweigender Billigung der Ägypter assistierten ihm deutsche Militäragenten bei der körperlichen und taktischen Ausbildung von jungen Palästinensern. Jasir war einer von ihnen und wurde von Abdel Kader zudem in einem Spezialkurs für den Umgang mit Sprengstoffen geschult.

1947 darf Arafat aktiv am Kampf gegen die Juden in Palästina teilnehmen. Er kauft – teilweise auch mit dem Geld von Abdulhamid Schoman – bei Beduinen und illegalen Waffenhändlern des Nilstaates Gewehre für die Kampftruppen von Abdel Kader. Sein ägyptischer Akzent kommt ihm dabei zustatten. Denn wer als Palästinenser erkannt wird, zahlt auf dem Schwarzmarkt gleich ein Mehrfaches des sonst üblichen Preises. Die Nachfragenot der palästinensischen Brüder wird von den arabischen Schiebern schamlos ausgenutzt. Jasir ist außerdem für den Schmuggel der Waffen über die Grenze nach Palästina verantwortlich und tritt dabei zumeist persönlich in Aktion. Der Mut und die Geschicklichkeit, die er dabei an den Tag legt, finden bei seinen Landsleuten Anerkennung und Bewunderung. Auch der Geheimdienst der ägyptischen Armee verfolgt die Aktivitäten des neunzehnjährigen Studenten mit wohlwollender Aufmerksamkeit. Arafat ist längst kein unbeschriebenes Blatt mehr.

Anfang 1948 genügt es dem einsatzfreudigen Einzelkämpfer nicht mehr, nur als Waffenlieferant für die Kommandotruppen in der bedrohten Heimat zu dienen. Er will direkt an den Gefechten teilnehmen und geht nach Gasa, wo er die Jugendmiliz der Muslimbruderschaft anführt und sie mit den Freischärlern von Abdel Kader vereinen will. Von Anfang April bis Mitte Mai beteiligt sich Arafat an den Kämpfen um die jüdische Siedlung Kfar Darome, die etwa fünfzehn Kilometer südlich von Gasa-Stadt liegt. Die Nachricht vom Tod Abdel Kaders – am 8. April in Kastel an der Straße nach Jerusalem – trifft ihn hart. Abdel Kader war stets ein großes Vorbild für Arafat gewesen. Um so erbitterter wirft er sich nun ins Kampfgetümmel. Noch scheint die Sache der arabischen Palästinenser nicht verloren.

Als am 15. Mai 1948 die Truppen der Arabischen Liga in Palästina einmarschieren, wird Arafats Siegeszuversicht jäh erschüttert, sein Kampfeswillen nahezu gelähmt. Bis zum heutigen Tag hat er die deprimierenden Ereignisse nicht vergessen: »Ich war in Gasa. Ein ägyptischer Offizier kam zu meiner Einheit und ordnete an, ihm alle Waffen zu übergeben. Ich traute meinen Ohren kaum bei dem, was er da sagte. Wir wollten wissen, warum dies zu geschehen habe. Der Offizier sagte, es sei der Befehl der Arabischen Liga. Wir protestierten vergeblich. Der Offizier gab mir eine Empfangsbestätigung für mein Gewehr. Er sagte, ich würde es zurückbekommen, sobald der Krieg zu Ende sei. In diesem Moment wußte ich, daß uns die Ligastaaten verraten hatten. Ich war darüber sehr erschüttert.«

Die im ganzen Land versuchte und zum großen Teil auch geglückte Entwaffnung der einheimischen Freischärler entpuppt sich nur als ein Teil des betrügerischen Komplotts gegen die Araber Palästinas. Wie vielen neutralen Beobachtern fällt auch Arafat auf: »An einigen

Orten hätten die arabischen Streitkräfte ohne weiteres die jüdischen Stellungen einnehmen können. Sie brauchten nur loszumarschieren. Wenn unsere Leute die arabischen Kommandeure fragten, warum sie nicht vorrückten, erhielten sie stets die gleiche Antwort: ›Wir haben keine Befehle!‹ Es war ein schmutziges Geschäft. Vielleicht werden wir eines Tages die Zeit finden, die ganze Geschichte zu erzählen. Und wenn wir dies tun, dann wird die Weltöffentlichkeit schockiert und angewidert sein.«

Mehr aus Verzweiflung denn aus Siegeszuversicht beteiligt sich Arafat Anfang 1949 an den Kämpfen in und um Jerusalem. Als auch diese Gefechte beendet und verloren sind, reist er in den Libanon, um den dorthin geflohenen Hadsch Amin al-Husaini zu treffen. Von ihm erhofft sich Arafat eine wirksame Unterstützung für den Aufbau einer neuen Widerstandsgruppe in Palästina. Der langjährige Führer der Rebellion muß seinen jungen und kampfbereiten Verwandten enttäuschen. Husaini ist am Ende. Er verfügt weder über die Macht noch die Mittel und noch nicht einmal mehr über das notwendige Ansehen in Palästina oder sonstwo in der arabischen Welt. Arafat resigniert, kehrt nach Kairo zurück und beantragt bei der Botschaft der USA ein Visum, um an einer amerikanischen Universität zu studieren. Er will sich nur noch seiner eigenen Karriere widmen. Über ein halbes Jahr wartet er. Das Visum trifft nicht ein. So bleibt ihm nichts anderes übrig, als sich an der Universität in Kairo einzuschreiben.

Allmählich überwindet er seine Enttäuschung. Er entwickelt mehr Vertrauen in die Zukunft seiner Heimat, als er in die Verschwörerkreise der ägyptischen Armee gerät und von den revolutionär gesinnten Offizieren den Eindruck gewinnt, daß sie es ernst meinen mit der Befreiung der arabischen Welt und vor allem Palästinas. Arafat pflegt enge Kontakte zu vier wichtigen Mitgliedern des geheimen »Revolutionären Kommando-Rates«: Abdel Hakim Amer, der 1948 in Palästina kämpfte und 1953 zum Oberkommandierenden der ägyptischen Streitkräfte aufsteigen wird; Kemal Husain, ein Artillerie-Offizier, ehemaliges Mitglied der Muslimbruderschaft und nach 1954 Minister der Nasser-Regierung; Khaled Mohieddin und Anwar as-Sadat, der spätere Nachfolger Nassers als Präsident.

König Faruk ahnt, daß sich in der Armee etwas gegen ihn zusammenbraut und versucht, Stimmung gegen die noch immer am Sueskanal stationierten britischen Truppen zu machen, um von sich selbst abzulenken. In dieser Situation gestatten die ägyptischen Behörden Jasir Arafat, daß er auf dem Gelände der Universität paramilitärische Übungen mit palästinensischen Freiwilligen veranstalten darf. Es ist ein außergewöhnliches Privileg, das Arafat erst zwei Jahre nach der Revolution, 1954, wieder entzogen wird. Dennoch versteht er es, in diesen vier Jahren eine Kerntruppe für seine zukünftige Organisation aufzubauen.

Natürlich machen Arafats ausgezeichnete Beziehungen zu den Mächtigen in Staat und Militär einen großen Eindruck auf seine palästinensischen Kommilitonen. Aber diese guten Kontakte sind nicht ausschlaggebend dafür, daß er im Herbst 1952 mit großer Mehrheit zum Präsidenten der GUPS gewählt wird. Entscheidender ist: Seit sich der angehende Bauingenieur dazu entschlossen hat, für dieses Amt zu kandidieren, zeigt er einen unermüdlichen Einsatz für die Interessen und Sorgen der Studenten aus seiner Heimat. Der Studiengefährte Abu Adeeb erinnert sich: »Ich war einer von fünfzig Studenten, die von Gasa nach Kairo kamen, um dort zu studieren. Es war üblich, daß fünf oder sechs Studenten ein Appartement mieteten und teilten. Ich weiß noch heute, wie überrascht wir waren, als Arafat plötzlich auftauchte und uns ansprach. Er stellte sich vor und sagte: ›Ich bin da, um euch zu helfen. Was kann ich für euch tun?‹ Er hat dies mit jeder Gruppe getan, die nach Kairo kam.«

Nach seiner Wahl zum Präsidenten der GUPS kümmert sich Arafat sofort um das größte Problem aller palästinensischen Studenten: Geld für Studium und Unterhalt. Er überredet das Generalsekretariat der Arabischen Liga, als Zeichen der Solidarität alle Studiengebühren für die Palästinenser zu übernehmen. »Das war natürlich ein großer Sieg für Arafat«, erinnert sich Abu Adeeb, der sich bis zum heutigen Tag über die Beziehungen Arafats zu Vertretern der Arabischen Liga und des ägyptischen Staates wundert: »Arafat wußte immer, wie er mit den höchsten Stellen in Kontakt kam. Er konferierte regelmäßig mit Ministern, Premierministern und sogar Präsidenten und Majestäten.«

In den ersten Jahren nach der ägyptischen Revolution, als Staatspräsident General Nagib noch die Galionsfigur der neuen Republik ist, arrangiert Arafat einen offiziellen Empfang für eine Delegation palästinensischer Studenten beim Präsidenten. Er überreicht eine Petition, deren Text mit Blut geschrieben ist und in dem Schlußsatz gipfelt: »Vergeßt die Palästinenser nicht!« Die melodramatische Aktion stößt bei Präsident Nagib auf Wohlwollen und findet auch in der ägyptischen Presse große Resonanz. Abu Adeeb: »Wir waren alle sehr beeindruckt von Arafats Leistungen als Studentenführer. Aber nicht alle nahmen ihn so ernst, wenn er über eine unabhängige palästinensische Befreiungsbewegung sprach. Keiner von uns war gegen diese Idee, aber viele von uns glaubten nicht, daß es den Palästinensern gelingen könnte, ihre eigene Zukunft selbst zu bestimmen. Wir dachten, daß die Verschwörung der arabischen Staaten und der Großmächte gegen uns Palästinenser einfach zu übermächtig sei.«

Daß Arafat in jenen Tagen nicht mit allem, was er tut und sagt, die uneingeschränkte Bewunderung und Zustimmung findet, liegt auch daran, daß er noch nicht gelernt hat, sein Temperament zu zügeln. Bei Diskussionen ist er oft rechthaberisch, streitsüchtig, und nicht selten benutzt er seine Fäuste, um seinen Argumenten Geltung zu verschaffen. Ständig muß er unter Beweis stellen, was für ein harter Kerl und glühender Patriot er ist, ein Musterrebell ohne Furcht und Tadel. Es wird noch Jahre dauern, bis er diese napoleonesken Machtmenschallüren aufgibt und die Stärke der Sanftmut und der klugen Zurückhaltung entdeckt. Seine wachsende Virtuosität darin läßt ihn zum größten Überlebenskünstler des 20. Jahrhunderts werden.

Im Rückblick auf seine Jahre als Präsident der GUPS sieht Arafat seine bedeutendste Leistung darin, daß es ihm gelang, von den ägyptischen Behörden die Genehmigung zu erhalten, ein eigenes Magazin herauszugeben. Der Titel: *Die Stimme Palästinas*. Arafat zur Aufgabe des Blattes: »Für die Palästinenser war es klar, daß unser Magazin nicht für die Studentenorganisation gedacht war. Es hatte eine viel wichtigere Aufgabe. In *Die Stimme Palästinas* konnte ich mich direkt an jene palästinensischen Brüder richten, die geheime Zellen in anderen Ländern organisierten. Sie wurde in vielen Orten verteilt: in Gasa, Jordanien, Syrien, im Irak, im Libanon und so weiter. So gelang es uns erstmals, mit jenen Kontakt aufzunehmen, die sich im Untergrund organisierten.«

Ein solcher Untergrundkämpfer ist Khalil Wasir in Gasa. Am 10. Oktober 1935 als Sohn eines kleinen Ladenbesitzers in Ramla geboren, 1948 mit seiner Familie vertrieben, hat sich seine Entschlossenheit zur Vergeltung in den elenden Flüchtlingslagern von Gasa so stark entwickelt, daß er als Achtzehnjähriger eine Gruppe jugendlicher Widerstandskämpfer anführt. Sie gehören alle der Muslimbruderschaft an und werden von einem Gesinnungsgenossen, einem Major der ägyptischen Armee, im geheimen trainiert und mit Waffen und Sprengstoffen versorgt, die aus Militärdepots gestohlen wurden. Wasir, der später unter dem Decknamen Abu Dschihad zu einem der wichtigsten Männer der Fatah werden sollte, muß seine Privatmiliz vor den ägyptischen Behörden gut tarnen, da für die Palästinenser in Gasa jede Unternehmung gegen die Israelis streng verboten ist und scharf bestraft wird: »Wir mußten die gleichen Tricks wie die Generation unserer Väter gegen die Briten anwenden. Ich gab vor, einen Sportclub zu organisieren. Um meine Jungs fit zu kriegen, ließ ich sie immer von Gasa bis nach Deir El-Balah laufen, eine Strecke von etwa zwanzig Kilometer. Unser wirkliches Geheimtraining mit Minen und Sprengstoffen absolvierten wir in den verwilderten Palmenhainen nahe Gasa.« Bald wird aus dem abenteuerlichen Spiel blutiger Ernst: »Wir brachten Minen auf Straßen und Schienenwegen an, die von israelischen Patrouillen benutzt wurden.« Das Ziel dieser Aktionen ist es, die Israelis zu immer umfangreicheren und heftigeren Vergeltungsmaßnahmen zu provozieren, die ihrerseits bei den arabischen Staaten zu einer stärkeren Aufrüstung und irgendwann zu einem neuerlichen Waffengang führen.

Den langfristigen politisch-strategischen Überlegungen von Khalil Wasir wird Anfang 1954 ein abruptes Ende bereitet. In Ägypten ist ein mehr oder weniger offener Machtkampf zwischen der Muslimbruderschaft und Gamal Abdel Nasser ausgebrochen. Nassers Gefolgsleute in Staatsverwaltung und Militär gehen verschärft gegen die illegalen Machenschaften der Muslimbruderschaft vor. Ihr Opfer wird unter anderem Khalil Wasir, der als Führer seiner geheimen palästinensischen Muslimbruderschaft-Miliz verhaftet wird. Als Arafat in Kairo davon erfährt, mobilisiert er seine Vertrauensleute in der obersten ägyptischen Militärführung, so daß Wasir nach wenigen Wochen wieder auf freien Fuß gesetzt wird. Arafat trifft sich mit ihm in Gasa und Kairo. Da sie in ihren politischen Ansichten weitgehend übereinstimmen, schmieden sie alsbald Pläne für den Aufbau einer gemeinsamen Kampforganisation zur Befreiung Palästinas.

Bevor sie zur Tat schreiten können, eskaliert der innerägyptische Machtkampf. Am 27. Oktober 1954 fallen auf dem Mohammed-Ali-Platz in Alexandria Schüsse, die eine entscheidende Wendung der innenpolitischen Verhältnisse herbeiführen. Bei einer Großkundgebung aus

Anlaß der Räumung der Sueskanalzone durch die Briten feuert ein Attentäter auf Nasser mehrere Schüsse ab, die den Ministerpräsidenten nicht verletzen. Der sofort festgenommene Schütze heißt Abd al-Latif. Er erklärt, daß er im Auftrag der Muslimbruderschaft gehandelt habe. Daraufhin werden in ganz Ägypten sofort sämtliche Führer und einige tausend Mitglieder – unter ihnen auch Arafat – verhaftet, verhört und gefoltert.

Kaum ein Monat nach dem Attentatsversuch, am 29. November 1954, verurteilt ein Volksgerichtshof sieben am Komplott beteiligte leitende Muslimbrüder zum Tod durch den Strang. Zu ihnen gehören neben dem Attentäter Abd al-Latif der oberste Führer der Bruderschaft, Hasan al-Hodeibi, sowie der Chef ihrer Terrororganisation, Jussef Talaat. Nur das Todesurteil gegen Hasan al-Hodeibi wird später in lebenslange Haft umgewandelt. Talaat sagt während der Gerichtsverhandlung aus, daß Nagib in die Attentatspläne eingeweiht gewesen sei. Nasser läßt darauf den Staatspräsidenten verhaften und in einer geräumigen Luxusvilla unweit von Kairo unter Hausarrest stellen. Die Muslimbruderschaft ist beim Griff nach der Macht am Nil gescheitert und an den Rand gedrängt. In den nächsten fünfzehn Jahren bestimmt Nasser alleine den politischen Kurs Ägyptens. Und nicht nur das: Der Nasserismus wird zur einflußreichsten politischen Ideologie in der gesamten arabischen Welt.

Arafat bleibt mehrere Wochen in Haft. Er wird verhört und gefoltert: »Ich sagte ihnen, daß ich kein Mitglied der Muslimbruderschaft sei, und ich war es tatsächlich niemals. Einige von denen, die mich folterten, wußten, daß ich die Wahrheit sprach – aber sie wollten etwas anderes. Sie wollten von mir alle Informationen haben, die ich über die Muslimbrüder besaß – Namen, Orte, wo ich mich mit ihnen traf, und dergleichen mehr. Aber es gelang ihnen nicht, mich zu brechen.« Immer wieder fordert Arafat seine Quäler auf: »Wenn ihr wirklich die Wahrheit erfahren wollt, wenn ihr wirklich wissen wollt, ob ich ein Mitglied der Muslimbruderschaft bin oder nicht, dann geht und fragt Abdel Hakim Amer, geht und fragt Kemal Husain.«

Diese beiden engen Freunde und Offizierskollegen von Nasser sind nicht nur selbst Mitglieder der Muslimbruderschaft gewesen. Sie gehören zudem zu den mächtigsten Förderern von Arafat. »Am Ende war es Kemal Husain persönlich«, erinnert sich Arafat, »der direkt zum Gefängnis kam und mich herausholte.« Von da an weiß Arafat, daß die Tage seines Aufenthalts in Ägypten gezählt sind und er sich nach einem anderen Land umsehen muß, in dem er mit politischen Gesinnungsfreunden eine palästinensische Widerstandsorganisation aufbauen kann. Nasser will in Zukunft die Palästinapolitik seines Landes selbst bestimmen und die absolute Kontrolle über die Palästinensergruppen in Ägypten ausüben. Extratouren und Geheimbünde werden nicht mehr geduldet. Oberstes politisches Ziel ist die Befreiung und Wiedervereinigung aller arabischen Staaten. Und erst wenn dies erreicht ist, soll der endgültige Kampf gegen Israel ausgetragen werden.

Auch Arafat wird nach seiner Freilassung von den ägyptischen Behörden an die Kandare genommen. Seine paramilitärischen Übungen mit palästinensischen Studenten auf dem Campus der Universität sind untersagt worden. Während der Semesterferien muß Arafat als Leutnant der Reserve bei den Minenräumkommandos der Armee in der Kanalzone dienen. Im Juli 1956 schließt er sein Studium an der Universität von Kairo erfolgreich ab. Da er nun nicht mehr Präsident der GUPS sein kann, ruft Arafat flugs eine Union Palästinensischer Graduierter ins Leben und läßt sich zu deren Vorsitzenden küren. In dieser Funktion reist er im August 1956 zum Vierten Internationalen Studentenkongreß in Prag. Von seinen Freunden in der obersten Militärführung hat er den Tip bekommen, daß Nasser eine neue Verhaftungswelle gegen Muslimbrüder und andere der Opposition verdächtige Personen plane.

In Prag wird Arafat wie viele Teilnehmer des Kongresses Opfer einer Massenepidemie, die die Krankenhäuser der Stadt mit Patienten füllt. Sie leiden allesamt an einer fiebrig-eitrigen Mandelentzündung. Arafats Bettnachbar ist der bundesdeutsche Lyriker und politische Schriftsteller Peter Rühmkorf. Er hat in seinen Erinnerungen – *Die Jahre, die ihr kennt* – die verwirrend-dramatische Begegnung mit Arafat festgehalten: »Teilte ein Krankenzimmer im Zentralhospital mit 2 Indern, 2 Algeriern, 1 Venezolaner, 1 Madegassen, 1 Kubaner, fast der halben Dritten Welt, u. a. auch einem Palästinenser, ›Mister Palestine‹ genannt. Dieser war mein direkter Bettnachbar zur Linken und litt offensichtlich heftiger als wir anderen an Kopfschmerz und Schluckbeschwerden, auf jeden Fall aber ausdrucksvoller und mit Abstand am farbigsten. Dabei setzte er seine Affektationen auf eine mir sehr sonderbar erscheinende Weise politisch ein. Oder vielmehr, es überlagerten sich die individuellen und die generell gesellschaftlichen Leiden so, daß die privaten Klagelaute unvermittelt in höhere Wehgesänge übergingen und sich das bittere Los eines ganzen Volkes in dieser seiner aktuellen Krankheit zu vergegenwärtigen schien [...] Mit einsetzender Genesung erreichte unsere Debatte dann einen kritischen Grad. ›Palestines‹ furor arabicus kannte keine Grenzen mehr, mit ausladenden Gesten begann er, die Juden (das war ich) in ein imaginäres Meer zu treiben (das war rechts von meinem Bett), wobei er meine Zudecke unversehens zur Landkarte zerknautschte mit bereits eingenommenen Städten hier, noch zu nehmenden Höhenzügen dort und meiner Nachtjacke als zentralem Verteidigungsnest im besonderen. Da ich allmählich befürchten mußte, das Opfer eines magischen Jagdzaubers zu werden, packte ich den Aufgebrachten schließlich bei den Handgelenken und warf ihn mit einigen Ringergriffen meiner Jugend auf den Boden, nun meinerseits nicht mehr bereit, ihn ohne gewisse Kompromißvorstellungen aus der Klammer zu entlassen [...] Jetzt, wo ich bei Durchsicht meiner Memo-Mappen noch einmal den Prag-Hefter öffne, stoße ich auf die wirkliche Überraschung, die handgeschriebene Dedikation: ›Mein herzlicher Gruß begleite meinen westdeutschen Freund‹ – Jassir Arafat. [Unterschrift: Mr. Palestine – 17 Taalat Harb. Str. Cairo, Egypt]«

Nach Kairo kehrt Arafat nicht mehr zurück. In Ägypten läuft bereits die von seinen Militärfreunden angekündigte Verhaftungswelle gegen die Mitglieder der Muslimbruderschaft und anderer oppositioneller Gruppen. Arafat reist nach Stuttgart, wo er neun Monate lang in der relativ großen palästinensischen Studentengemeinde untertaucht. In der schwäbischen Metropole entsteht während dieser Zeit in Diskussionen und Strategie-Absprachen die Kerntruppe einer palästinensischen Widerstandsorganisation, die neben Arafat aus noch drei weiteren Studenten besteht: Zuheir al-Alami, ein Neffe des prominenten Palästinensers Musa al-Alami und ehemaliges Mitglied im Exekutivkomitee der GUPS in Kairo; Khalid al-Hassan, Student in Stuttgart, mit guten Kontakten zur algerischen Befreiungsbewegung FLN; sowie sein Bruder Hani al-Hassan, Führer der palästinensischen Studenten in der Bundesrepublik.

Das Quartett rechnet zunächst mit keiner finanziellen oder sonstigen Unterstützung eines arabischen Staates. Sie wollen in den kommenden Jahren so viel Geld in bürgerlichen Berufen machen, daß es zur ökonomischen Grundlage für eine organisierte Kampftruppe reicht. Am 16. Mai 1957 verläßt Arafat Stuttgart, um nach einem kurzen und riskanten Besuch bei seiner Familie in Gasa nach Kuwait zu reisen. Mit einem Klempnerunternehmen will er am Bauboom des Golfstaats teilhaben. Es trägt den sinnigen Namen »Baufirma Freies Palästina«.

Doch der palästinensische Widerstand ist in den nächsten Jahren nicht besonders stark. Das hat nichts mit Arafats Entschluß zu tun, in Kuwait sein Glück zu machen. Zu unbedeutend sind seine Pläne für eine Organisation, die ernsthaft eine Bedrohung für Israel oder eine Ermutigung für die arabischen Brüder darstellen könnte. Auch andere Widerstandszirkel der Palästinenser geraten Ende der fünfziger Jahre in eine lähmende Krise. Zu isoliert leben die in viele arabische Länder zerstreuten Flüchtlinge und auch jene, die unter israelische Besatzung geraten sind, als daß sich eine wirkungsvolle Koordination herstellen ließe.

Die palästinensischen Studenten und Graduierten der Amerikanischen Universität von Beirut, die sich seit Anfang der fünfziger Jahre in einem losen Verbund politischer Zirkel unter der Führung von George Habbasch zu der Arab National Movement (ANM) formiert haben, gehen am Ende des Jahrzehnts in diversen politischen Splittergruppen auf oder machen Karriere. Bei ihnen handelt es sich zumeist um Angehörige der palästinensischen oder syrischen Oberschicht. Die Bandbreite ihrer politischen Ansichten reicht vom neofaschistischen Nationalismus bis zum ideal-kommunistischen Internationalismus, ihre Kommunikation vom rüden Maulheldentum in paramilitärischen Sportclubs bis zu feinsinnigen Diskursen in den gepflegten Villen der Salonbolschewisten. Selbst dem charismatischen und scharfsinnigen Habbasch gelingt es bis Mitte der sechziger Jahre nicht, die ANM aus einem unverbindlichen panarabischen Debattierclub in eine effektive Organisation zur Befreiung Palästinas umzuwandeln.

Natürlich werden auch während dieser sieben mageren Jahre des palästinensischen Widerstands regelmäßig in allen arabischen Bruderstaaten prachtvolle verbale Feuerwerke bei allerlei Solidaritätskundgebungen gezündet. Aber dabei bleibt es denn auch. Zu tief sitzt der Schock des militärischen Versagens, zu nachhaltig wirkt die deprimierende Erkenntnis, daß das kleine Israel ein übermächtiger Gegner ist. Arabiens Führer und Funktionäre, seine Monarchen und Minister verkünden lieber weitgesteckte panarabische Ziele und strahlende Utopien. Das Palästinaproblem wird als eine Aufgabe abgetan, die sich innerhalb weniger Jahre nach der Befreiung und Wiedervereinigung aller Araber von selbst löst.

Die Wirklichkeit des politischen, gesellschaftlichen

und wirtschaftlichen Alltags in den einzelnen Staaten ist indes mehr denn je von einer panarabischen Gemeinschaft entfernt. In rasanter und oft auch sehr blutiger Abfolge wechseln sich im Libanon, in Syrien und im Irak Regierungen, Diktaturen und vermeintlich staatstragende Ideologien ab. Politische Verfolgungen und Folter, Morde und Massaker sind an der Tagesordnung. In Jordanien, wo sich König Husain mancherlei Anfeindungen von außen und Putschversuchen im Innern erwehren muß, zeigt sich zumindest eine erfreuliche wirtschaftliche Entwicklung. Das liegt nicht nur daran, daß das Königreich von allen Staaten der Welt mit nahezu siebzig Dollar pro Kopf der Bevölkerung die höchste jährliche Auslandshilfe erhält. Die von 1958 bis 1965 durchschnittliche Wachstumsrate des Bruttosozialprodukts von acht Prozent ist auch ein Zeichen dafür, daß mit dieser hauptsächlich aus den USA stammenden großzügigen Hilfe ein außergewöhnlicher ökonomischer Tatendrang einhergeht.

Die treibende Kraft hinter dieser dynamischen wirtschaftlichen Entwicklung bilden zweifellos die Palästinenser. Zwar sind rund 100000 von ihnen als politisches Faustpfand in Flüchtlingslagern isoliert. Aber jene, die in Handel und Landwirtschaft auf dem Westufer des Jordan leben und arbeiten, sowie jene, die außerhalb der Lager zumeist in der Hauptstadt Zuflucht und Beschäftigung gefunden haben, bringen die Wirtschaft des Landes in Schwung. Die Palästinenser machen etwa zwei Drittel der Gesamtbevölkerung aus, und die überwiegende Mehrheit von ihnen ist bereit, Untertanen des Königreiches zu werden. Mächtige und reiche Familienclans wie die Naschaschibis oder die Tukans haben sich mit König Husain arrangiert und gehen nunmehr als Jordanier ihren vielfältigen und weltumspannenden Geschäften nach. Auch die Schomans fühlen sich unter dem haschimidischen Monarchen gut aufgehoben und zu tüchtiger geschäftlicher Expansion ermuntert. Die Arab Bank floriert.

In den Jahren von 1955 bis 1965 steigt die Bilanzsumme des Geldinstituts auf knapp das Doppelte: von

53 Millionen auf 103 Millionen Jordan-Dinare. Die Anzahl der Teilhaber wächst von 220 auf 770. Ab 1960 erhält jeder von ihnen eine stattliche Dividende von vierzehn Prozent. Vom Persischen Golf bis an den Atlantik werden innerhalb dieses Jahrzehnts 24 neue Zweigstellen der Bank eröffnet. Ganz besonders stolz ist Abdulhamid Schoman auf die Gründung der Arab Bank Overseas Ltd. 1961 in Zürich. Zum erstenmal hat seine Bank auf einem der wichtigsten Finanzmärkte der Welt Fuß gefaßt. Nichts mehr scheint die Expansion seines Unternehmens stoppen zu können.

Doch noch im selben Jahr, als die Arab Bank ihre Schweizer Niederlassung einrichtet, beginnen ernste Rückschläge das dynamische Wachstum zu bremsen. Der inzwischen einundsiebzigjährige Schoman wird dabei zum Opfer seiner politischen Sympathien. Die revolutionären Regime in Ägypten, Syrien und drei Jahre später auch im Irak verstaatlichen neunzehn seiner Filialen. Mit viel Engagement versucht Schoman Nasser und die anderen Führer des sozialistischen Kurses in persönlichen Gesprächen davon zu überzeugen, daß deren Enteignungspolitik nur sinnvoll ist, wenn es sich um nichtarabische Firmen handelt. Eine Verstaatlichung der Arab-Bank-Filialen bedeute eine leichtsinnige Zerstörung einer fast einzigartigen gesamtarabischen Infrastruktur für den Geldverkehr. Schoman muß resignierend zur Kenntnis nehmen: Es geht in diesen von revolutionärem Überschwang geprägten Zeiten nicht um die besten Argumente, sondern um die brillantesten Formulierungen. Gesten statt Geist, List statt Klugheit sind die Leitlinien der neuen revolutionären arabischen Nationalisten.

In keiner anderen arabischen Führerpersönlichkeit dieser Zeit ist diese ganz auf den Effekt berechnete, intrigenreiche Politik besser verkörpert als in Gamal Abdel Nasser. Als Demagoge und zugleich mißtrauischer Diktator ist der ägyptische Präsident unübertroffen. Ganz Arabien gerät in den Bann dieses »Mannes der Vorsehung«, der über so einzigartige Talente verfügt, vernichtende militärische Niederlagen in politische Triumphe umzuwandeln oder Kommunisten im eigenen Machtbereich erbarmungslos verfolgen zu lassen und gleichzeitig Millionenkredite und umfangreiche Waffenlieferungen von der Sowjetunion zu fordern und auch noch zu erhalten.

Nasser verspricht den Ägyptern, am Nil einen Sozialismus ganz eigener Prägung zu verwirklichen: »Sozialismus bedeutet für mich die Beendigung jeglicher Ausbeutung. Wir wollen nicht die Diktatur einer Klasse, des Proletariats zum Beispiel – sie löst nur die Diktatur des Kapitalismus und der feudalen Klasse ab. Mit der Diktatur einer Klasse haben wir Schluß gemacht. Wir suchen die Demokratie des ganzen Volkes.« Während seiner Herrschaft kann Nasser nicht eines dieser Ziele verwirklichen. Er ist nicht in der Lage, eine Bodenreform zugunsten der seit Jahrtausenden ausgebeuteten Fellachen durchzuführen. Nach korrupten Höflingen und habgierigen Paschas nutzen nun Offiziere der Armee ihre Machtfülle, um Bakschisch und äußerst einträgliche Privilegien zu erhalten. Und daß aus den Ägyptern kein allzu demokratisches Volk wird, dafür sorgt der allgegenwärtige Geheimdienst mit kaum kaschierter Brutalität.

Ebenso widersprüchlich in Wort und Tat, Absicht und Wirkung entwickelt sich Nassers Politik, mit der er als selbsternannter Führer aller Araber den Traum von der Einheit zu erfüllen und ein panarabisches Reich unter ägyptischer Führung zu schaffen verspricht. Diese Politik bringt neue Probleme, anstatt die alten zu beseitigen – für Ägypten und den gesamten nahöstlichen Raum. Die kurze, turbulente und sehr aufschlußreiche Geschichte der Vereinten Arabischen Republik wird zum Symbol des scheiternden Nasser. Er, der sich in vielen Reden zum »Mann der Vorsehung« stilisiert, ist den tatsächlichen historischen Chancen und Forderungen nicht gewachsen.

Ende 1957 befindet sich Syrien am Rande des Bürgerkriegs. Außenpolitisch ist das Land völlig isoliert. Im Innern stehen sich die verschiedenen Cliquen in einem erbitterten Kampf um die Macht gegenüber. Staatsverwaltung und Regierung sind lahmgelegt. In den Basaren kursieren die wildesten Gerüchte. Die einen wissen von einem alsbaldigen Einmarsch der Israelis zu berichten, andere versichern, daß ein gemeinsamer Angriff von türkischen und irakischen Armeen bevorstehe, wieder andere schließlich sind davon überzeugt, daß eine Landung von US-Truppen stattfinden werde. Für die größte Unruhe sorgt eine Nachricht, nach der ein großer Teil der von der Sowjetunion gelieferten Waffen nicht bei der Armee, sondern bei der Kommunistischen Partei gelandet sei.

In der Nacht zum 31. Dezember berichten Generalstabschef Afif Bizri und Geheimdienstchef Abdel Hamid Sarradsch ihrem Staatspräsidenten Schukri al-Kuwwatli, daß nach Informationen des Nachrichtendienstes ein kommunistischer Putsch unmittelbar bevorstehe. Die beiden Offiziere sehen nur einen Ausweg: Kuwwatli soll mit sämtlichen Mitgliedern der Regierung nach Ägypten fliegen und mit Nasser eine Staatenfusion vereinbaren. Am Vormittag des 2. Januar 1958 treffen sich beide Regierungen zu Verhandlungen in Kairo. Bereits am nächsten Tag beschließen sie die Vereinigte Arabische Republik (VAR), mit Syrien als nördlicher und Ägypten als südlicher Provinz. Es soll eine gemeinsame Regierung, ein gemeinsames Parlament und eine gemeinsame Armee geben. Am 1. Februar wird dieser Entschluß bekanntgegeben. Zwanzig Tage danach billigen Volksabstimmungen in Ägypten und Syrien den Zusammenschluß und bestimmen Gamal Abdel Nasser zum Präsidenten des neuen Einheitsstaates.

Als keine sechs Monate später Abdul Kerim Kasim am 14. Juli 1958 mit einem blutigen Staatsstreich die Monarchie im Irak beseitigt und die Republik ausruft, scheint die Fusion mit der VAR nur noch eine Frage von Monaten. Aber die panarabische Begeisterung ist nur von kurzer Dauer. Sehr bald fühlen sich die Syrer von ihrem übermächtigen Partner im Süden mißbraucht. Die politische Arroganz Nassers läßt die Iraker sehr schnell auf Distanz zur VAR gehen. Kaum drei Jahre nach dem ersten Schritt zur Bildung eines arabischen Großreiches, am 28. September 1961, löst Syrien die Vereinigung mit Ägypten auf. Nassers Traum ist ausgeträumt.

Der »Mann der Vorsehung« glaubt nicht mehr an die Bereitschaft zur Wiedervereinigung bei den politischen Führern Arabiens. Ohne große Erwartungen nimmt er am 14. März 1962 an einem Treffen von hochrangigen Regierungsvertretern aus Syrien, dem Irak und Ägypten teil. Da dieser Versuch einer Versöhnung in der Hauptstadt am Nil stattfindet, läßt Nasser alle Sitzungsgespräche insgeheim auf Band aufnehmen. Auszüge verraten deutlich, wie es um die arabische Einheit und die alltägliche Regierungspraxis in Damaskus, Bagdad und Kairo bestellt ist.

Nihad al-Kassem, stellvertretender Ministerpräsident Syriens: »Allah sei Dank dafür, daß wir hier sind. Ich habe Ihnen schon gesagt, Herr Präsident, nach meiner Meinung liegt der Heroismus eines Staatschefs darin, daß er Niederlagen in Siege verwandeln kann. Wir wollen Ihnen den Sinn unserer Revolution mitteilen: Wir sind für die arabische Einheit, und wir sind für den Fortschritt. Mit uns sitzen hier die Vertreter der irakischen Revolution. In dieser historischen Begegnung treffen sich die Führer der drei Revolutionen. Wir vertrauen darauf, daß Kairo unserem Wunsch nach Einheit nachkommt. Wir wollen hier über die Grundlagen einer organisatorischen Vereinigung unserer drei Republiken sprechen. Die neue Verbindung soll auf starken und wohldurchdachten Fundamenten stehen.«

Nasser: »Auch ich freue mich sehr. Es ist tatsächlich unsere Aufgabe, für die arabische Einheit zu arbeiten. Die Union zwischen Ägypten, Syrien und dem Irak ist der Gipfel unserer Wünsche – aber vielleicht ist die Zeit noch nicht reif für die Verwirklichung. Wir sind überzeugte Kämpfer für die Einheit, aber wir alle wissen doch heute, wie schwer es ist, die Einheit zu realisieren. Wir leiden unter diesem Komplex, uns zusammenschließen zu wollen. Ich habe keinen traurigeren Tag erlebt als den, an dem unsere Union mit Syrien zerbrochen ist [...] Ich erinnere mich noch gut an die Schlagworte: Union, ja – aber ohne Nasser! Wenn die arabische Nation die Einheit ohne mich will, bitte, für dieses Problem können wir eine Lösung finden. Es liegt nun bei unseren syrischen Brüdern, sich auszusprechen über die Fehler, die gemacht wurden. Jeder sollte mit aller Offenheit reden.«

Abdel Kerim Zuhur, Wirtschaftsminister Syriens: »Ägypten ist ein stabiler Staat, das Volk hängt an der Staatsführung. Hier gibt es einen funktionierenden Verwaltungsapparat. Wir in Syrien sind nicht so gut dran. Deshalb war es damals nötig, daß wir die ägyptische Verwaltung auf unser Land übertragen haben. Doch dabei blieben die Mentalität und die Eigenheit des syrischen Volkes unbeachtet. Wir hatten auch immer das Gefühl, daß die Ägypter lieber über ihre eigenen Agenten in Syrien regieren als über uns Revolutionäre. Ich bezweifle ja gar nicht, daß ein Staat mit Agenten arbeiten muß, mit Geheimdiensten, mit Nachrichtendiensten – aber im Fall der Union sollten sich doch die beiden Volksteile besser verstehen.«

Nasser: »Dazu möchte ich gleich etwas sagen! Wenn uns einer anklagt, mit Agenten zu regieren, wenn uns einer vorwirft, wir seien ein Polizeistaat, dann teilt derjenige die Meinung der Imperialisten, der Zionisten, der Reaktion [...] Bitte sagen Sie mir den Namen eines einzigen unserer Agenten in Syrien. Ich verlange das! Sagen Sie mir einen Namen!«

Ali Saleh al-Saadi, stellvertretender Ministerpräsident des Irak: »Darf ich antworten?«

Nasser: »Bitte!«

Saadi: »Sie können, Exzellenz, nicht überall Ihre Augen haben, und vieles hat man sicher vor Ihnen versteckt. Ich habe meine eigenen Erfahrungen mit Agenten gemacht. Es ist doch so: Jeder Mensch hat seinen Preis. Bei uns in Bagdad hat sich die wirtschaftliche Lage eines gewissen Hakki Ismail Hakki gewaltig verbessert, nachdem wir ihn aus der Baath-Partei hinausgeworfen hatten. Er hat sich dann an Geheimdienste verdingt, die unsere Partei bekämpfen.«

Nasser: »Aber das Geld kann unmöglich von uns gekommen sein!«

Saadi: »Genau das war leider der Fall! Er hat es hier in Ägypten bekommen, zusammen mit den Flugblättern, die er bei uns verteilt hat. Die Flugblätter waren in ägyptischen Druckereien hergestellt worden.«

Nasser: »Wie soll dieser Mensch heißen?«

Saadi: »Hakki Ismail Hakki. Und da gibt es noch einen Fuad al-Rikkabi, der lebt als Emigrant hier in Kairo. Rikkabi hat Briefe mit Anweisungen an Hakki geschrieben. Befehle Ihres Geheimdienstes. Das in Kairo gedruckte Material greift auf gemeine Weise die Baath-Partei an. Sicher haben Sie, Exzellenz, keine Ahnung von diesen Dingen.«

Nasser: »Ich halte diese Geheimdiensttätigkeiten für ganz legal [...]«

Zuhur: »Für ganz legal?«

Nasser: »Für sehr legal sogar! Unser Geheimdienst in Ägypten arbeitet auf wissenschaftlicher Basis. Wir arbeiten nicht mit Portiers und Hausmeistern zusammen. Wir haben Geheimdienste und Nachrichtendienste – aber niemand merkt etwas davon. Die Methode, die ihr in Syrien anwendet, stammt aus der Zeit von Schischakli, sie ist vielleicht sogar noch älter. Ihr arbeitet noch mit der naiven Methode. Unser Geheimdienst ist technisch auf der Höhe! Deshalb weiß ich auch, daß heute nur siebzig Prozent unserer Bevölkerung eine Union mit Syrien haben wollen. Damals haben wir uns in die Begeisterung der Araber hineintreiben lassen – damals waren sie ja auch alle dafür! Wenn wir jetzt einen Staat gründen, und der zerbricht wieder, dann ist das Konzept der Einigung für immer kaputt!«

Intrigen, Eitelkeiten, Aversionen und nichtssagendes Pathos bestimmen noch lange die Versöhnungssitzung der hochrangigen Regierungsdelegationen. Einen Monat später, am 17. April 1962, tun die Vertreter von Ägypten, Syrien und Irak trotzdem so, als ob sie sich einig wären, und unterzeichnen ein Abkommen. Darin bekunden sie die Absicht, in Zukunft eine Föderation zu bilden. Die Vereinbarung wird nie in die Tat umgesetzt. In Syrien und im Irak dauert es noch Jahre, bis die blutigen Machtkämpfe zwischen den verfeindeten Fraktionen der Baath-Partei, den Kommunisten und den Nasseristen, ausgefochten sind. Ägypten nennt sich weiterhin Vereinigte Arabische Republik, und Staatspräsident Nasser sucht derweilen eine neue Aufgabe, um seine historische Mission als »Mann der Vorsehung« zu erfüllen.

In diesen Jahren ändert sich Nassers Beurteilung der Palästinafrage. Bereits nach dem Scheitern der Staatenfusion mit Syrien war Nasser klargeworden, daß seine alte Devise, nach der die Befreiung Palästinas erst nach der revolutionären Befreiung und Wiedervereinigung aller Araber zustande kommen könne, nicht mehr aufrechtzuhalten war. Während man in den Basaren spottet, daß der Staatspräsident alles über die Freundinnen Mosche Dajans wisse, aber keine Ahnung habe, wie viele Soldaten und Panzer unter seinem Kommando stünden, weiß Nasser immerhin, daß die arabischen Armeen gegen Israel keine Chancen haben, daß er sich daher in der Palästinapolitik nicht so sehr exponieren darf, daß er einen Vergeltungsschlag der Israelis provoziert.

Andererseits erhält Nasser mehrmals von US-Außenminister Dean Rusk Hinweise, wie es vielleicht zu bewerkstelligen sei, den Palästinensern eine Vertretung zu schaffen, die am straffen Zügel der arabischen Bruderstaaten an einer möglichen Friedenskonferenz für den Nahen Osten teilnehmen könnte. Rusk weiß von Nassers Vorliebe für Geheimdienstmaterial und versorgt ihn mit CIA-Informationen, nach denen eine Gruppe radikaler Palästinenser dank der Hilfe des algerischen Präsidenten Achmed Ben Bella mit der Volksrepublik China, Nordkorea und dem Vietkong Kontakt aufgenommen und von einigen dieser Staaten bereits Waffen erhalten habe. Dies sei weder im Sinne der USA, noch dürfte es im Interesse der VAR liegen.

Nasser besitzt bereits einige Dossiers seines Nachrichtendienstes über diese Gruppe. Vier Namen tauchen in ihnen immer wieder auf: Khaled al-Hassan, Khalil Wasir, Faruk Kaddumi und Jasir Arafat. Da sie hauptsächlich von Kuwait aus operieren, gibt es keine Möglichkeit, ihrer habhaft zu werden. In Kairo residiert hingegen ein Palästinenser, der sich bereits als Anhänger Nassers hervorgetan hat und bemerkenswerte rhetorische und organisatorische Fähigkeiten besitzt: Achmed Schukairi. Der Anwalt, Exdiplomat und Aufsichtsrat der Arab Bank ist von Nasser ausersehen, eine palästinensische Befreiungsorganisation auf die Beine zu stellen. Achmed Schukairi ist sofort einverstanden.

Er macht sich allerdings keine Illusionen darüber, welche Rolle ihm dabei zugedacht ist. Als er sich Jahre später schwere Vorwürfe von dem Fatahmitglied Hani al-Hassan anhören muß, antwortet er: »Schau, mein Sohn, du bist noch ein junger Mann. Aber du mußt trotzdem klug sein. Wenn du etwas für unser Volk tun willst, dann mußt du die PLO benutzen. Es ist wahr, daß die Araber sie geschaffen haben, weil sie Dean Rusk darum gebeten hat. Aber sie ist alles, was wir haben.« Und gegenüber Hani Hassans Bruder Khaled prahlt Schukairi mit obszöner Deutlichkeit, daß es auch darum gegangen sei, die radikalen Gruppen zu stoppen und zu isolieren: »Ich wurde ins Spiel gebracht, um euch zu ficken.«

Auf Nassers Betreiben wird Schukairi im September 1963 bei einer Sitzung der Arabischen Liga zum offiziellen Vertreter Palästinas ernannt und mit der Aufgabe betraut, einen palästinensischen Nationalrat zu organisieren. Auf seiner Versammlung soll als Exekutive eine Art Exilregierung gewählt werden: die Organisation zur Befreiung Palästinas, international nach den Anfangsbuchstaben der englischen Bezeichnung kurz PLO genannt. In den kommenden Monaten reist Schukairi durch die arabischen Staaten, um Palästinenser auszuwählen, die als Abgeordnete bestimmte gesellschaftliche Gruppierungen repräsentieren. Er stellt indes eine Versammlung zusammen, deren 422 Mitglieder hauptsächlich aus den traditionell einflußreichen Familien kommen: Priester, Apotheker, Professoren, Anwälte, Ärzte, Ingenieure, Geschäftsleute, Banker und Industrielle bilden eine solide konservative Mehrheit.

Für König Husain von Jordanien steht fest, daß diese Bestrebungen eine ernste Gefahr für die Einheit seines Staates bilden. Aber er kann nicht verhindern, daß der Gründungskongreß des Palästinensischen Nationalrates im Mai und im Juni 1964 in Ost-Jerusalem stattfindet. Unter Schukairis wortgewaltiger Leitung beraten und beschließen die Delegierten

- eine nationale Charta, in der unter anderem festgehalten wird, daß »das arabische palästinensische Volk ein legales Anrecht auf sein Heimatland hat sowie das Recht, nach der Befreiung seines Landes sein Schicksal selbst zu bestimmen«;
- die Einsetzung eines fünfzehn Mann starken Exekutivkomitees mit Achmed Schukairi an der Spitze;
- den Aufbau einer Nationalen Palästinensischen Befreiungsarmee, deren Einheiten in mehreren arabischen Ländern unter palästinensischem Kommando (was stets nur eine Absichtserklärung bleiben wird) stationiert werden;
- die Einrichtung eines Palästinensischen Nationalfonds (PNF), der Beiträge und Spenden von Palästinensern und arabischen Freunden eintreiben und verwalten soll.

Zum Vorsitzenden des PNF wird Abdulmadschid Schoman gewählt: Der mittlerweile fünfzigjährige Sohn Abdulhamid Schomans ist Generalmanager der Arab Bank. Innerhalb einer Generation gehören die Nachkommen eines Schafhändlers und Steinbruchbesitzers aus Beit Hanina zu den bedeutendsten und einflußreichsten Persönlichkeiten ihres Volkes. Und sie leisten ihm in den kommenden Jahrzehnten ausgezeichnete Dienste: Die Palästinenser mögen ein vertriebenes, entrechtetes und unterdrücktes Volk sein, aber ihre Widerstandsbewegung wird nicht zuletzt dank der tatkräftigen Hilfe der Schomans und ihrer Bank zu einer Multi-Milliarden-Dollar-Organisation, wie es sie in der Geschichte noch nicht gegeben hat.

Ende 1964 sind viele Palästinenser von der erneuten Machteinsetzung der alten Elite der Efendis tief enttäuscht, und verbittert sind sie über die Tatsache, daß Nasser die PLO nur geschaffen hat, um die Befreiungsbewegung des Volkes aus dem Heiligen Land unter seiner rigiden Kontrolle zu haben. Wieder einmal wird es den Palästinensern mit Macht und Tücke verwehrt, ihr Schicksal selbst in die Hand zu nehmen, wieder einmal soll ihre elende Lage zum Instrument einer Politik gemacht werden, die ganz andere Interessen als die Befreiung und Befriedung Palästinas verfolgt.

Noch während des Gründungskongresses der PLO in Jerusalem versuchen unabhängige und zum militärischen Kampf gegen Israel entschlossene Palästinensergruppen vor Ort, ihre Gegenposition deutlich zu machen. Am 24. Mai 1964 geben sie ein Kommuniqué heraus, in dem sie verkünden, daß sie sich zu einer Organisation mit dem Namen »Politisches Büro der Vereinten Aktion der Revolutionären Palästinensischen Kräfte« zusammengeschlossen haben. Zu den zahlreichen unterzeichnenden und zumeist nur auf dem Papier bestehenden Gruppen gehören die Palästinensische Befreiungsfront, die Revolutionäre Front zur Befreiung Palästinas, die Arabische Front, die Nationalistische Front, der Block der Palästinensischen Kommandos sowie die Fatah. Keine dieser Gruppen ist in der Vergangenheit durch besondere militärische Heldentaten oder politische Arbeit aufgefallen. So gerät die gemeinsame Erklärung eher zu einem hilflosen Akt der Verzweiflung als zu einem imposanten Signal einer machtvollen Opposition. Das Kommuniqué gleicht einer Todesanzeige.

Selbst die Fatah, die von allen Gruppen die beste Organisation aufweist, ist in ihrer Existenz bedroht. Das Fatahmitglied Khaled al-Hassan erinnert sich: »Wir verloren die meisten unserer militärischen Kader. Sie sagten, sie hätten einen Treueeid auf Palästina geleistet, nicht gegenüber einer Organisation. Sie verließen die Fatah, um der Nationalen Palästinensischen Befreiungsarmee der PLO beizutreten – in dem falschen Glauben, es würde ihnen erlaubt sein, Angriffe auf Israel zu starten. Nur noch wenige von ihnen blieben bei uns.« Der politische und organisatorische Exitus der Fatah scheint im Sommer 1964 nur noch eine Frage der Zeit. Es droht ein deprimierendes Ende nach sieben relativ erfolgreichen Jahren der Konspiration und Propaganda im Untergrund.

Was jedoch die Fatah im Vergleich zu den sonstigen Widerstandsgruppen auszeichnet, ist die ideologische Flexibilität und die außergewöhnliche Entschlossenheit ihrer Führer, den Kampf gegen Israel und die selbstherrlichen arabischen Potentaten aufzunehmen. Ihre Talente und Temperamente, ihre Bildung und Fachkenntnisse ergänzen sich gut. Es sind neun Männer, die sich von Anfang 1958 bis Oktober 1959 in Kuwait zu einem Widerstandszirkel formieren:

- Jasir Arafat, ehemaliger Präsident der Generalunion Palästinensischer Studenten (GUPS) in Kairo und Inhaber des Klempnerbetriebes Baufirma Freies Palästina in Kuwait;
- Salah Khalaf, ehemaliges Mitglied der Muslimbruderschaft, Absolvent eines Kommandokurses bei der ägyptischen Armee, GUPS-Mitglied, Poet und Lehrer an einer Mädchenschule in Gasa;
- Khalil el-Wasir, Exmitglied der Muslimbruderschaft und Absolvent eines Kommandokurses bei der ägyptischen Armee, GUPS-Mitglied, Lehrer in Saudi-Arabien;
- Faruk al-Kaddumi, vormals GUPS-Mitglied und Absolvent eines Kommandokurses bei der syrischen Armee, Angestellter im Gesundheitsdienst Kuwaits;

- Zuheir al-Alami, ein Neffe Musa el-Alamis, vormals GUPS, Angestellter im kuwaitischen Gesundheitsdienst;
- Khaled al-Hassan, Exstudent in Stuttgart, Kontaktmann zur algerischen Freiheitsbewegung FLN, Angestellter in der Planungsbehörde von Kuwait;
- sowie drei Palästinenser, die im Golfstaat Katar arbeiten und dort eine eigene konspirative Gruppe gebildet haben: Mohammed Yussif al-Nadschar, Kamal Adwan und Abu Mazen.

Als das große Vorbild der Fatah gilt die algerische Freiheitsbewegung FLN. Salah Khalaf erinnert sich: »Wir begannen, über ein Programm nachzudenken, das uns zunächst noch wie ein Traum erschien. Die algerischen Nationalisten hatten eine Organisation gegründet, die schon über zwei Jahre lang die französische Armee bekämpfte. Der heldenhafte Widerstand der algerischen Organisation, über den wir genau informiert waren, faszinierte uns. Wir bewunderten die Algerier. Wir stellten uns die Frage, ob es nicht auch uns möglich sein würde, eine Bewegung ins Leben zu rufen, in der Palästinenser aller politischen Richtungen aufgenommen werden konnten. Diese Bewegung sollte dann den bewaffneten Kampf in Palästina auslösen.«

Ein wichtiger Schritt zur Popularisierung dieser Gedanken und Absichten ist die Gründung einer Zeitschrift, die von den Mitgliedern der Fatah finanziert, in Beirut gedruckt und ab 1959 in fast allen Flüchtlingslagern und sonstigen Zufluchtsorten der Palästinenser verteilt wird. Sie heißt *Filastinuna, Nida el-Hayat,* zu deutsch: »Unser Palästina – der Ruf zum Leben«. Khalaf: »Sie brachte aktuelle Informationen, Hintergrundberichte und mit Pseudonymen gezeichnete Artikel, in denen wir in einfachen und verständlichen Worten unser Grundsatzprogramm entwickelten: Die revolutionäre Gewalt ist der einzige Weg, der zur Befreiung des Vaterlandes führt. Sie muß, zumindest in einer ersten Phase, von den palästinensischen Massen selbst ausgeübt und unabhängig von Parteien und Staaten gelenkt werden. Die aktive Unterstützung von seiten der arabischen Welt ist zwar für den Erfolg unseres Unternehmens unerläßlich, das palästinensische Volk aber wird sich die Entscheidungsgewalt und die Rolle der Avantgarde im Kampf vorbehalten.«

Erst kurz bevor die erste Ausgabe der Zeitschrift erscheint, einigen sich die Mitglieder des politischen Zirkels auf einen Namen für ihre Organisation. Khalil Wasir: »Das kam ungefähr so: Wir sagten, wir sind eine Bewegung, nicht eine Gruppe, nicht eine Front und nicht eine Organisation. Aber eine Bewegung wofür? Eine Bewegung der nationalen Befreiung. So legten wir unseren Namen fest. Wir waren eine Bewegung für die nationale Befreiung von Palästina – *H*arakat Al-*T*ahrir Al-Watani Al *F*ilastini.« Die Initialen dieser Bezeichnung ergeben rückwärts gelesen die Buchstaben FTH. Da im Arabischen ohnehin nur die Konsonanten niedergeschrieben und die Vokale dazu gesprochen werden, klingt FTH wie Fatah, was wiederum soviel wie »Eroberung« bedeutet.

Das Spiel mit geheimen Codes und vieldeutigen Chiffren geht so weit, daß sich fast alle Führungsmitglieder der Fatah mit einem Nom de guerre tarnen. So tauft sich
- Jasir Arafat in Abu Ammar um,
- Salah Khalaf in Abu Ijad,
- Khalil Wasir in Abu Dschihad,
- Faruk Kaddumi in Abu Lutuf,
- Mohammed Yussif Nadschar in Abu Yussif und
- Khalid Hassan in Abu Said.

Das Wort »Abu« heißt Vater. Arafat und Wasir fügen dieser Bezeichnung keinen üblichen Namen bei, sondern wählen symbolhafte Begriffe. Ammar kann man mit »Erbauer« übersetzen, Dschihad mit »Heiliger Krieg«.

Die Zeitschrift »Unser Palästina« wird schon nach wenigen Ausgaben von den meisten arabischen Regierungen als eine subversive Publikation gewertet. In Ägypten und Syrien darf sie nicht mehr offiziell verkauft werden, in Jordanien werden immer wieder einzelne Ausgaben verboten. Wasir: »In Syrien, Ägypten und anderen arabischen Ländern wurden viele Palästinenser gefoltert, weil sie unser Magazin lasen. Es wurden ihnen immer wieder die gleichen Fragen gestellt: ›Wie heißt die Organisation, der du angehörst?‹ Und: ›Wie heißen die Leute in dieser Organisation?‹« Die meisten dieser gepeinigten Palästinenser sind ahnungslos und daher nicht in der Lage, irgendwelche Informationen zu geben.

Was des einen Leid, ist des anderen Freud: Arafat und Wasir können der Tatsache, daß Palästinenser gefoltert werden, weil sie »Unser Palästina« lesen, auch eine positive Seite abgewinnen. Die Folterungen sind ein Beweis dafür, daß die arabischen Regime und ihre Geheimdienste davon überzeugt sind, daß eine unabhängige palästinensische Untergrundbewegung existiert. Arafat: »Es war dieses Aufscheinen von Macht, eine Macht, die wir zu dieser Zeit nicht besaßen, aber die es uns ermöglichte, mehr Zellen zu formen und eine breite Basis für unsere Organisation aufzubauen.« – »Genauso war es«, fügt Wasir hinzu, »ohne dieses Aufscheinen von Macht, das ›Unser Palästina‹ präsentierte, wären wir sicherlich gescheitert.«

Die Zeitschrift fungiert als ein gutes Rekrutierungsinstrument. Wasir: »In jeder Ausgabe des Magazins gaben wir eine Adresse für jene Leute an, die Briefe an die Redaktion schreiben wollten. Wir bekamen Post von Palästinensern aus der ganzen arabischen Welt. Es schrieben Einzelpersonen oder Führer lokaler und politischer Gruppen, die sich unter der Tarnung eines Clubs oder einer Gesellschaft organisiert hatten. Sie waren natürlich vorsichtig mit dem, was sie schrieben, aber sie alle fanden einen Weg, um uns anzudeuten, was der wahre Zweck ihres Schreibens war. Sie würden zum Beispiel formulieren: ›Wir riechen etwas Gutes in Eurem Magazin.‹ Oder: ›Wir haben eine wichtige Sache mit Euch zu diskutieren. Schickt uns bitte jemand, der unter dieser oder jener Adresse mit uns Kontakt aufnehmen kann.‹«

Natürlich müssen die Fatahleute auf der Hut sein, daß

sie nicht an einen Spitzel oder einen Agenten eines arabischen Geheimdienstes geraten. Aber sie agieren vorsichtig und verstehen es, bis Anfang der sechziger Jahre ein ansehnliches Netzwerk konspirativer Zellen zu knüpfen. Auch gelingt es Arafat, Wasir und Khaled Hassan, mit den von ihnen sehr bewunderten Führern der algerischen Befreiungsbewegung FLN ins Gespräch zu kommen. Arafat: »Meine Kontakte zu den algerischen Revolutionären begannen Anfang der fünfziger Jahre. Wir blieben in Verbindung, und sie versprachen uns, daß sie uns helfen würden, sobald sie ihre Unabhängigkeit erkämpft hätten.«

Am 4. Juli 1962 ist es soweit: Nach jahrelangen blutigen Kämpfen kann der siegreiche Revolutionsführer Ben Bella zu den algerischen Unabhängigkeitsfeiern einladen. Aus Kuwait kommt Arafat als einer der zahlreichen Ehrengäste. Die Freunde der FLN halten ihr Versprechen. Die Fatah darf ein Bureau de la Palestine in der Victor-Hugo-Straße von Algier einrichten. Wasir wird zu seinem Direktor ernannt. »Von dem Moment an, da uns die Algerier ihren offiziellen Segen gaben, war das Glaubwürdigkeitsproblem der Organisation gelöst«, meint Wasir, »und diese Glaubwürdigkeit war zu diesem Zeitpunkt mehr wert als Gold und Gewehre.«

Revolutionsführer Ben Bella bietet zusätzlich an, zwanzig Fatahmitglieder in Kommandokursen der algerischen Armee ausbilden zu lassen. Die FLN will sich darum kümmern, in der Volksrepublik China Gesprächspartner für die Fatah zu finden. Zwanzig Monate später, am 20. März 1964, fliegen Arafat und Wasir nach Peking. Die Gastgeber zeigen sich als kühle Realisten. Arafat: »Sie waren sehr offen. Sie sagten uns: ›Was ihr da vorhabt, ist unglaubwürdig. Das schafft ihr nicht. Ihr habt keine Basis in dem Gebiet, das ihr befreien wollt. Wo wollt ihr starten? Das sind keine Bedingungen für einen Guerillakrieg.‹« Am Ende des Treffens geben sich die Chinesen versöhnlicher. Wasir: »Sie versprachen, uns mit Waffen zu versorgen, sobald wir den Kampf aus eigener Kraft begonnen hätten. Sie wollten keine Verpflichtung eingehen, solange wir nicht den Nachweis unserer Ernsthaftigkeit und Überlebenskraft gegenüber den arabischen Anstrengungen, uns zu liquidieren, geliefert hatten.«

Während Wasir auf dem Rückflug noch in Nordkorea und Nordvietnam Zwischenstopps einlegt, um weitere Kontakte zu knüpfen, fliegt Arafat direkt nach Kuwait zurück. Die deutlichen Worte der Chinesen, die im Mai folgende Gründung der PLO und die daraus resultierende krisenhafte Situation der Fatah haben ihn zu dem Entschluß gebracht, die bisherige Strategie der Konspiration und Propaganda in eine des direkten Kampfes umzuwandeln. Aus Parolen sollen Taten werden, aus militärischen Aktionen politische Macht entstehen. Sein entschlossener Vorstoß bringt die Fatah an den Rand des Ruins, zumal er damit droht, nach einer Abstimmungsniederlage im Zentralkomitee eine eigene Gruppe zu gründen. Im Spätsommer 1964 tritt die neunköpfige Führung der Fatah zusammen, um über Arafats radikale Initiative und Richtungsänderung zu verhandeln.

Die Gespräche dauern über einen Monat und finden in Kuwait und Damaskus statt. Mit einer knappen Mehrheit von fünf gegen vier Stimmen kann Arafat seinen Kurs durchsetzen. Er zwingt die Fatah dazu, eine riskante Liaison mit den Syrern einzugehen. Achmed Sweidani, der Chef des militärischen Geheimdienstes in Syrien, hat Arafat konkrete Unterstützung zugesagt. Waffen, die aus Algerien und der Volksrepublik China kommen, dürfen importiert und gelagert werden. Außerdem sollen die ersten Kommandeure, die in Algerien ihr Training absolviert haben, ihrerseits Ausbildungslager auf syrischem Boden einrichten dürfen. Arafat und den anderen Mitgliedern des Zentralkomitees der Fatah ist klar, daß diese Hilfe nicht aus uneigennütziger Solidarität mit dem Befreiungskampf der Palästinenser geleistet wird. Die Syrer haben natürlich im Sinn, gegenüber Nasser und der von ihm gelenkten PLO eine eigene palästinensische Organisation zu fördern und zu steuern. Die Fatah muß sehr auf der Hut sein, damit sie nicht von ihren syrischen Förderern vereinnahmt wird.

Dem Zentralkomitee ist zudem die Dynamik und die Selbstdarstellung Arafats nicht geheuer, und so beschließt es, daß die militärische Führung der Fatah in die Hände von Mohammed Yussif Nadschar alias Abu Yussif gelegt wird. Hani Hassan erfährt Jahre später von seinem Bruder und dem Zentralkomiteemitglied Khaled: »Sie sahen in Arafat einen potentiellen Militärdiktator, und das war in Wahrheit der Grund, warum sie so entschlossen waren, ihn nicht zum Führer zu machen.« Noch immer scheint es dem inzwischen fünfunddreißigjährigen Arafat schwerzufallen, sein ungestümes Temperament und seinen ausgeprägten Machtwillen zu zügeln.

Dennoch: Ende 1964 steht die Widerstandsbewegung der Palästinenser am Beginn einer neuen Ära, die ganz entscheidend von der Persönlichkeit und dem bedingungslosen Einsatz dieses Mannes geprägt sein wird. Arafats Entschluß, für die Sache Palästinas mit Waffengewalt einzutreten, wird in den kommenden Jahrzehnten nicht nur den Nahen Osten durch Kriege und innere Unruhen erschüttern, sondern rund um den Globus den Namen eines Volkes verbreiten, das aus dem Heiligen Land kommt und die blutige Botschaft des Terrorismus in alle Welt tragen will. Der Palästinenser mit Kaffijah und Kalaschnikow wird je nach Region und ideologischem Standort zur Symbolfigur des Schreckens, zur Inkarnation der Rache, zum heldenhaften Kämpfer gegen Unterdrückung, Fremdherrschaft und für seine angestammte Heimat oder zur bedauernswerten Gestalt in einem aussichtslosen Kampf.

Der unaufhaltsame Aufstieg des Jasir Arafat

Der historische Auftakt des bewaffneten Kampfes der Fatah gerät zu einer arabischen Politgroteske par excellence. Im Schutz der Dunkelheit fährt in der Silvesternacht 1964 ein blauer VW-Käfer durch die Straßen von Beirut. Am Steuer sitzt Jasir Arafat in geheimer Mission. Er sucht die Briefkästen der Hauptstadtzeitungen auf und steckt jeweils ein Kuvert hinein. Wenige Stunden später, am Samstag, den 1. Januar 1965, wird Arafats persönlich ausgelieferte Sendung in großer Aufmachung auf den ersten Seiten der libanesischen Tagespresse in vollem Wortlaut veröffentlicht:

Militärkommuniqué Nr. 1
Im Vertrauen auf Gott, im Glauben auf das Recht unseres Volkes, sein besetztes Heimatland wiederzuerlangen, überzeugt von der Pflicht zum Heiligen Krieg, im Einklang mit dem revolutionären Arabien vom Atlantischen Ozean bis zum Golf, und in der Gewißheit, daß alle freien und ehrenhaften Menschen dieser Welt uns unterstützen, haben Einheiten unserer Streitkräfte in der Nacht von Freitag, den 31. Dezember 1964, alle ihnen aufgetragenen Operationen innerhalb der besetzten Heimat durchgeführt und sind sicher in ihre Basen zurückgekehrt. Wir warnen den Feind vor Vergeltungsmaßnahmen gegen wo auch immer lebende arabische Zivilisten, weil unsere Streitkräfte ihre Attacken mit ähnlichen Gegenschlägen beantworten werden und diese Aktionen des Feindes als Kriegsverbrechen ansehen. Wir warnen ebenso alle Länder auf seiten des Feindes, in irgendeiner Form einzugreifen, weil unsere Streitkräfte mit Vergeltungsmaßnahmen antworten werden, die den Interessen dieser Länder schaden werden, wo auch immer sie liegen mögen. Lang lebe die Einheit unseres Volkes und sein

Kampf, seine Würde und sein Heimatland wiederzuerhalten!

DAS GENERALKOMMANDO DER AL-ASSIFA-STREITKRÄFTE

Die Wirkung des martialischen Militärkommuniqués Nr. 1 ist enorm. Es wird im Nu im gesamten arabischen Raum bekannt. Je nach politischem Standort wird es wie in Damaskus als sensationelle Heldentat gefeiert oder wie in Kairo als verantwortungsloses Banditentum verurteilt. Nahezu niemand hat je von der palästinensischen Widerstandsgruppe Al Assifa (der Sturm) gehört. Nur wenige Eingeweihte wissen: Dahinter steckt die Fatah. Khalil Wasir alias Abu Dschihad: »Wir hatten zuviel Angst vor den arabischen Regierungen, um unseren eigenen Namen zu benützen. Wir erfanden Al Assifa, um ihre Reaktionen zu testen.« Und Khaled Hassan alias Abu Said fügt hinzu: »Wir erwarteten, daß die arabischen Regime versuchen würden, unsere militärischen Aktionen zu stoppen. Wir kalkulierten, daß wir Zeit gewinnen könnten, solange die arabischen Geheimdienste damit beschäftigt waren, eine Organisation aufzuspüren, die es gar nicht gab.«

Die allseits heftige Erregung der arabischen Regierungen über die Phantomorganisation Al Assifa läßt selbst dann nicht nach, als nur zwei Tage nach der Veröffentlichung des Militärkommuniqués Nr. 1 bekannt wird, daß die tollkühne Aktion in Wirklichkeit gar nicht stattgefunden hat. Sprecher des libanesischen Geheimdienstes informieren die Presse darüber, daß vier mit Sprengstoff und Waffen ausgerüstete Palästinenser bereits vor dem Überschreiten der Grenze nach Israel verhaftet worden sind und seit dem Silvesterabend einsitzen. Die vier verhinderten Kämpfer stammen aus dem Flüchtlingslager Ein el-Hilwe am Stadtrand von Sidon und sind vom Chef der syrischen Nachrichtenabteilung des Generalstabs, Oberst Achmed Sweidani, als Söldner engagiert worden. Die Enthüllung des peinlichen Fiaskos verfehlt ihren Zweck, die Al Assifa der allgemeinen Lächerlichkeit preiszugeben: Die arabische Vorliebe für phantastische Legenden hat ihre eigene Dynamik.

Arafat, der sich Sweidanis Leihkämpfer bedienen wollte, um frühzeitig ein Signal für den bewaffneten Kampf gegen Israel zu setzen, hat sich in eine gefährliche Position hineinmanövriert. In der Führung der Fatah macht sich Unmut über die unselige Kooperation mit den Syrern breit. Arafat tritt die Flucht nach vorne an und beauftragt eine Gruppe von fünf Palästinensern aus Jordanien, in der Nacht vom 3. zum 4. Januar 1965 Sprengladungen an einer Pumpstation des Beit-Natopha-Kanals in Israel anzubringen und per Zeitzünder zur Detonation zu bringen. Auch diese Aktion scheitert kläglich. Die Zeitspanne bis zur Explosion ist zu groß gewählt, so daß eine israelische Patrouille die Dynamitstäbe rechtzeitig entdecken und entschärfen kann. Als die fünf Palästinenser über den Jordan zurückkehren, werden sie auch noch von jordanischen Soldaten gestellt. Es kommt zu einer Schießerei, bei der einer der Fatahsöldner, ein junger Mann namens Achmed Musa, getötet wird. Er ist der erste Märtyrer der Fatah, und er stirbt an den Schüssen aus der Waffe eines arabischen Bruders – ein Vorgang, der sich in den kommenden Jahrzehnten tausendfach wiederholen wird. Die meisten Todesopfer der palästinensischen Widerstandsgruppen wird es nicht bei Kampfhandlungen mit dem israelischen Feind geben, sondern bei blutigen Auseinandersetzungen mit regulären Truppen und Killerkommandos der arabischen Staaten.

In den ersten drei Monaten des Jahres 1965 organisiert Arafat, zumeist aus eigener Kasse finanziert, noch zehn weitere Sabotageunternehmen. Dabei wird er manchmal von den angeheuerten Landsleuten betrogen, die den Sprengstoff irgendwo vergraben und bei der vermeintlichen Rückkehr dreist die erfolgreiche Erfüllung ihres Auftrages melden. Später werden tatsächlich Guerillaoperationen durchgeführt: Pumpstationen, Getreidesilos und Brücken werden in Israel zerstört. Anfang März sterben drei Israelis bei einem Fatahangriff auf das Dorf

Arad. Noch immer wird dabei der Tarnname Al Assifa benutzt. Doch je besser die Überfälle gelingen, um so weniger ist von ihnen in den arabischen Medien zu hören und zu lesen. Arafat muß zu Recht befürchten, mit seinen Aktionen ins Leere zu stoßen: »Wir hatten große Probleme. Ohne Publizität konnten wir nicht die Phantasie unserer Landsleute und der arabischen Massen anregen.« Da wird Arafat unerwartet Schützenhilfe zuteil: »Israels Premierminister Levi Eschkol drohte in einer Rede den arabischen Staaten Vergeltung an, wenn sie weiterhin unsere Aktionen gewähren ließen. Das war der Wendepunkt. Israel rettete uns.«

Vor allem der ägyptische Staatspräsident zeigt sich von Eschkols Drohung beeindruckt. Ihm ist klar, daß die Überfälle nicht länger totgeschwiegen werden können. Er macht deshalb an mehreren Fronten gegen die ominösen Al-Assifa-Streitkräfte mobil. Über seinen Rundfunk sowie über die staatsfromme Presse läßt er verbreiten, daß die Al Assifa von westlichen Geheimdiensten ins Leben gerufen ist, um die Araber in einen Krieg gegen Israel zu treiben, für den sie noch nicht ausreichend vorbereitet seien. Auf Nassers Anweisung gibt Feldmarschall Abdel Hakim Amer, Arafats alter Bekannter und seit 1953 Oberkommandierender der ägyptischen Streitkräfte, den Tagesbefehl aus, daß sich ab sofort die Staaten der Arabischen Liga im Kriegszustand mit der Al Assifa befinden.

Nasser ermuntert gleichzeitig den Vorsitzenden der von ihm geförderten PLO, Achmed Schukairi, sich stärker propagandistisch für die Befreiung Palästinas einzusetzen. Dieser Aufforderung Nassers kommt Schukairi gerne nach. Von Mai 1965 an startet er vor allem in der von Radio Kairo ausgestrahlten Sendung »Die Stimme Palästinas« eine aggressive Kampagne gegen die Al-Assifa und – zu Nassers besonderem Wohlgefallen – gegen König Husain und dessen von inneren Spannungen zerrissenes Königreich: »Unsere jordanischen Brüder sind in Wahrheit Palästinenser.« Jordanien sei der Teil Palästinas, der als erstes befreit werden müsse. Dann erst könne der Kampf gegen Israel und damit die Rückeroberung des restlichen Teils des Heimatlandes beginnen.

Die Attacken gegen den haschimidischen Monarchen werden so heftig und bedrohlich für den inneren Frieden des Landes, daß sich König Husain direkt bei Nasser beschwert. Der Staatspräsident stellt sich unschuldig und empfiehlt ein Versöhnungsgespräch mit Achmed Schukairi, den der König am 19. November 1965 in Amman empfängt. Husain muß sich einen maßlos auftrumpfenden PLO-Chef anhören: »Wenn ich hier Premierminister werden wollte, würde ich ein Haus in Amman mieten, und nach einer Woche würde ich Premierminister sein. Ihre Majestät wissen natürlich, daß Ihr derzeitiger Premierminister Wasfi al-Tal 1946 ein kleiner Angestellter unter mir im Arabischen Büro in Jerusalem war. Aber alles, was ich will, ist, daß die Befreiungsbewegung mit Ihrer Majestät zum Wohle des Landes zusammenarbeitet.«

König Husain bleibt nichts anderes übrig, als eine gute Miene zum bösen Spiel zu machen. Er bietet der PLO an, daß sie in Jordanien von allen Zöllen und sonstigen Abgaben befreit ist, daß sie keine Telefon- oder Postgebühren zu entrichten hat und daß sie ein Büro in Ost-Jerusalem unterhalten darf. Damit ist Schukairi nicht zufrieden. Er beklagt sich über die geheimdienstliche Überwachung der PLO-Mitglieder in Jordanien. Er verlangt, daß die Prediger in den Moscheen mit den Diffamierungen der PLO aufhören. Und er will gewährleistet haben, daß PLO-Mitarbeiter freien Zugang zu allen Flüchtlingslagern haben und dort militärische Ausbildung und politische Agitation betreiben dürfen. Diese Forderungen trägt Schukairi mit arroganten Gesten und provozierenden Worten vor und reist sogleich in den Libanon weiter – nicht ohne dem König zuvor mitzuteilen, daß er sich in Beirut mit den größten Feinden Husains treffen wird: mit Vertretern der nasseristischen Arabischen Nationalen Bewegung sowie mit den Führern der

Baath-Partei und den Kommunisten. Schukairis schamlose Einschüchterungspolitik beleidigt den stolzen Haschimidenherrscher zutiefst. Zwischen ihm und dem selbstgefälligen PLO-Chef wird es nach diesem Auftritt nie mehr zu einer einvernehmlichen Regelung kommen. Dem König stehen harte Zeiten bevor.

Schon nach wenigen Monaten sind Arafat und die Fatah durch Nassers und Schukairis Offensiven an mehreren Fronten in arge Bedrängnis geraten. Im September 1965 schickt Arafat den Delegierten der dritten Arabischen Gipfelkonferenz in Casablanca ein Memorandum. Darin fordert er, daß die Verfolgung seiner Befreiungsbewegung durch die arabischen Staaten sofort beendet wird. Alle Gefangenen sollen auf freien Fuß gesetzt werden und in Zukunft alle Kämpfer »bei der Durchführung ihrer revolutionären Arbeit« Unterstützung und Unterschlupf bekommen. Die verzweifelte Denkschrift wird von den arabischen Brüdern nicht zur Kenntnis genommen.

Die Verfolgung der Fatahorganisation Al Assifa geht mit unverminderter Härte weiter. Khalil Wasir alias Abu Dschihad: »Unglücklicherweise mußten viele Palästinenser deswegen einen hohen Preis bezahlen. Innerhalb weniger Monate wurden Hunderte ins Gefängnis geworfen und dort – um Informationen über uns zu erfahren – grausam gefoltert. Einigen wurden die Finger gebrochen. Andere mußten barfuß über Glasscherben laufen. Dritten wurden die Fußsohlen mit Stöcken so lange geschlagen, bis die Nerven und das blutende Fleisch bloßlagen.«

Der starke Druck von außen hat Folgen. Ende 1965 ist das Zentralkomitee der Fatah völlig zerstritten. Während Arafat und Wasir den bewaffneten Kampf fortsetzen wollen, plädiert eine Fraktion unter der Führung von Khaled Hassan dafür, eine Pause einzulegen und zu versuchen, mit Nasser ins Gespräch zu kommen. Arafat und Wasir erhalten für ihre Aktionen keine finanziellen Unterstützungen mehr. Und da auch ihre persönlichen Reserven aufgebraucht sind, finden von Anfang November 1965 bis Ende Januar 1966 keine Operationen der Fatah mehr statt. Nasser und Schukairi haben die erste Schlacht gewonnen.

Arafat und Wasir bemühen sich indessen, auf anderen Wegen zu Geld zu kommen. Sie wenden sich an einen langjährigen Freund und Mitkämpfer, an Khaled Hassans Bruder und Führer der palästinensischen Studenten in Stuttgart: Hani Hassan. Er erinnert sich: »Zuerst sagte mir Arafat nicht, wo die wahren Ursachen für seine Geldprobleme lagen. Er sagte nur, wenn es kein Geld mehr gäbe, dann müsse die Revolution gestoppt werden. So begann ich, Spenden bei meinen Studentenorganisationen in Deutschland und anderswo zu sammeln. Dann hatte ich die Idee, mich an Palästinenser zu wenden, die in Deutschland arbeiteten. Das waren insgesamt etwa 65000. Sie arbeiteten zumeist an Sonntagen, weil sie dafür den doppelten Lohn erhielten. Ich machte den Vorschlag, daß sie jeweils einen Sonntag pro Monat für die Fatah arbeiten sollten, die anderen drei für sich. Die meisten stimmten zu, und wir konnten regelmäßig eine ziemlich große Summe zusammenbekommen.«

Wasir alias Abu Dschihad fungiert als Geldbote. Jeden Monat fliegt er nach Stuttgart, um Tausende von Mark abzuholen und den Erhalt des Betrages ordentlich zu quittieren. Hassan: »Abu Dschihad berichtete mir von Arafats Problemen und wie es meinem lieben Bruder gelungen war, das Zentralkomitee zu überreden, die Gelder für Arafat zu stoppen. Ich sagte zu Abu Dschihad: ›Wenn du und Arafat kämpfen wollt, dann stehe ich hinter euch. Wir stehen hinter dem Gewehr!‹«

Während Arafat Anfang 1966 in Damaskus erneut damit beginnen kann, Waffen, Munition, Sprengstoff einzukaufen und Söldner anzuheuern, zeichnet sich in Syrien ein politischer Wandel in der Staatsführung ab. Präsident Amin Hafis gerät immer mehr unter den Druck radikal gesinnter Offizierskreise, die eine deutlichere Distanzierung von Nasser und seiner militärtaktischen Vorsicht in der Palästinapolitik verlangen. Die Offiziere, die die »Jungtürken« der regierenden Baath-Partei genannt werden, wollen Israel zu einem Krieg provozieren. Die meisten von ihnen gehören zur Bevölkerungsgruppe der Alawiten, die zwar nur vierzehn Prozent der Syrer stellen, aber seit jeher zu den Mächtigen im Lande gehören. Ursprünglich sind die Alawiten eine geheimbündlerische und dem Mystizismus zuneigende schiitische Sekte. Die neue Generation der alawitischen Offiziere hingegen verehrt die großen revolutionären Atheisten der Zeit: Chinas Mao Tse-tung, Nordvietnams General Giap oder Algeriens Oberst Houari Boumedienne.

Um die an die Macht drängende Offiziersclique zu beschwichtigen, gestattet Präsident Amin Hafis, daß Arafat mit der tatkräftigen Hilfe des Chefs des militärischen Geheimdienstes, Oberst Achmed Sweidani, in der Nacht zum 24. Januar 1966 von syrischem Boden aus eine Sabotageoperation in Israel durchführen darf. Die Aktion ist erfolgreich. Das hält jedoch die rebellischen Alawiten nicht davon ab, sich im Februar an die Macht zu putschen. Es ist der neunte Staatsstreich seit der Unabhängigkeit des Landes. Für Arafat und seine Kampfgenossen scheinen goldene Zeiten anzubrechen. Endlich haben in einem arabischen Frontstaat Militärs das Sagen, die sich bislang stets für den bewaffneten Kampf um Palästina ausgesprochen haben.

Aber es kommt alles ganz anders. Kaum haben die Alawiten den Staatsapparat unter Kontrolle, sind die revolutionären und demokratischen Parolen von einst vergessen. Der Kampf für ein freies Palästina wird anderen Interessen untergeordnet. Für diesen Sinneswandel hat Fatahmitglied Khaled Hassan eine plausible Erklärung: »Wenn man ein Führer mit einer Coupmentalität ist und man gleichzeitig nur vierzehn Prozent der Bevölkerung des Landes repräsentiert, so folgt daraus zwingend die Angst, selbst gestürzt zu werden. Die einzige Möglichkeit, dieser Angst zu begegnen und einen Umsturz zu vermeiden, besteht darin, der Mehrheit der Bevölkerung noch mehr Angst einzujagen, als man selbst hat. Und das geschah nach dem Coup in Syrien.« Die Folgen für die Fatah werden bald sichtbar: »Nachdem sie ihrem eigenen Volk das Maul gestopft hatten, wandten sie sich uns zu.«

Für Arafat beginnen die schlimmsten Wochen seines Lebens. Anfang Mai 1966 wird er verhaftet und in verschiedenen Gefängnissen in und bei Damaskus gefoltert. Wochenlang bemühen sich die anderen Mitglieder des Zentralkomitees der Fatah, alle ihre Beziehungen spielen zu lassen, um die neuen Führer Syriens davon abzuhalten, Arafat zu Tode zu quälen. Khalil Wasir alias Abu Dschihad gelingt es, mit dem eigentlich mächtigen Mann der neuen Regierung Kontakt aufzunehmen: Verteidigungsminister Hafis Asad. Wasir: »Als ich Asads Büro betrat, blieb er an seinem Schreibtisch sitzen. Er bewegte seine Augen nicht. Sein Blick war hart und kalt. Sein Händedruck war ebenso kalt. Die ganze Atmosphäre war kalt. Es war wie in einem Kühlschrank.« Dennoch lenken die neuen alawitischen Machthaber ein.

Als Arafat entlassen wird, hält er es für ratsam, Syrien für einige Zeit zu meiden. Er tut dies auf seine Weise. Mit einem kleinen Kommandotrupp der Fatah überschreitet er die Grenze nach Israel. Mehrere Tage streifen sie durch den Norden des Landes, verüben mehrere Sabotageakte, um sich schließlich in den Süden Libanons durchzuschlagen. Dort werden sie von Soldaten der Armee gestellt, und wieder landet Arafat im Gefängnis. Drei Wochen wird er verhört und gefoltert, weil er nicht bereit ist, seinen Namen und seine Organisation preiszugeben. Erst als ein libanesischer Sicherheitsoffizier mit Kollegen in Syrien Kontakt aufnimmt und erfährt, um wen es sich bei dem Gefangenen handelt, ändert sich die Einstellung der Libanesen. Ohne auf die Ursachen dieses merkwürdigen Stimmungsumschwungs einzugehen, berichtet Arafat Jahre später: »Ich wurde der obersten Führung des Geheimdienstes vorgestellt. Ich lernte sie alle kennen, und wir führten fünf Stunden lang sehr gute Gespräche. Ich erzählte ihnen viele Dinge, die sie nicht wußten.

Bei diesem Treffen sind einige gute Freundschaften entstanden.« Honi soit qui mal y pense.

Während sich Arafat im Sommer 1966 wieder ungehindert in Damaskus aufhalten kann und sich – was den Nachschub an Waffen, Munition und Sprengstoff anbelangt – über gute Nachrichten aus China und Algerien freuen darf, quälen in Kairo Gamal Abdel Nasser begründete Zweifel an seinen Möglichkeiten, die Palästinapolitik der arabischen Frontstaaten und die Aktionen der palästinensischen Guerillagruppen unter Kontrolle zu halten. Die neuen Machthaber in Syrien verstehen es immer besser, sich als die wahren Sachwalter des palästinensischen Befreiungskampfes in Szene zu setzen. Nasser ist zudem nicht mehr in der Lage, den ungestümen und undiplomatischen PLO-Chef Achmed Schukairi in seine Schranken zu verweisen, zumal dieser ganz offen auch mit den alawitischen Führern in Damaskus Kontakt aufnimmt. Des weiteren erfährt Nasser, daß es neben den Al-Assifa-Truppen der Fatah neue Kampfeinheiten gibt, die von ihm einst ergebenen Organisationen wie der Arabischen Nationalen Bewegung aufgestellt werden. Zu alledem meldet sich aus Algerien der neue Präsident Houari Boumedienne zu Wort, um Syriens aggressive Politik gegen Israel zu unterstützen. Der große arabische Held Gamal Abdel Nasser läuft Gefahr, wegen seiner vorsichtigen Haltung gegenüber militärischen Aktionen zur Befreiung Palästinas zum kleinen und feigen Erfüllungsgehilfen der westlichen Imperialisten abgestempelt zu werden.

Mit Hilfe der Sowjetunion versucht der verunsicherte ägyptische Staatspräsident, auf die allzu offensiven Offiziere in Damaskus einzuwirken. Im Juni 1966 signalisieren die Syrer Verständigungsbereitschaft. Im Oktober wird der Burgfrieden besiegelt: Ägypten und Syrien tauschen Botschafter aus. Am 4. November scheint die Übereinstimmung in politischen und militärischen Fragen perfekt: Die beiden Staaten unterzeichnen einen Verteidigungspakt, der vor allem auf Israel und Jordanien Eindruck machen soll. In Tel Aviv zeigt man sich relativ gelassen. In Amman stehen hingegen die Zeichen auf Sturm. Das haschimidische Reich ist in höchster Gefahr.

Nur neun Tage nach dem ägyptisch-syrischen Übereinkommen betätigen sich die Israelis als kühl kalkulierende Brandstifter in der jordanischen Krise. Am 13. November 1966 stoßen sie mit viertausend Soldaten, Jeeps, Spähwagen und Panzer etwa zwanzig Kilometer südlich von Hebron über die Grenze nach Jordanien vor, um – wie sie offiziell erklären – »Rache für die Terrorakte der PLO« zu nehmen. Wenige Tage zuvor hatte Achmed Schukairi über den Kairoer Sender »Die Stimme Palästinas« damit geprahlt, daß zwei Kampftruppen der PLO, die »Helden der Rückkehr« und die »Abdel Kader al-Husaini-Einheit«, Sabotageakte im besetzten Heimatland durchgeführt hätten: »Die PLO wird nicht mehr länger nur Worte von sich geben, sie wird nicht mehr länger aus Träumen und Hoffnungen bestehen, sondern von nun an eine kämpfende revolutionäre Organisation sein.«

In seinem Report schildert König Husain im kargen Soldatenjargon die Operation der Israelis: »Der Gegner tauchte um 5 Uhr 30 auf. Ein Artillerie-Überfall war vorausgegangen. Die Israelis schlossen das Dorf es-Samu ein. Als die Panzer in die Straßen eingerückt waren, zerstörten israelische Sprengstoffexperten 46 Häuser und das Krankenhaus. Das Minarett der Dorfmoschee wurde beschädigt. Um 6 Uhr 15 kamen an die zwanzig jordanische Lastwagen und einige Panzerfahrzeuge aus Hebron, um es-Suma zu entsetzen. Doch die Straße ist vom Dorf her zu überblicken. Die Israelis, die unsere Fahrzeuge kommen sahen, legten einen Hinterhalt. Unsere Luftwaffe griff ein. Vier ›Hawker-Hunter‹-Kampfmaschinen wollten die Bodentruppen attackieren, sie kamen jedoch nicht dazu, weil sie wiederum angegriffen wurden. Eine unserer Maschinen stürzte ab. Um 9 Uhr 30 setzten sich die Israelis ab und zogen sich hinter die Grenze zurück.

Ihre ›Strafexpedition‹ hatte vier Stunden gedauert und uns 21 Tote und 37 Verwundete gekostet, von den schweren materiellen Schäden ganz zu schweigen.«

PLO-Chef Achmed Schukairi nimmt die israelische Militäraktion sofort zum Anlaß, um König Husain schwere Vorwürfe zu machen. Wenn er es zugelassen hätte, in Jordanien eine Armee der PLO zu stationieren, hätten es die Israelis nie gewagt, diesen Angriff durchzuführen. Aus Kairo, Damaskus und Bagdad kommt der Vorschlag, Einheiten der arabischen Staaten im haschimidischen Königreich aufzustellen. Nasser klagt Husain an, er sei bereit, die arabische Nation zu verkaufen. Der syrische Präsident ruft am 7. Dezember 1966 über Radio Damaskus dazu auf, die jordanische Regierung zu stürzen und den König abzusetzen, denn »die Befreiung Jordaniens bedeutet die Befreiung Palästinas«. Vor allem in Ost-Jerusalem wird Propaganda von außen willig aufgenommen, was zu Massendemonstrationen, Streiks und Straßenschlachten führt. Der König verhängt den Ausnahmezustand über Jerusalem und läßt am 3. Januar 1967 die PLO-Büros in der Heiligen Stadt schließen. Das gesamte Personal wird verhaftet und ins Gefängnis gesteckt. Prompt animiert Nasser Guerillagruppen der PLO, in Jordanien Anschläge zu verüben.

Die innerarabischen Macht- und Positionskämpfe lassen die darin verwickelten politischen Führer Taktik und Strategie ihres eigentlichen Feindes nicht mehr aufmerksam genug verfolgen. Die Militärs und Politiker in Tel Aviv bestimmen den Ablauf und das Tempo der Eskalation der Ereignisse. Die Israelis fühlen sich stark genug, einen Waffengang zu gewinnen, der für lange Zeit die Existenz ihres Staates sichern wird. Nach wochenlangen gezielten Provokationen und kleinen Scharmützeln an der Grenze zu Syrien kommt es am Freitag, dem 7. April 1967, zu einer spektakulären Machtdemonstration der Israelis. Nach einem vierstündigen Artillerieduell am Fuße der Golanhöhen greift eine Mirage-Staffel der israelischen Luftwaffe ein. Innerhalb von kurzer Zeit schießen sie sechs MiG-21-Kampfmaschinen der Syrer ab und fliegen demonstrativ in den Flugraum über Damaskus, bis sie in Richtung Heimatflughafen abdrehen.

Für die Syrer ist diese Aktion ein Schock sondergleichen. Bösartig kommentiert das Fatahmitglied Khaled al-Hassan: »Es ist nicht abwegig anzunehmen, daß die militärischen Führer Syriens von da an einen großen Vorrat an Unterwäsche anlegten.« Um ihre Haut zu retten, treiben die Generäle in Damaskus ein Doppelspiel. Einerseits rufen sie ihren Bündnispartner Ägypten zu militärischen Aktionen gegen Israel auf. Andererseits verhandeln sie durch diskrete Vermittlung der spanischen Regierung mit Emissären aus Tel Aviv über einen Nichtangriffspakt. Nasser, der von den geheimen Verhandlungen nichts ahnt, läßt sich trotz seiner ursprünglichen Vorsicht zu einer Eskalation des Konflikts mit Israel provozieren. Am 14. Mai verkündet er die Mobilmachung der ägyptischen Armee. Zwei Tage später fordert er den Abzug der UNO-Streitkräfte aus der entmilitarisierten Zone auf der Sinaihalbinsel. Am 22. Mai kündigt er die Schließung der Straße von Tiran an. Damit ist der südisraelische Hafen Elat blockiert. Radio Kairo triumphiert: »Das arabische Volk ist fest entschlossen, Israel von der Karte zu radieren.«

König Husain, der es abgelehnt hat, mit Israel einen Nichtangriffspakt zu schließen, nimmt Ende Mai mit Nasser Kontakt auf. Am Telefon einigen sich die alten Rivalen, daß eine Koordinierung der Streitkräfte dringend erforderlich sei. Nasser bittet Husain nach Kairo. Sechs Stunden später landet der König am Steuerknüppel einer Caravelle der Jordanian Airlines auf der südlich von Kairo gelegenen Luftwaffenbasis Almaza. Nasser, der in einem einfachen grauen Anzug zum Empfang erscheint, kann sich eine spöttische Bemerkung über Husains Auftritt in Militäruniform und Pistole am Koppel nicht verkneifen. Doch beide sind bald angenehm überrascht, wie gut sie miteinander reden und planen können. Sie vereinbaren, daß der ägyptische General Abdel Moneim Riad als Stellvertretender Chef des Vereinigten Arabischen Oberbefehls das Kommando über die jordanische Armee übernimmt. Diese besteht aus 150 Panzern, 20000 Infanteristen und 15 einsatzbereiten Hawker-Hunter-Kampfflugzeugen. Beide Armeen zusammen sind an Menschen und Material den israelischen Streitkräften zahlenmäßig deutlich überlegen.

Damit die neue Harmonie zwischen Husain und Nasser nicht durch den unberechenbaren PLO-Chef Achmed Schukairi gestört wird, läßt der ägyptische Staatschef ihn per Hubschrauber aus Gasa herbeifliegen. In seinen persönlichen Aufzeichnungen schildert König Husain das für Schukairi demütigende Zusammentreffen: »Der Palästinenser kam in auffallend saloppem Anzug: ohne Krawatte, im offenen Hemd, mit einer Khakihose bekleidet. Kaum hatte Schukairi den Salon betreten, stürzte er auf mich zu, die Hand ausgestreckt. Er sagte: ›Ich hoffe, demnächst nach Jordanien fliegen zu können, um Ihnen einen Besuch abzustatten.‹ Doch Nasser unterbrach ihn: ›Du wirst nicht demnächst nach Jordanien fliegen, sondern noch heute mit Seiner Majestät.‹ Dann sagte Nasser zu mir: ›Sie können Schukairi mitnehmen. Wenn er Ihnen Unannehmlichkeiten macht, dann sperren Sie ihn einfach in eines Ihrer Gefängnisse ein. So können Sie mir dieses Problem vom Hals schaffen.‹ Das war eine deutliche Anspielung auf Schukairis stereotype Behauptung, wir würden in Jordanien die Palästinenser in Kerker stecken und mißhandeln.«

In der jordanischen Hauptstadt Amman stellt sich der an die Kandare genommene PLO-Chef vor der Presse als ein treuer Anhänger und Verbündeter von König Husain dar. Am 1. Juni 1967 gibt Schukairi die Devise für den unausweichlichen Krieg bekannt: »Das ist ein Kampf um ein Heimatland – entweder wir oder die Israelis. Es gibt keinen Mittelweg. Die Juden Palästinas müssen gehen. Wir werden dafür sorgen, daß sie in ihre alten Heimatländer zurückkehren können. Jeder, der von der alteingesessenen jüdischen Bevölkerung Palästinas überlebt, mag bleiben. Aber ich denke, daß keiner von ihnen überleben wird.«

König Husain notiert wenig später in sein Tagebuch: »Schukairi verließ Amman am Samstag, den 3. Juni. Diesmal trug er eine Art Mao-Uniform. Er fuhr nach Jerusalem, wo er eine Pressekonferenz abhielt und eine seiner säbelrasselnden Erklärungen abgab. Am Montag war er im Hauptquartier des Oberbefehlshabers in Amman. Diesmal in Zivilkleidung. Er blieb dort den ganzen Nachmittag und schien sehr zuversichtlich zu sein. Tags darauf, am 6. Juni, reiste er plötzlich nach Syrien ab. Er wollte die Regierung in Damaskus bitten, uns mehr Hilfe zu gewähren. Dieser Punkt verdient kein Wort des Kommentars.« Was der König diskret verschweigt: Achmed Schukairi fühlt sich in Amman der Front zu nahe und glaubt sich in Damaskus vor den Israelis und vor seinem ehemaligen Gönner Nasser sicherer.

Im Grunde genommen gewinnen die Israelis den Sechs-Tage-Krieg bereits am ersten Tag, dem 5. Juni 1967, innerhalb von knapp drei Stunden. Kaum hat Premierminister Levi Eschkol unter massivem Druck seiner Militärs den Ägyptern um 7 Uhr 45 den Krieg erklärt, da starten die Bomber und Jagdflugzeuge der israelischen Luftwaffe Richtung Nil. Sie zerstören fast alle einsatzbereiten ägyptischen Kampfflugzeuge am Boden. Für alle späteren Kampfhandlungen ist die totale Luftüberlegenheit der Israelis von entscheidender Bedeutung. Sie bestimmen nun Taktik und Strategie und kämpfen mit einer Präzision und Effizienz, die Militärexperten in aller Welt begeistern und eine ungeahnte Sympathiewelle in allen politischen Lagern des Westens hervorrufen.

Verstärkt wird der israelische Triumph durch klägliches Versagen der arabischen Streitkräfte. Fotos gehen um die Welt, auf denen Hunderte von Militärstiefeln im Wüstensand zu sehen sind, die von panikartig flüchtenden ägyptischen Soldaten zurückgelassen wurden, um schneller das Weite suchen zu können. Die British Royal Artillery, die jordanische Offiziere vor dem Krieg ausgebildet hat, stellt in einer Analyse fest: »Zu Beginn der Feindseligkeiten lagen alle israelischen Luftwaffenbasen im Bereich der jordanischen Artillerie vom Kaliber 155 Millimeter. Hätte sich die Artillerie auf diese entscheidenden Ziele konzentriert, wäre die israelische Luftwaffe nicht in der Lage gewesen, reibungslos ihre Maschinen aufzutanken. Der Verlauf des Krieges hätte durch Beschießung dieser Ziele beeinflußt werden können.« Nur eine einzige Granate erreicht israelisches Territorium in der Nähe von Tel Aviv.

Als der ägyptische General und Oberbefehlshaber der jordanischen Streitkräfte, Abdel Moneim Riad, von der Zerstörung der ägyptischen Luftwaffe erfährt, ist ihm klar, daß er mit seinen fünfzehn Hawker-Hunter-Kampfmaschinen wenig ausrichten kann. Er wendet sich deshalb an die Syrer und bittet sie, mit ihren Kampfflugzeugen Entlastungsangriffe zu fliegen. Doch die alawitischen Offiziere entschuldigen sich: »Darauf sind wir nicht vorbereitet, unsere Flugzeuge befinden sich zur Pilotenausbildung weit hinter der Front.« Von Tag zu Tag wird deutlicher, daß die syrische Regierung sich trotz höchst martialischer Propaganda aus dem Kampfgeschehen mit Israel heraushält.

Die bittere Erfahrung mit der syrischen Doppelzüngigkeit müssen auch Jasir Arafat und Khalil Wasir machen. Am Morgen des 7. Juni beladen sie Arafats blauen VW-Käfer mit sowjetischen Panzerfäusten vom Typ RPG 7 und fahren vom palästinensischen Flüchtlingslager Yarmuk zur Front bei den Golanhöhen. Im Auto hören sie von Radio Damaskus, daß syrische Kampfeinheiten die israelische Grenze in Richtung Safad und Nazareth überschritten haben. Doch als die Front erreichen, bietet sich ihnen ein ganz anderes Bild. Die Syrer haben ihre Stellungen nicht verlassen und feuern nur gelegentlich und ziemlich planlos in Richtung einiger jüdischer Siedlungen. Am Abend des 7. Juni gibt Jordanien bekannt, daß es mit Israel ein Waffenstillstandsabkommen geschlossen hat. Am Tag darauf ist auch Ägypten dazu bereit.

Arafat und Wasir erleben die verheerende Wirkung dieser Niederlagen auf die syrischen Soldaten. »Es war wirklich unglaublich«, erinnert sich Wasir, »entlang der Straße von den Golanhöhen nach Damaskus verließen die Syrer ihre Stellungen, bevor die Israelis überhaupt angriffen. Wir setzten einige unserer Kommandos in diese Stellungen.« Arafat ergänzt: »In diesem Moment war es für uns eine Frage der Ehre. Wir hatten das Gefühl, daß wenigstens einige Araber zeigen mußten, daß sie bereit waren zu kämpfen.«

Beflügelt von der Nachricht über den Rücktritt des ägyptischen Staatspräsidenten marschieren am Morgen des 9. Juni die Israelis an neun Stellen über die Grenze nach Syrien. Nach 27 Stunden sind die Golanhöhen eingenommen und die zwanzig bis dreißig Kilometer hinter der Grenze liegenden strategisch wichtigen syrischen Siedlungen Majdal Sham, Kuneitra, Rafid und Kafr-el-Ma besetzt. Am Abend des 10. Juni folgen Syrien und Israel einem Aufruf des UNO-Sicherheitsrates zum Waffenstillstand. Binnen sechs Tagen hat Israel die Halbinsel Sinai, den Gasastreifen, die Westbank und die Golanhöhen erobert. 766 Soldaten sind dabei auf israelischer Seite ums Leben gekommen. Die Verluste der Araber, die keine Zahlen bekanntgeben, gehen in die Tausende.

Für die Palästinenser bedeutet der Ausgang des Krieges ein unvorstellbares Desaster. Fast genau fünfzig Jahre nach der Balfour-Deklaration, in der der jüdischen Minderheit von den Briten ein Heimatrecht in Palästina zugestanden worden war, sind die Araber des Heiligen Landes entweder als Minderheit in ihrer alten Heimat zu Bürgern zweiter Klasse erniedrigt oder als Flüchtlinge in alle Welt verstreut. 1967 verlassen noch einmal 150 000 Palästinenser die Westbank und 40 000 den Gasastreifen, um in dem erheblich geschrumpften Königreich Jordanien Zuflucht zu suchen. In ihrem Jahresbericht 1966/67 stellt die UNO-Flüchtlingsorganisation UNRWA fest: »Bloße Fakten und notwendigerweise knappe Bilanzen können nicht die Verwirrung und den Schock bei den Einwohnern jener Region beschreiben, die von den Feindseligkeiten heimgesucht wurden. Das Leben zahlloser Personen wurde jäh verändert, ihre Existenzgrundlage zerstört. Eheleute, Eltern, Kinder wurden getrennt. Doch das sind nur einige der Probleme, unter denen so viele ehemalige Araber Palästinas zu leiden haben.«

Zwei Tage nach Kriegsende versammeln sich in Damaskus die Führer und Mitglieder der Fatah zu ihrem ersten Kongreß. Wasir entsinnt sich der düsteren Atmosphäre: »Wir waren verzweifelt. Viele von uns konnten nicht von dem berichten, was geschehen war, ohne sofort in Tränen auszubrechen. Ich selbst heulte auch. Die Art und Weise, wie die Araber geschlagen worden waren, ließ viele Kollegen jede Hoffnung aufgeben. Einige sprachen davon, den Kampf zu beenden und ein neues Leben außerhalb der arabischen Welt zu beginnen.« Kurz bevor der Kongreß eröffnet wird, gehen einige Mitglieder des Zentralkomitees zum Mittagessen in das Restaurant »Abu Kamal«. Als sie das Lokal betreten, erkennen sie George Habbasch an einem Tisch neben ihren reservierten Plätzen. Arafat und Habbasch begegnen sich zum erstenmal. Kaum haben sie ein Gespräch begonnen, da bricht Habbasch in Tränen aus und stammelt: »Alles ist verloren.« Arafat tröstet ihn und sagt: »George, du irrst dich. Das ist nicht das Ende. Das ist der Anfang. Wir werden unsere militärischen Aktionen wiederaufnehmen.«

In den kommenden Wochen ist Arafat der einzige, der in den Diskussionen des Kongresses diesen kämpferischen Standpunkt vertritt: »Ich konnte nicht mit den anderen rumheulen. Ich war davon überzeugt, daß wir genau zu diesem Zeitpunkt gegenüber der arabischen und der palästinensischen Nation eine besondere Pflicht zu erfüllen hatten. Nicht das arabische Volk hatte versagt, sondern die arabischen Regierungen. Meiner Meinung nach mußten wir beweisen, daß es möglich war, gegen Israels Arroganz der Macht Stellung zu beziehen. Ich wußte, daß wir schnell handeln mußten, bevor die arabische Nation und die Araber in aller Welt vom Gefühl der Niederlage angesteckt sein würden. Und genau das wünschten sich natürlich die Israelis.«

Ein Besuch aus der Bundesrepublik Deutschland bringt Bewegung in die erstarrten Fronten zwischen Arafat und den anderen Führern der Fatah. Hani Hassan: »Kaum war ich in Damaskus angekommen, da suchten mich mein Bruder und andere Arafat-Gegner auf. Sie bemühten sich sehr darum, daß ich meine Unterstützung Arafats aufgeben sollte. Doch ich sagte ihnen, daß alle unsere Leute in Europa für den bewaffneten Kampf seien, ganz gleich, wieviel Blut deswegen fließen müßte. Und ich fügte hinzu: Wenn Arafat den Kampf wiederaufnehmen will, dann sind wir alle auf seiner Seite!« Doch Hassan berichtet nicht nur von Stimmungen und Meinungen der Palästinenser in Europa. Er kann bereits Fakten nennen, die geschaffen worden sind: »Zur Zeit werden 450 Studenten und Arbeiter in Algerien ausgebildet. Sie haben ihre Studien und ihre Jobs hingeschmissen. In den nächsten Tagen kommen fünfzig Studenten aus Kairo hinzu. Ende Juli werden sie ihre Ausbildung beendet haben. Danach gehen sie auf die Westbank und nach Gasa, um dort zu kämpfen.«

Die Opposition gegen Arafat schmilzt nach dem Auftritt Hani Hassans dahin. Als zudem aus jordanischen Diplomatenkreisen bekannt wird, daß Israel auf Druck der USA hin den arabischen Staaten die besetzten Gebiete zurückgeben will, wenn es zu einem arabisch-israelischen Friedensvertrag kommt, ist endgültig eine Mehrheit der Fatah zum bewaffneten Kampf entschlossen. Nur so kann noch verhindert werden, daß Araber und Israelis zu Verhandlungen kommen, die das Ende des palästinensischen Volkes und seines Staates zur Folge hätten. Khaled Hassan, vorher noch einer der entschiedensten Gegner Arafats, erklärt seinen Sinneswandel so: »Wir mußten unsere Konfrontation mit Israel beginnen, bevor es irgendeinen Abzug Israels geben würde. Um die

Möglichkeit eines Kampfes offenzuhalten und um die Araber für unsere Sache einzunehmen, mußten wir eine Situation schaffen, in der wir behaupten konnten, daß wir noch nicht geschlagen waren.« Am 23. Juni beschließt der erste Kongreß der Fatah, den bewaffneten Kampf in den besetzten Gebieten aufzunehmen. Bis Ende August sollen alle Vorbereitungen für einen Aufstand auf der Westbank abgeschlossen sein.

Am 1. September 1967 wird in fast allen Dörfern und Städten auf dem Westufer des Jordan ein Flugblatt des »Generalkommandos der Al-Assifa-Streitkräfte« verteilt:

An die Helden des arabischen Volkes im besetzten Land. Wir rufen euch auf im Namen der arabischen Helden Omar und Salah el-Din, euch gegen die fremde Besetzung zu erheben und es den zionistischen Besatzern zu verbieten, unseren heiligen arabischen Boden zu betreten.

Der legendäre Widerstand von Algerien mit mehr als einer Million Verlusten wird uns den Weg weisen. Wir müssen verstehen, daß die fremde Besetzung der Beginn eines revolutionären Befreiungskrieges ist. Laßt uns als unser Modell den Kampf des vietnamesischen Volkes nehmen, das Wunder gegen die amerikanischen Eindringlinge vollbringt. Die zionistische Besetzung ist nichts anderes als der Beginn eines neuen Kreuzzuges. Wir werden weiter rebellieren bis zum Endsieg.

Wir müssen alle wirtschaftlichen, kulturellen und gesetzlichen Einrichtungen der Zionisten boykottieren. Dieser Boykott wird der erste Schritt in unserem Kampf gegen die Besatzungsmacht sein. Überall, in jeder Straße und in jedem Dorf, müssen wir örtliche Komitees wählen, die unsere alltäglichen Probleme lösen, damit wir uns nicht an den Feind für die Lösung unserer Probleme und die Regelung unserer Angelegenheiten wenden müssen. Der Slogan unseres Feindes lautet: Teile und herrsche!

Der Feind gebraucht seinen Rundfunk und seine Zeitungen als Waffen der psychologischen Kriegführung, um unsere Widerstandskraft zu schwächen. Wir werden den Feind diese Möglichkeit nicht ausnützen lassen, denn wir werden nicht seine Zeitungen lesen oder seinem Rundfunk lauschen. Die angenehmen Worte des Feindes und sein Verlangen, uns heranzuziehen, wird uns nicht täuschen. Wir brauchen uns nicht vor den Flugzeugen und Panzern des Feindes zu fürchten, denn er lebt in beständiger Angst, weil er weiß, daß wir ein zweischneidiges Schwert sind, das gegen ihn gerichtet ist.

Wir müssen geheime Widerstandszellen in jeder Straße, in jedem Dorf und in jedem Bezirk aufbauen. Denn selbst eine kämpfende Zelle, die in irgendeiner Region operiert, hat die Macht, dem Feinde große Verluste zuzufügen.

Rollt große Steine die Berghänge hinunter, um die Verbindungslinien des Feindes zu blockieren. Wenn ihr beim Wagen eines Feindes steht, füllt seinen Benzintank mit Sand oder Zucker, um ihn unbrauchbar zu machen. Versucht mit Öl und anderen Sachen, Feuer an Autos zu legen. Ihr müßt die Bewegungen des Feindes beobachten, seine Soldaten zählen und feststellen, welche Waffen sie benutzen und ihre Nachschubdepots orten. Folgt den Bewegungen des Feindes und seiner Aufklärungstruppen.

Unser Kampfruf soll immer sein: Die Revolution ist unser Weg zur Befreiung, bis wir siegen!

Salah el-Din, Algerien, Vietnam, Kreuzzüge, Boykottpolitik, Sabotage und Revolution: Das etwas konfuse Gemisch aus historischen Heldengeschichten und aktuellen Erfolgen anderer nationaler Befreiungsbewegungen reicht jedoch nicht aus, um die Bewohner der Westbank und des Gasastreifens zur Volkserhebung zu ermuntern. Arafat und die Fatah haben die psychische und politische Situation der Palästinenser in den besetzten Gebieten völlig falsch eingeschätzt. Nicht ohne Grund mangelt es allenthalben an Mut und Motivation zum gemeinsamen Kampf. Der Minderwertigkeitskomplex nach den kläglichen Niederlagen der arabischen

Armeen sitzt tief. Ein solidarisches Handeln scheitert nach wie vor an den politischen und wirtschaftlichen Eigeninteressen der in Cliquen und Clans zergliederten palästinensischen Gesellschaft. Ob in Nablus, Ramallah, Jerusalem, Hebron oder Gasa: Für die überwiegende Mehrheit der Bevölkerung hat die Bewältigung akuter materieller wie seelischer Not Vorrang vor der Bewahrung geschichtlicher Größe und der Verwirklichung politisch-strategischer Konzepte.

Noch fataler für die Fatah ist ihre Fehleinschätzung der Macht und der Methoden der israelischen Besatzung. Kaum haben die studentischen und lokalen Kommandozellen in den Dörfern und Städten ihre ersten Sabotageakte und direkten Angriffe auf jüdische Soldaten begonnen, da schlagen die Israelis hart und effektiv zurück. Ausgangssperren, Sicherheitszonen, Hausdurchsuchungen, Reisebeschränkungen, drastische Gefängnisstrafen, Internierungen ohne Gerichtsverhandlung, Deportationen, kollektive Bestrafungsaktionen, Schließung von Schulen, Behörden und Läden, Sprengungen von Häusern und dergleichen Unterdrückungsmaßnahmen mehr lassen die Guerillas sehr bald auf verlorenem Posten stehen. Bis Ende 1967 werden mehr als eintausend Fatahkämpfer getötet oder gefangengenommen, die Kommandostrukturen völlig vernichtet.

Hani Hassan, einer der Organisatoren der gescheiterten Volkserhebung, analysiert Jahre später, wieso es zu einem solchen Desaster kommen mußte: »Unsere Studentenorganisationen in Europa waren demokratisch geführt. Darauf waren wir auch sehr stolz. Aber das bedeutete natürlich, daß wir unsere politische Arbeit in aller Offenheit betrieben. Wenn wir uns zum Beispiel für Wahlen aufstellen ließen, dann wurden unsere Namen in Zeitungen und Zeitschriften veröffentlicht. Auch unsere Veranstaltungen waren für jedermann offen. Und das alles gab den Mossadagenten in Europa die Möglichkeit, uns genau zu beobachten und Dossiers über uns anzulegen.«

Der israelische Geheimdienst profitierte außerdem von

der Kooperationsbereitschaft der westeuropäischen Staaten. Hani Hassan: »Viele Jahre später hatte ich einmal die Möglichkeit festzustellen, wieviel die Mossad über uns wußte. Das geschah nach Khomeinis Revolution im Iran. Bis zur Revolution war die israelische Botschaft in Teheran ein sehr bedeutendes Spionagezentrum. Nach der Revolution ging ich in die israelische Botschaft und fand dort ein Buch, das viele Namen unserer Kämpfer und sonstiger Persönlichkeiten enthielt. Die Namen waren in alphabetischer Reihenfolge aufgelistet. Bei jedem standen vier bis fünf Zeilen geschrieben: Wie gefährlich wir einzuschätzen waren und dergleichen mehr. Und neben den meisten Namen war auch ein Foto abgebildet. In meinem Fall war es die Kopie eines Fotos, das ich 1959 bei der Münchner Universität eingereicht hatte. Deutschland war sowieso ein Sonderfall. Die Deutschen hatten natürlich ein Schuldgefühl und waren bereit, die Mossad in allem zu unterstützen. Ich muß dazu sagen, daß sich die Israelis schuldig machten, indem sie die Deutschen moralisch erpreßten.«

Die Fleißarbeit der Mossad hatte für die Kämpfer der Fatah fatale Folgen. Hani Hassan: »Als wir mit unseren militärischen Aktionen loslegten, besaß die Militärverwaltung über jeden von uns ein Dossier. Sie wußten unsere Namen und Adressen und sie hatten unsere Fotos. Und ich muß zugeben, daß die Israelis sehr gründlich zu Werke gingen. Wir erfuhren, daß sie immer zwei Fotos mit derselben Aufnahme von uns dabei hatten. Das eine zeigte uns unretuschiert, wie wir aussahen, als wir die europäischen Universitäten besuchten; auf dem anderen war eine Kaffijah um unseren Kopf montiert. Durch die Kaffijah kann man sein Aussehen sehr leicht verändern. Die Israelis waren offensichtlich davon überzeugt, daß wir dies tun würden. Nachdem also die Israelis alle Informationen über uns gesammelt hatten, war es nicht schwer, uns ausfindig zu machen, als die Kämpfe begannen. Fast neunzig Prozent meiner studentischen Kämpfer wurden getötet oder gefangengenommen.«

In diesen düsteren Zeiten entwickelt Arafat sein Talent, verheerende Niederlagen in glanzvolle Siege umzuwandeln, zur virtuosen Meisterschaft. Je widriger und gefährlicher seine persönlichen und die politischen Verhältnisse werden, desto mehr versteht er es, sich mit Stärke, List und Charme als Siegertyp in Szene zu setzen. In diesen Monaten hält er sich zumeist in Nablus und Ramallah auf und kann zweimal in letzter Minute einer Verhaftung durch die Israelis entkommen. Und während im November 1967 das Scheitern der Fatahkämpfer offenbar wird, gelingt es Arafat, einen entscheidenden Schritt in seiner Karriere als »Mr. Palestine« voranzukommen. Dank der Vermittlung von Mohammed Heikal, einem alten Freund aus Kairoer Tagen und Intimus von Nasser, kommt ein Treffen mit dem ägyptischen Staatspräsidenten zustande. Lange hat Nasser gezögert. Denn immer wieder hatte ihm sein Geheimdienst versichert, daß der Fatahführer ein Attentat auf ihn plane. Jetzt ist der Rais, der seinen Rücktritt vom 9. Juni längst wieder zurückgenommen hat, in politische Not geraten und sucht neue Wege und neue Weggenossen im machtstrategischen Ränkespiel um Palästina.

Beim ersten Zusammentreffen entwickeln beide im Nu eine große persönliche Sympathie füreinander und einigen sich Schritt für Schritt über das, was in den kommenden Monaten in Sachen Palästina zu geschehen hat. Zunächst einmal gilt es Achmed Schukairi loszuwerden. Der PLO-Chef ist mit seinen wortradikalen Ausfällen, seinen spektakulären Fehlleistungen und seiner politischen Unberechenbarkeit untragbar geworden. Arafat und Nasser beschließen, daß die Fatah am 9. Dezember 1967 auf der Konferenz der arabischen Außenminister in Kairo ein Memorandum überreicht, in dem Schukairi als Repräsentant der Palästinenser zurückgewiesen wird. Mit Nassers diskreter Nachhilfe fordert das Exekutivkomitee der PLO fünf Tage später den Rücktritt seines Vorsitzenden. Am 24. Dezember gibt Schukairi nach und geht mit einer ordentlichen Altersversorgung in den Ruhestand. Zu seinem vorläufigen Nachfolger wird Dschahia Hammuda bestimmt. Der farblose Rechtsanwalt von der Westbank ist von vorneherein nur als geschäftsführende Interimsfigur vorgesehen.

Als nächstes sollen die zahlreichen palästinensischen Widerstandsgruppen, die sich seit dem Sechs-Tage-Krieg formiert haben, unter Kontrolle gestellt werden. Arafat lädt zwölf von ihnen zu einem Treffen nach Kairo ein. Die Repräsentanten von acht Organisationen kommen schließlich am 18. Januar 1968 überein, in Zukunft enger zusammenzuarbeiten und in der ägyptischen Hauptstadt ein gemeinsames Permanentes Büro einzurichten. Zwar ist es Arafat nicht gelungen, George Habbasch und seine erst sechs Wochen alte Volksfront zur Befreiung Palästinas zu gewinnen, aber Nasser und er sind schon froh, den neuerdings mit den Syrern kooperierenden Exnasseristen isoliert zu haben. Habbasch, der bis zum Sechs-Tage-Krieg ein treuer Anhänger des Rais gewesen ist, hat sich zu einem entschlossenen Marxisten leninistischer Prägung entwickelt und erhofft sich von den Sozialisten der syrischen Baath-Partei mehr politisches Verständnis und militärische Unterstützung. Wieder einmal sind Personen und Fronten im Kampf um Palästina kräftig durcheinandergeraten, wieder einmal versuchen die arabischen Staaten mit palästinensischen Führern ihres Vertrauens ihre eigenen Interessen zu wahren.

Bei all diesen konspirativen und diplomatischen Intrigen vergißt Arafat nicht, daß nur der die Oberhand behält, der sich im bewaffneten Kampf gegen Israel auszeichnet. Im Februar 1968 geht er deshalb daran, seine arg dezimierten Fatahtruppen wieder aufzustocken und für neue Sabotageakte und Terroranschläge in den besetzten Gebieten zu trainieren. Als sein Hauptquartier wählt er die Kleinstadt Karameh am Ostufer des Jordans aus. Bis zur Grenze in der Flußmitte sind es nur vier Kilometer. Die Einwohnerzahl von Karameh ist durch die palästinensischen Flüchtlinge des Sechs-Tage-Krieges auf rund 30 000 angewachsen. Wie in fast allen Städten und

Dörfern der jordanischen Grenzregion herrschen auch hier chaotische Zustände. Mit wenig Erfolg versucht König Husains Armee, die in den Flüchtlingslagern rekrutierten Guerillakämpfer daran zu hindern, in Israel und den besetzten Gebieten militärische Operationen durchzuführen. Die Generäle fürchten zu Recht israelische Vergeltungsschläge. Aber immer weniger beeindruckt von der haschimidischen Staatsgewalt, zeigen sich die bewaffneten palästinensischen Guerillas in aller Öffentlichkeit und fordern von der Regierung territoriale Freiräume auf jordanischem Boden. Die innenpolitische Situation in Jordanien spitzt sich zu.

Innerhalb weniger Wochen schafft es Arafat, in Karameh eine bescheidene Fataharmee von etwa dreihundert Kämpfern aufzubauen, die Anschläge westlich des Jordans durchführen. Anfang März erhält er von mehreren Seiten Hinweise, daß die Israelis offenbar eine Strafexpedition gegen Karameh und die Fatah vorbereiten. Am 18. März wird Arafat zu einem Treffen mit dem Stabschef der jordanischen Armee, General Amer Khammash, nach Amman eingeladen. Der Offizier berichtet ihm, daß innerhalb der nächsten drei Tage ein Angriff der israelischen Armee auf Karameh bevorstehe. Er empfiehlt, daß sich die Fatahtruppen Richtung Osten in die Berge zurückziehen sollen. Die jordanische Armee werde den Israelis mit Artilleriebeschuß begegnen. Doch zur Überraschung von General Amer Khammash geht Arafat nicht auf den gutgemeinten Vorschlag ein. Der Fatahführer will es diesmal wissen: »Nach der arabischen Niederlage von 1967 muß es eine Gruppe geben, die der arabischen Nation ein Beispiel gibt. Es muß eine Gruppe geben, die beweist, daß es Menschen in unserer arabischen Nation gibt, die bereit sind, zu kämpfen und zu sterben. Es tut mir leid. Wir werden nicht abziehen. Wir werden kämpfen und sterben.«

Vorsorglich wird noch am selben Tag mit der Evakuierung der Zivilbevölkerung der Stadt und der Flüchtlingslager begonnen. Gespenstisch leer ist Karameh, als am 21. März 1968 um fünf Uhr morgens etwa siebentausend israelische Soldaten an mehreren Stellen den Jordan überqueren, um das Hauptquartier der Fatah in Schutt und Asche zu legen. Während Infanterietruppen mit Panzern Karameh von Norden, Westen und Süden angreifen, setzen Hubschrauber Fallschirmspringereinheiten östlich der Stadt ab. So marschieren die Israelis aus allen vier Himmelsrichtungen ein. Systematisch sprengen sie während des Tages drei Viertel aller Häuser, sind aber während der ganzen Operation erbitterten Attacken der Fatahkämpfer ausgesetzt. Auch die jordanische Artillerie greift ein und fügt den Israelis empfindliche Verluste zu. Um 15 Uhr beginnen sie ihren planmäßigen Rückzug über den Jordan und müssen 23 Tote und 70 Verwundete mitnehmen. Mehrere Panzer und anderes schweres militärisches Gerät werden zerstört zurückgelassen. Die Fatah hat nahezu die Hälfte ihrer Truppen verloren; 93 tote und mehr als dreißig verwundete Kämpfer sind zu beklagen. Aber dennoch: Für Arafat und die Fatah bedeuten die Gefechte um Karameh einen großen Triumph und den Beginn einer neuen Ära des Kampfes der Palästinenser um ihre Heimat.

Fatahmitglied Salah Khalaf alias Abu Ijad: »Die Schlacht um Karameh [im Arabischen bedeutet der Name ›Würde‹] wurde in der gesamten arabischen Welt als ein glänzender Sieg gefeiert, und unsere Heldentaten wurden zu Legenden. Zigtausende von Menschen, hochstehende Persönlichkeiten des jordanischen Königreichs, Zivilisten und Militärs strömten in die Stadt, um sich vor den sterblichen Hüllen unserer Märtyrer zu verneigen. Die palästinensischen Volksmassen tobten vor Begeisterung. Seit Jahrzehnten hatte man sie verhöhnt und gedemütigt, der Sieg von Karameh aber, der für sie der erste Schritt zu ihrer Befreiung war, erfüllte sie mit Stolz.«

Die Palästinenserin Leila Khaled, die einige Jahre später eine berüchtigte Terroristin werden sollte, lebt zur Zeit der Kämpfe um Karameh in Kuwait und hat sich gerade um die Aufnahme in die kämpfende Truppe der Fatah beworben. Sie erinnert sich: »Die Israelis versuchten Karameh zu zerstören und erlitten ihre erste Niederlage in ihrer langen Geschichte militärischer Siege. Sie wurden psychologisch fertiggemacht; nach streng militärischen Gesichtspunkten waren sie freilich siegreich. Das war der Wendepunkt, und die arabischen Medien bliesen das Ereignis so auf, daß man glauben konnte, die Befreiung Palästinas stünde vor der Tür. Tausende von Freiwilligen meldeten sich. Gold wurde kiloweise gesammelt, Waffen kamen tonnenweise. Die Fatah, eine Bewegung einiger hundert halbausgebildeter Guerillas, erschien den Arabern plötzlich wie die chinesische Befreiungsarmee vom Oktober 1949. Die arabischen Regierungen benutzten die Fatah, um ihre eigene Unfähigkeit zu verschleiern.«

Zwei Tage nach den Kämpfen von Karameh gibt König Husain eine Pressekonferenz in Amman. Seine Begeisterung für die Heldentaten der Fedajin in der Fatah hält sich in Grenzen. Er kann sich vorstellen, was das über Nacht gestärkte Selbstbewußtsein der Palästinenser für den inneren Frieden seines Landes bedeutet. Ihm bleibt nichts anderes übrig, als die Flucht nach vorne anzutreten und vieldeutige Komplimente zu machen: »Die Einwohner von Karameh haben mutig Widerstand geleistet. Es ist schwer für mich, zwischen Fedajin und anderen einen Unterschied zu machen. Wir werden vielleicht bald ein Stadium erreichen, in dem wir alle Fedajin sind.«

Ganz andere Töne erklingen am 25. März 1968 am Ort des heroischen Geschehens. Arafat präsentiert sich als Fatahkämpfer zum erstenmal der internationalen Presse. Er hat die Journalisten in das schwer zerstörte Krankenhaus von Karameh geladen, ist unrasiert und trägt eine feldgrüne Jacke sowie das schwarzweiß gemusterte Kopftuch der Palästinenser. Arafat stellt sich mit seinem Kampfnamen »Abu Ammar« vor, setzt sich an einen Tisch, legt seine Maschinenpistole darauf, zündet sich in Ruhe eine Zigarette an und gibt schließlich eine Erklärung ab: »Dieser Kampf war erst der Anfang. Wir sind zum Kampf gezwungen, weil uns niemand helfen will. Weder die Großmächte noch die Vereinten Nationen unternehmen etwas für uns Palästinenser. Wir sind auf einen langen Krieg gefaßt, auf einen Volkskrieg. Um diesem Volkskrieg näherzukommen, müssen wir die Öffentlichkeit alarmieren und die arabische Welt aufrütteln. Eigentlich wollen wir Frieden. Die Israelis wollen Krieg. Sie vertreiben uns von unserem Grund und Boden. Der Krieg der Israelis hat System, und er ist keine Erfindung des Jahres 1967. Er dauert schon lange. Das Ende ist nicht abzusehen. Aber wir wissen, wie das Ende aussieht. Wir werden wieder daheim in Palästina leben. Mit allen, die uns akzeptieren. Palästina gehört auch den alteingesessenen Juden. Sie haben das gleiche Recht, dort zu leben, wie wir. Gegen die Juden habe ich nichts. Die Zionisten dagegen – sie führen sich wie Nazis auf. Was haben sie davon, daß sie ein solches Krankenhaus zerstören? Ein Lager für 30000 Flüchtlinge haben sie total vernichtet. Sie wollen, daß wir ein Volk von Flüchtlingen bleiben.« Und dann fügt Arafat eine Bemerkung hinzu, die wie eine bescheidene Aufforderung zur internationalen Solidarität klingt, aber innerhalb weniger Jahre als unverhüllte Androhung einer globalen Erpressung verstanden werden muß: »Wir brauchen das Vertrauen der Europäer und der Amerikaner. Sie wiederum brauchen unser Öl. Wir bieten Öl gegen Vertrauen.«

Nasser ist von den Worten und Taten seines neuen Günstlings sehr angetan. Ganz offiziell fragt er bei der Fatah an, ob sie bereit sei, eine Delegation von ägyptischen Offizieren zu empfangen. Sie sollen vor Ort studieren, was sich auf dem Schlachtfeld von Karameh abgespielt hat. Arafat wird zudem gebeten, an ägyptischen Militärakademien über Taktik und Strategie seines Sieges zu referieren. Mit großer Genugtuung erinnert er sich: »Ich richtete es so ein, daß viele unserer Kämpfer ihre persönlichen Erfahrungen schildern konnten, wie es möglich war, der israelischen Aggression zu begegnen. Das waren stolze Momente für uns.«

Der ägyptische Staatspräsident beschränkt sich nicht auf schmeichelnde Gesten. In den Wochen nach Karameh tüftelt er mit Arafat konkrete politische Manöver aus, um den Fatahführer längerfristig an die Spitze der PLO zu hieven und ihm internationale Anerkennung zu verschaffen. Zunächst müssen die Fatah und die anderen Guerillagruppen Sitz und Stimme im Palästinensischen Nationalkongreß (PNC) erhalten. Bis Ende Mai ist der anfangs zögerliche amtierende PLO-Chef Dschahia Hammuda auf den neuen Kurs getrimmt. Für den Vierten Palästinensischen Nationalkongreß im Juli muß er für hundert Sitze völlig neue Delegierte einladen. Die Fatah erhält zusammen mit den im Permanenten Büro vertretenen Guerillagruppen 38 Sitze. Zehn weitere gehen an andere Fedajinorganisationen. Die verbleibenden 52 Sitze werden zumeist an die Repräsentanten verschiedener Studenten- und Gewerkschaftsorganisationen vergeben, die mehrheitlich Mitglieder oder begeisterte Anhänger der Fatah und ihres kämpferischen Kurses sind.

Diese radikale Umstrukturierung der Repräsentanz des palästinensischen Volkes im PNC bedeutet das Ende einer Epoche, in der die in feudalen Kategorien denkende und agierende Elite der Efendis und Notabeln die nationalen Geschicke mehr schlecht als recht bestimmte. Jetzt hat eine neue Elite das Sagen. Ihr Machtanspruch leitet sich aus ihrer Bereitschaft zum bewaffneten Kampf ab. So ist der Vierte Palästinensische Nationalkongreß, der im Juli 1968 in Kairo abgehalten wird, ganz von diesem neuen militanten Geist beherrscht. In die einst von Achmed Schukairi verfaßte Nationalcharta werden sieben neue Artikel aufgenommen, die den Kurswechsel deutlich machen.

So heißt es nunmehr in Artikel 9: »Der bewaffnete Kampf ist der einzige Weg zur Befreiung Palästinas. Dabei handelt es sich um eine generelle Strategie und nicht nur um eine taktische Phase.« In Artikel 10 wird betont:

»Kommandoaktionen stellen den Kern des palästinensischen Volksbefreiungskrieges dar.« Und in Artikel 21 wird festgelegt: »Das arabisch-palästinensische Volk, das sich selbst in der bewaffneten palästinensischen Revolution verwirklicht, lehnt alle Lösungen ab, die nicht zur totalen Befreiung Palästinas führen.« Zum Wesen des Feindes wird in Artikel 22 definiert: »Der Zionismus ist eine politische Bewegung, die organisch mit dem internationalen Imperialismus verbunden ist und im Gegensatz zu allen Aktionen aller freiheitlichen und fortschrittlichen Bewegungen der Welt steht. Er ist rassistisch und fanatisch in seinem Wesen, aggressiv, expansionistisch und kolonialistisch in seinen Zielen und faschistisch in seinen Methoden.« Und mit Blick auf die arabischen Bruderstaaten heißt es in Artikel 28: »Das arabisch-palästinensische Volk macht die Einzigartigkeit und Unabhängigkeit seiner nationalen Revolution geltend und lehnt alle Formen der Intervention, der Sachwalterschaft und der Unterordnung ab.«

Auch die organisatorischen Vorstellungen der Fatah werden in einer neuen Verfassung vom Vierten Palästinensischen Nationalkongreß am 17. Juli 1968 verabschiedet. Darin wird unter anderem festgelegt: »Die Palästinenser organisieren sich in Übereinstimmung mit den Vorschriften dieser Verfassung in einer Vereinigung, die ›Palästinensische Befreiungsorganisation‹ heißen soll. Das Exekutivkomitee ist das höchste exekutive Gremium der Organisation. Alle Mitglieder des Exekutivkomitees werden vom Nationalkongreß gewählt. Das Exekutivkomitee besteht aus elf Mitgliedern und wählt seinen Vorsitzenden selbst. Das Exekutivkomitee ist verantwortlich für die Vertretung des palästinensischen Volkes, die Überwachung angeschlossener Organisationen, den Erlaß von Verfügungen und Anweisungen, die Ausführung der Finanzpolitik und für den Entwurf eines Budgets. Ganz allgemein übernimmt das Exekutivkomitee alle Verantwortung für die Befreiungsorganisation in Übereinstimmung mit der allgemeinen Politik und mit den Resolutionen, die vom Nationalkongreß beschlossen worden sind.«

Der Vierte Palästinensische Nationalkongreß begnügt sich damit, die inhaltlichen und organisatorischen Prinzipien festzuschreiben. Erst wenn die Delegierten für den nächsten Kongreß nach den neuen Spielregeln gefunden sind, können die Personalfragen gelöst und die Mitglieder des Exekutivkomitees gewählt werden. Doch bereits im Juli 1968 ist klar, wer nach dem Fünften Palästinensischen Nationalkongreß, der Anfang 1969 stattfinden soll, den Kurs der PLO bestimmen wird: die Fatah und Jasir Arafat. Er hat mehr Niederlagen erleben müssen als Siege, er wurde verhöhnt und verraten, verachtet und gefoltert, aber dank einer erstaunlichen Energie, einem außergewöhnlichen Mut, einer listenreichen Klugheit und einem zuweilen unwiderstehlichen Charme steht Arafat mit 39 Jahren kurz davor, die Führung eines Volkes zu übernehmen, das keine Heimat hat, machtlos und entrechtet ist und im Augenblick nur deswegen von einer Zukunft träumt, weil einige tausend Fedajin bereit sind, mit Waffengewalt für sie zu kämpfen.

Ein Kult der Gewalt entsteht – mal prosaisch gepriesen, mal poetisch verklärt. Über Radio Kairo verkündet die Fatah: »Alle Betrachtungen und Theorien kommen aus dem Gewehrlauf. So wie das Gewehr das Symbol der Fatah ist, ist die Kugel die Ideologie.« Und ein palästinensisches Gedicht verspricht:

> Vater, sei sicher, ich räche deine Ehre
> und stelle deine Würde wieder her...
> Die Ehre und die Würde aller Märtyrer,
> mit Kanonen, Kugeln und Bajonetten!

Gamal Abdel Nasser hält von derlei Mystik der Gewalt wenig. Er bittet Arafat zu sich und warnt, daß es zu viele »Idealisten, Romantiker und Träumer« in der Fatah gebe. Es sei ihr gutes Recht zu träumen, aber sie sollten sich vergegenwärtigen, daß sie in der Realität lebten.

Und um Arafat einen Einblick in die weltpolitischen Realitäten zu verschaffen, schlägt Nasser ihm vor, ihn noch im Juli 1968 auf einer Reise in die Sowjetunion zu begleiten. Zwar sei Arafat nicht eingeladen, aber er könne trotzdem als Mitglied der Delegation mit einem ägyptischen Paß auf den Namen Muhsin Amin mitkommen. In Moskau zeigen sich die Kremlherren pikiert über das schlichte Täuschungsmanöver des Rais. Generalsekretär Leonid Breschnew, Ministerpräsident Alexej Kossygin und Staatspräsident Nikolai Podgorny weigern sich, den kommenden Chef der PLO zu empfangen. Er muß sich mit einem Vertreter des Afro-Asiatischen Solidaritätskomitees zufriedengeben.

Drei Wochen später sind die auf die diplomatische Etikette bedachten Sowjets bereit, eine offizielle Delegation der Fatah zu Gesprächen nach Moskau einzuladen. Khaled Hassan und Khalil Wasir werden von führenden Funktionären des Afro-Asiatischen Solidaritätskomitees empfangen. Khalil Wasir erinnert sich: »Die Sowjets waren sehr mißtrauisch. Sie wollten alles über unsere Organisation wissen. Sie wollten insbesondere Einzelheiten unseres Verhältnisses zu China erfahren, und sie erkundigten sich ausführlich, warum und wie die Chinesen uns mit Waffen versorgten.« Für Hassan bedeutet diese Visite eine schmerzliche Erfahrung: »Gefühlsmäßig waren wir sehr enttäuscht und sehr deprimiert. Aber wir begannen auch internationale Politik zu verstehen. An einem Punkt unseres Gesprächs mit den Sowjets sagte ich: ›Lassen Sie mich bitte zusammenfassen, was Sie uns meines Erachtens sagen wollen. Sie sagen, daß Sie keinesfalls in eine Konfrontation mit den Amerikanern wegen des Schicksals der Palästinenser im besonderen und den Arabern im allgemeinen hineingeraten möchten.‹ Die Sowjets waren sehr offen. Sie antworteten, ich hätte sie ausgezeichnet verstanden.«

Die Führer der Fatah lernen in den nächsten Jahren der kühlen Realpolitik der Sowjets positive Seiten abzugewinnen. Khaled Hassan: »Sie ermutigten uns nie zum bewaffneten Kampf. Sie sagten immer, daß Israel ein Existenzrecht habe und daß wir Araber und Palästinenser eine politische Einigung mit dem jüdischen Staat anstreben sollten. Wir lernten die sowjetischen Führer schätzen für die offene Art, mit der sie mit uns umgingen. Und wir waren völlig ehrlich zu ihnen. Einmal sagten sie mir, daß sie lieber mit den Rechten der Fatah verhandeln würden, die sagten, daß sie keine Kommunisten seien, als mit den ›extremlinken Abenteurern‹ unserer Befreiungsbewegung.«

Im Februar 1969 wird auf dem Fünften Palästinensischen Nationalkongreß die Machtübernahme der PLO durch die Fatah formal vollzogen. In Gegenwart von Nasser wird Arafat zum Vorsitzenden gewählt. Er weint vor Rührung. In das Exekutivkomitee kommen neben Sympathisanten der Fatah ihre führenden Mitglieder Khaled Hassan, Faruk Kaddumi und Mohammed Yussif al-Nadschar. Nur noch ein Repräsentant der alten Führung behält seinen Sitz im Exekutivkomitee: Abdulmadschid Schoman, Generalmanager der Arab Bank und Sohn von Abdulhamid Schoman. Der Chef des erfolgreichen Geldinstituts fungiert als Generaldirektor des Palästinensischen Nationalfonds (PNF) und ist somit für die Finanzen der PLO zuständig. In Artikel 25 der Verfassung wird aufgeführt, aus welchen Quellen der PNF gespeist wird:

- Aus einer Steuer für Palästinenser;
- aus Finanzhilfen arabischer Regierungen und der arabischen Nation;
- aus dem Verkauf von »Freiheitsmarken«, die von den arabischen Staaten für den Postverkehr herausgegeben werden;
- aus Spenden und
- aus Anleihen und Krediten bei arabischen Ländern und befreundeten Nationen und Völkern.

Außerdem sollen laut Artikel 26 »Komitees zur Unterstützung Palästinas in arabischen und befreundeten Ländern gebildet werden, um Beiträge zu sammeln und um die Organisation zu unterstützen«.

Im Februar 1969 klaffen Anspruch und Wirklichkeit der Verfassung in Sachen Finanzpolitik der PLO noch weit auseinander. Khaled Hassan konstatiert trocken: »Wir waren pleite. Als wir die PLO übernahmen, hatten wir kein Geld, um unseren Lebensunterhalt oder die administrativen Kosten zu bezahlen.« Weder Ägypten noch ein anderer arabischer Staat ist fähig oder willens, der PLO mit einer kräftigen Finanzspritze auf die Beine zu helfen. Nach langen Diskussionen im Exekutivkomitee bleibt nur noch eine Möglichkeit übrig: Die reichen, aber erzkonservativen Saudis müssen dazu gebracht werden, der revolutionären, antiroyalistischen und laizistischen palästinensischen Befreiungsbewegung eine Millionenschenkung zu machen. Mit der schier unlösbaren Aufgabe wird das im Exekutivkomitee für außenpolitische Beziehungen zuständige Mitglied Khaled Hassan betraut. Der Vierzigjährige hat viel Charme. Er ist etwas korpulent, aber sehr behende, trägt westliche Kleidung und einen Schnurrbart. Hassan gehört innerhalb der PLO-Führung zu den entschiedensten Verfechtern der parlamentarischen Demokratie, aber er ist tolerant, einfallsreich und wortgewandt genug, um auf einen klugen, verschlossenen und prinzipientreuen Beduinenkönig Eindruck zu machen. Im März 1969 reist er im Auto und auf einem Kamel nach Rijad. In der Hauptstadt des Königreichs trifft er sich mit einem Freund, der 1948 als Freiwilliger aus Saudi-Arabien im Krieg gegen Israel mitkämpfte: Fahd al-Marak. Der inzwischen zum Diplomaten avancierte Freund zeigt sich listenreich. Er quartiert Hassan in dem an der Al-Mattar-Straße gelegenen Luxushotel »Al Yamamah« ein. Da jeder Ausländer in Saudi-Arabien einen Bürgen braucht, fragt der Mann am Empfang, wer für Khaled Hassan bürge. Mit kühler Gelassenheit sagt Fahd Al-Marak: »Fahd.« Hassan: »Das war natürlich sein Name, aber auch der des Kronprinzen und Innenministers. Wie wir erhofft hatten, nahm der Mann an der Rezeption an, ich sei ein Gast der königlichen Familie. Mein Freund hatte dieses Hotel ausgesucht, weil tatsächlich viele Gäste von

Kronprinz Fahd hier abstiegen.« Das Innenministerium liegt schräg gegenüber dem »Al Yamamah«-Hotel.

Als vermeintlich königlicher Gast erhält Khaled Hassan eine luxuriöse Suite. Aber die Freude darüber hält nicht lange an. Wochenlang wartet er vergeblich, eine Audienz beim König zu erhalten. Er ruft verschiedene Kontaktleute an, aber diese lassen sich entweder verleugnen oder können ihm auch nicht helfen: »Es war furchtbar frustrierend. Vierundzwanzig Stunden pro Tag in einem Hotelzimmer. Mehr als zwanzig Tage ohne Radio, Zeitungen oder irgend etwas zu lesen. Niemand, mit dem ich sprechen konnte. Es war schrecklich.« Hassan ist verzweifelt genug, um abenteuerliche Wege zu beschreiten. Er erfährt, daß König Faisal jede Woche eine nichtprotokollarische Audienz gibt. Bei ihr werden die Repräsentanten von Beduinenstämmen empfangen, die zu stolz sind, die Regeln der Hofschranzen zu beachten. Unter eine solche Gruppe von zweihundert Wüstensöhnen mischt sich Hassan in passendem Gewand. Er beobachtet, wie die Beduinen ihre Anliegen vortragen, und wartet geduldig, bis er an die Reihe kommt. »Ich sagte: ›Guten Tag, Majestät. Ich bin Khaled Hassan von der Fatah. Ich wohne im ›Al Yamamah‹-Hotel und bin hier, um Sie zu treffen. Und ich werde Rijad nicht verlassen, bis ich mit Ihnen gesprochen habe. Vielen Dank.‹ Dann rannte ich fort.«

Am Nachmittag des 23. Tages seines Aufenthaltes in der Hotelsuite klingelt zum erstenmal das Telefon. Der Protokollchef des Hofes teilt ihm mit, daß der König ihm um acht Uhr abends eine fünfzehnminütige Audienz gewähren wird. Es kommt anders: Der Empfang wird mehr als viereinhalb Stunden dauern und aus der Hungerleidertruppe PLO innerhalb von kurzer Zeit die reichste Befreiungsorganisation der Welt machen. Mit viel Sinn für eine bilderreiche Sprache kann Khaled Hassan König Faisal davon überzeugen, daß weder die Fatah noch die PLO von Moskau gesteuert werden. Kurz und bündig fallen am Ende der Audienz Faisals

Anordnungen für den Berater des Königs, Raschad Faraon, aus.

Faisal: »Raschad, gib Khaled, was er wünscht.«

Khaled: »Nein, Eure Majestät. Zuerst möchte ich etwas von Ihnen – dann von Raschad.«

Faisal: »Was willst du von mir?«

Khaled: »Ich möchte, daß Sie eine fünfprozentige Befreiungssteuer von den Gehältern aller in Saudi-Arabien arbeitenden Palästinenser erheben.«

Faisal: »Einverstanden. Was sonst?«

Khaled: »Wir brauchen eine nennenswerte finanzielle Unterstützung von Ihnen persönlich.«

Faisal: »In Ordnung. Was sonst?«

Kahled: »Wir brauchen ebenso eine nennenswerte finanzielle Unterstützung von der Regierung.«

Faisal: »Genügen zwölf Millionen Dollar pro Jahr?«

Khaled: »Das ist mehr als genug.«

Faisal: »Sonst noch etwas?«

Khaled: »Wir brauchen Waffen und Munition.«

Faisal: »In Ordnung. Raschad, du wirst die notwendigen Vereinbarungen treffen. Achte darauf, daß Khaled das bekommt, was er braucht und wir erübrigen können.«

Zwei Wochen später treffen 28 große Armeelastwagen aus Saudi-Arabien in Jordanien ein. Bei der Arab Bank in Amman sind auf den Konten der Fatah und der PLO bereits die versprochenen Millionen aus Rijad eingegangen und damit der Grundstock für ein Vermögen gelegt, das sich in den kommenden Jahren explosionsartig vermehren wird. Zynische Insider der PLO definieren ein Dutzend Jahre nach Khaled Hassans Bettelvisite bei König Faisal ihre Organisation als einen multinationalen Mischkonzern, dem nur historisch bedingt eine politische und eine militärische Abteilung angeschlossen seien.

Die verlorene Ehre
des vertriebenen Volkes

Der Auftritt hat Tradition, aber am 7. Juli 1974 kommt ihm eine besondere Bedeutung zu. Um acht Uhr morgens sind über vierhundert Angestellte der Arab Bank in der großen Eingangshalle der Ammaner Zentrale versammelt. Bevor Abdulhamid Schoman, wie schon seit Jahren üblich, dem heißen arabischen Sommer nach Europa entflieht, läßt er es sich nicht nehmen, eine Rede an seine »Kinder« zu halten. Der Vierundachtzigjährige steht hinter einem schmalen Tisch, auf dem sich eine Karaffe mit Wasser, ein Glas, ein paar Blatt Papier sowie ein kleines Tonbandgerät befinden. Was niemand zu diesem Zeitpunkt ahnen kann: Es ist die letzte Rede Schomans, die somit zum Vermächtnis eines eigensinnigen und selbstgerechten, aber außergewöhnlich erfolgreichen Patriarchen orientalischer Prägung wird:

Guten Morgen, einen guten Morgen für euch alle, ihr Männer und Frauen. Ihr seid meine Söhne und Töchter. Ich mache keinen Unterschied zwischen euch und meinen Kindern.

Seit der Gründung dieser Bank habe ich mich darum bemüht, den Arabern zu beweisen, daß es Menschen unter ihnen gibt, die die gleiche Arbeit leisten können wie die Fremden. Damit war ich, Gott sei Dank, erfolgreich, ebenso wie in Amerika, wo ich die Fremden sogar übertroffen habe. Es mag einige unter euch geben, die noch nicht von meinem Erfolg gehört haben. Das liegt daran, daß ich Eigenlob hasse und mein Vertrauen in Gott den Allmächtigen setze.

Laßt mich über das berichten, was mir vorhin durch den Kopf ging. Bevor ich in diese Halle kam, stand ich am Eingang und habe den Zutritt von ungefähr zehn Angestellten verhindert, weil sie lange Haare trugen wie die Juden und jene, die sich Hippies und Beatles nennen. Ihr dürft nicht annehmen, daß ich rückschrittlich denke. Im Gegenteil, ich bin wahrscheinlich den meisten einhundert Jahre voraus. Die Arab Bank ist ein fortschrittliches Institut, das nach den besten Regeln und Praktiken des Bankgeschäftes geführt wird.

Schoman blickt auffordernd in die Runde und fährt mit etwas lauterer Stimme fort:

Und warum ist dies so? Weil ein junger Mann und Analphabet von seinem Heimatdorf nach Amerika reiste, wo er fleißig arbeitete und sich selbst das Schreiben im Arabischen wie im Englischen beibrachte.

Ich weiß nicht, warum wir die Fremden so gerne imitieren. Laßt uns ihnen in den guten Dingen nacheifern, aber nicht in Fragen der Kleidung oder der Frisur. Ich habe es schon mehrmals erwähnt, und ich wiederhole es erneut, daß wir Araber einst Spanien und Teile von Italien und Frankreich erobert haben. Konnten es damals die Fremden mit uns aufnehmen?

Wenn es den Fremden in jenen Zeiten gelang, von uns zu profitieren, müssen wir sie dann heute in den Dingen nachahmen, die nutzlos oder gar gefährlich für uns sein können? Was mich betrifft, so habe ich die Fremden nur nachgemacht, wenn es um ihre Arbeit und ihren Fleiß ging, und das ist der Grund, warum ich erfolgreich war. Wäre dies nicht so, so stünde ich heute nicht vor euch.

Deswegen bin ich wieder nach Hause gekommen. Ich ziehe einen einzigen Tag in meinem Heimatland einem ganzen Leben in der Fremde vor. Es macht für mich keinen Unterschied, ob ich in Amman, Damaskus, Beirut, Kairo, Bagdad, Rijad oder in irgendeiner anderen arabischen Stadt oder einem anderen arabischen Land bin, weil ich zuerst und vor allem ein Araber bin. Warum habe ich diese Bank »Arab Bank« genannt und nicht Schoman Bank, Beit Hanina Bank, Jerusalem Bank oder Palästina Bank?

Schoman schlägt mit der Faust auf den Tisch und betont mit kräftiger Stimme:

Schoman hat eine arabische Einheit geschaffen. Ich habe Niederlassungen vom Atlantik bis zum Golf eingerichtet, und ihr wißt das. Aber warum habe ich das getan? Zu meinem eigenen Vorteil? Da sei Gott vor! Wenn es mir um Reichtum gegangen wäre, hätte ich in Amerika bleiben können, wo ich ein Vermögen von zweihundert Millionen Dollar gemacht hätte. Aber ich brauche ihre Dollar nicht. Ich habe die Amerikaner gemocht. Ich besaß einst selbst ihre Nationalität und konnte ein Vermögen in ihrem Land zusammentragen. Aber seit sie angefangen haben, den Zionisten zu helfen und sie mit Waffen zu versorgen, um uns zu bekämpfen, verabscheue ich sie. Es waren nicht die Juden, die gegen uns gekämpft haben, es waren die Amerikaner.

Der alte Herr legt eine Pause ein, schenkt sich ein wenig Wasser in das Glas und trinkt davon.

Brüder im Herrn, ich möchte euch noch einmal daran erinnern, daß ich früher als ein Träger gearbeitet habe. In meinen frühen Jahren habe ich Zementsäcke auf meinen Schultern getragen, und mein Tageslohn betrug anderthalb Piaster. Doch dank meines Fleißes und meines Sinnes für Verantwortung verdoppelte sich mein Einkommen mehrmals, bevor ich fünfzehn Jahre alt wurde. Das Geheimnis des Erfolges besteht darin, für das Wohlergehen eines Landes oder einer Nation zu arbeiten und nicht für den persönlichen Vorteil. Ein weiteres Geheimnis des Erfolges ist, freundlich zu sein gegenüber jedermann, ob groß oder klein.

   Jene, die ihr als Bürojungen bezeichnet, bedeuten mir genausoviel wie meine Söhne Abdulmadschid und Khalid. Da gibt es keinen Unterschied. Ich behandle sie immer mit Aufmerksamkeit und Freundlichkeit, indem ich zum Beispiel sage: ›Kann ich bitte eine Tasse Kaffee oder Tee haben?‹

An dieser Stelle korrigiert sich Schoman sofort:

> Entschuldigung. Ich bestelle niemals Kaffee, weil ich ihn überhaupt nicht trinke. Er ist gefährlich und verursacht Kopfschmerzen.
> Ich werde mit euch jetzt nicht über lange Haare reden, weil ich das schon getan habe. Wo sind die jungen Männer, die erst seit kurzem in den Dienst der Bank getreten sind? Laßt sie nach vorne kommen, so daß sie mich hören können und kennenlernen, wie mich bereits die älteren Angestellten kennen. Meine Stimme mag heute etwas schwächer geworden sein, als sie früher war, aber sie ist kräftig genug, Gott sei Dank, und meine Sinne und mein Verstand sind sehr zufriedenstellend. Vor kurzem hat mich der Doktor untersucht und fand alles in bestem Zustand.

Die letzten Sätze kommen etwas unkonzentriert über die Lippen, doch dann wendet er sich mit einigem Pathos seinem Lieblingsthema zu:

> Die Raucher sollen mir zuhören! Verflucht sei der Tabak! Er ist gefährlich und krebserregend. Wehe den Rauchern! Und bedauernswert des Rauchers Weib. Ein Mann sollte wissen, was das beste für ihn ist, und sich daran halten, und er sollte wissen, was schlecht für ihn ist, und es meiden. Er sollte es nicht zulassen, daß ihn die Gewohnheit des Rauchens versklavt.
> Ich begann meinen Kampf gegen das Rauchen, als ich drei Jahre alt war. Ich habe mich stets dagegen gewehrt, daß mein Vater morgens und abends die Wasserpfeife rauchte, und er hat mich deswegen angebrüllt und mich ins Bett geschickt. Ich habe meinen Vater wegen des Rauchens fortwährend belästigt, bis ich zehn Jahre alt war. Dann gab er es völlig auf. Er hätte hundertundfünf Jahre alt werden können. Bedauerlicherweise starb er, bevor ich aus Amerika zurückkam, und meine Mutter folgte ihm nur einen Monat später. Möge Gott ihren Seelen gnädig sein und denen aller Araber und Muslime.

Ich gehe gern auf dem Land spazieren, gute Luft atmen. Viele von euch sitzen in Kaffeehäusern und vergeuden ihre Zeit mit Geschwätz. Wenn ihr meinem Beispiel folgt, werdet ihr Krankheiten vermeiden, und ihr braucht nicht den Arzt der Bank aufzusuchen.

Er unterbricht seine leidenschaftlich vorgetragene Anklage gegen das Rauchen, blickt suchend in die Versammlung und fragt schließlich:

Wo ist überhaupt unser Doktor? Warum ist er nicht hier? Ich habe ihn heute morgen ausdrücklich gebeten, zu kommen und meinen Worten zuzuhören. Er sollte hören, was ich zu sagen habe über das Spazierengehen in frischer Luft. Ich bin stets stundenlang gelaufen, Dutzende von Kilometer pro Tag.

Schoman hat unter den Angestellten ein Mädchen entdeckt, das einen Minirock trägt. Er spricht es direkt an:

Warum ist dein Kleid so kurz? Ein Mädchen zeigt seine Beine nur, wenn es eine Tänzerin in einem Nachtclub ist oder wenn sie zu Hause ist, aber nicht in einer Bank. Wir akzeptieren diese Art der Bekleidung nicht in unserer Bank. Hast du nicht die Hausmitteilung erhalten, die ich zu diesem Thema verfaßt habe, mein Kind? Ich will dich nie mehr in diesem Aufzug sehen.

Nach einem Schluck aus dem Wasserglas wendet sich Abdulhamid Schoman wieder an alle versammelten Angestellten:

Nun möchte ich euch einiges über die Arab Bank erzählen. Ihr sollt wissen, daß diese Bank ein gutes Renommee im Ausland genießt und natürlich auch in den arabischen Ländern. Sie erfuhr jedoch keine ausreichende Ermutigung, als sie gegründet wurde. Die Leute sagten, daß ein Bankprojekt keinen Erfolg haben würde und daß Schoman in ein oder zwei Jahren bankrott sein würde.

Das waren die Echos auf Kampagnen ausländischer und zionistischer Geschäftsleute, die eine Konkurrenz durch eine arabische Bank nicht tolerieren wollten. Ich sagte diesen Freunden stets, daß die Arab Bank Erfolg haben würde. Einige von ihnen sind seither verstorben, während andere oder ihre Kinder noch leben. Ich werde keine Namen nennen.

In Amerika habe ich stets viel ausgegeben für Wohnung, Essen und Kleidung. Ich vermied es zu rauchen, zu trinken oder sonst etwas zu mir zu nehmen, was dem Ansehen eines Mannes schadet. Ich habe nie daran gedacht, ein Haus zu bauen oder Aktien zu kaufen. Ich habe es vorgezogen, mein ganzes Geld in mein Geschäft zu stekken. Das stellte sich als erfolgreich heraus, Gott sei Dank. Ich habe diese Politik nach der Gründung der Arab Bank fortgesetzt. Ich habe niemals Häuser oder Obstgärten gekauft. Als ich 1929 aus Amerika zurückkam, waren Obstgärten ein wertvoller Besitz, der sehr gute Renditen brachte. Ich investierte mein ganzes Geld in die Entwicklung und Stärkung der Bank, denn wenn ich das nicht getan hätte, wäre ich bankrott gegangen, wie viele Spekulanten nach dem Ausbruch des Weltkrieges. Ich habe immer darauf bestanden, daß wir eine Liquidität von mindestens fünfzig bis sechzig Prozent haben. Wir haben diese Hoch-Liquiditäts-Politik aufrechterhalten, Gott sei Dank.

Schoman nimmt einige Blätter in die Hand. Und während er in ihnen etwas sucht, fährt er fort:

Ich habe vor mir ein Papier, auf dem die Anzahl der Bankangestellten in Amman angegeben ist. Ich will das nicht von einem Sprecher vortragen lassen. Meine Reden sind stets improvisiert, obwohl ich noch nicht einmal meine Grundschule abgeschlossen habe. Ich habe den Koran in einem Internierungslager gelernt, als ich von der britischen Mandatsverwaltung 1936 und 1938 verbannt worden war. Meine Frau hat versucht, mir arabische Grammatik mit einem Lehrbuch beizubringen, das aus der Herrschaftszeit von König Faruk in Ägypten stammt, aber ich war wütend über die Sprache des Buches und habe nichts gelernt.

Schoman scheint endlich das Blatt Papier gefunden zu haben, das er gesucht hat. Er wendet sich wieder an sein Publikum:

Laßt uns wieder zu meinem Blatt Papier kommen. Ich wollte euch erzählen, als wir die Filiale in Amman 1934 eröffneten – das war, bevor ihr geboren ward oder wahrscheinlich noch bevor eure Väter eure Mütter heirateten –, da hatte die Filiale sechs Angestellte, einen Bürojungen und einen Wachmann. Es gab zwei Räume und eine Halle, die nicht viel größer war als dieser Tisch. Wir bauten später noch zwei weitere Räume auf Kosten der Bank hinzu. In jenen Tagen gab es nicht eine einzige weibliche Angestellte, und das aus dem einzigen Grund, weil Mädchen damals keine ausreichende Ausbildung gestattet war. Heute, so steht es jedenfalls auf dem Papier, was ich vor mir habe, beschäftigt allein die Niederlassung in Amman 111 weibliche Angestellte, 275 männliche Angestellte und 72 Bürojungen, was ingesamt eine Zahl von 458 Angestellten nur in Amman ergibt. Ich sehe übrigens keine Notwendigkeit, besonders viele Bürojungen einzustellen. Es ist wohl das beste, wenn jeder Angestellte seine Arbeit erledigt und sie dann dem nächsten zuständigen Angestellten übergibt.

Vierhundertachtundfünfzig Angestellte allein in dieser Niederlassung! Ich will gar nicht an jene denken, die in den Filialen arbeiteten, die wir – oder besser gesagt: die Araber – verloren haben. Die Bank hat insgesamt 1754 Angestellte. Wenn es nicht die Nationalisierungsmaßnahmen gegeben hätte, die 25 Filialen verschlangen, und die zionistische Okkupation, die die Schließung von sieben weiteren Filialen zur Folge hatte, dann könnten wir jetzt viertausend Angestellte haben. Ich sage dies, damit ihr wißt, daß ihr zu einem der besten Institute gehört, nicht nur in den arabischen Ländern, sondern auch in Europa und Amerika. Dies ist kein Eigenlob. Tatsächlich hasse ich Eigenlob und Reklame; daher lasse ich auch keine Anzeigen der Bank publizieren, ausgenommen die Bilanzen.

Schoman schiebt die Papiere auf dem Tisch beiseite. Er scheint ans Ende seiner Rede zu kommen und wirft einen stolzen Blick in die Runde:

Und nun möchte ich euch etwas fragen: Gibt es in der arabischen Nation noch einen vierundachtzigjährigen Mann, der eine Stunde zu euch sprechen kann? Ich könnte sogar noch eine weitere Stunde reden, obwohl meine Stimme schwächer ist, als sie einmal war. Normalerweise habe ich bei jeder Eröffnung einer Filiale in einem arabischen Land zwei Stunden gesprochen, und hier spreche ich heute zu euch. Ihr werdet euch wundern, warum ich noch weiter arbeite und in meinem Alter Anstrengungen auf mich nehme.

Schoman hält einen Augenblick in seiner Rede inne. Er denkt über etwas nach, und als er wieder zu sprechen beginnt, macht sich sehr bald ein Stimmungswechsel bemerkbar:

Es wird der Zeitpunkt kommen, da Gott uns zu sich ruft. Dagegen ist niemand gefeit. Unsere Väter und unsere Vorfahren sind einen langen Weg gegangen. Mein Gewissen ist, Gott sei Dank, rein, frei von jedem Makel. Dank der Gnade Gottes wird mir das beste Haus im Paradies zuteil. Ich habe nicht auf Erden Häuser gebaut, nicht eines, weil ich das beste Haus im Paradies besitzen werde.

Das war alles, was ich euch über die Institution erzählen wollte, in der ihr arbeitet. Ich bin nun an das Ende meiner Rede gelangt. In einigen Tagen werde ich nach Beirut fahren. Ich werde für wenige Monate weg sein. Ich hätte euch gerne alle persönlich die Hand gegeben, aber ich will euch nicht von eurer Arbeit abhalten.

Ich sage euch allen Lebewohl.

Am Abend des 9. September 1974 verläßt die diensthabende Krankenschwester für einen kurzen Moment das Zimmer Schomans. Er hat sich wie schon seit einigen Jahren zur Kur nach Karlsbad begeben, ohne von einer besonderen Krankheit geplagt zu sein. Als die Krankenschwester ins Zimmer zurückkommt, findet sie Schoman tot vor. Er ist friedlich eingeschlafen. Der herbeigerufene Arzt stellt einen Herzschlag fest.

Zwei Tage später treffen die sterblichen Überreste des Gründers der Arab Bank auf dem Flughafen von Amman ein. Mehrere hundert Menschen sind dort erschienen. Die Fahrt zur Zentrale der Arab Bank in der König-Faisal-Straße gerät zu einer stillen Demonstration der Palästinenser. Von der Bank geht der Trauerzug westwärts zur Stadt hinaus, in Richtung der Allenby-Brücke über den Jordan. Es ist Schomans ausdrücklicher Wunsch gewesen, in Jerusalem begraben zu werden. So führt der Leichenzug durch die besetzte Heimat. Auf der Trauerfeier in seinem Geburtsort Beit Hanina erweisen erneut Hunderte von Palästinensern dem berühmten Sohn des Volkes die letzte Ehre. Am Freitag, den 12. September 1974, wird Abdulhamid Schoman bei Sonnenuntergang in Jerusalem beigesetzt. Der oberste israelische Militärchef der Westbank versucht dem Sohn Abdulmadschid per Handschlag sein Beileid auszusprechen. Doch der übersieht gefliessentlich die Geste israelischer Ehrerbietung.

In seiner letzten Rede vor den Angestellten der Arab Bank in Amman hat Schoman einiges von seiner Einstellung zu seiner Arbeit, zur Politik, von seiner Weltanschauung verraten. Neben vielen Eigenarten, neben seinem Selbstbewußtsein und seinem Durchsetzungswillen, fällt auf, daß ihm sein Bekenntnis zur arabischen Nation wichtiger ist als seine Identität als Palästinenser. Seine Erfahrungen und Erlebnisse in der westlichen Welt haben aus ihm einen Araber gemacht, der gleichermaßen stolz und bescheiden ist. Er ist überzeugt von der historischen Größe und Bestimmung der Araber, aber er fordert auch Selbstkritik und Selbsterziehung, was Arbeitseifer, Effizienz und Kooperation im Wirtschaftsleben anbelangt. Schoman schätzt den kapitalistisch-industriellen Geist der westlichen Hemisphäre samt vieler seiner zivilisatorischen Errungenschaften. Aber er lehnt ab, was eigentlich untrennbar mit diesem Geist verbunden ist: die individuellen Entfaltungsmöglichkeiten und den ganzen freiheitlichen Lebensstil. Der vor allem seit den sechziger Jahren aufkommende westliche Hedonismus, der sich unter anderem in Miniröcken und Rockmusik äußert, ist ihm zutiefst fremd. Als gläubiger Muslim verlangt und übt er Unterwerfung. Menschliches Glück erfüllt sich für ihn, wenn man unbeirrt von satanischen Verlockungen nach den strengen Regeln des Koran lebt. Denn über den Reichtum und das Leben der Ungläubigen heißt es in der neunten Sure, Vers 55: »Wundere dich weder über ihr Gut noch über ihre Kinder. Allah will sie damit nur strafen in diesem Leben, und damit ihre Seelen sollen zugrunde gehen, während sie Ungläubige sind.«

Diesem andauernden Widerstreit der Gefühle und Ideologeme, diesem inneren wie äußeren Kulturkampf im Alltag sind viele Palästinenser Mitte der siebziger Jahre ausgesetzt. Entweder sind sie in der außerarabischen Emigration zu einer besonderen Anpassungsleistung gezwungen, oder sie genießen wie die nicht in Lager lebenden Palästinenser in Jordanien und auf der Westbank die ersten Freuden eines bescheidenen und relativ breit gestreuten Wohlstandes mit westlichen Konsumgütern. Die palästinensische Schriftstellerin Sahar Khalifa beschreibt den Beginn dieser neuen Ära in ihrem Roman *Der Feigenkaktus*:

Den Menschen sieht man das harte Leben nicht an. Sie sind modisch gekleidet. Sie gehen schnellen Schrittes. Sie kaufen, ohne zu feilschen. Es gibt mehr Geld. Es gibt mehr Arbeit. Die Löhne sind gestiegen, und die Menschen haben genug Fleisch, Gemüse und Obst zu essen.

Und trotz der gestiegenen Preise essen sie noch immer gierig wie Ausgehungerte. Sie füttern ihre Kinder rund und fett. Wer früher nicht einmal einen Pullover besaß, stolziert jetzt mit einer Lederjacke umher. Wer früher nicht einmal einen Schal besaß, verbirgt jetzt seine Ohren hinter einem Pelzkragen. Die Haare sind länger, die Röcke kürzer geworden. Die Hüften der Dienerinnen, die Arbeiterinnen und Angestellte geworden sind, sind fülliger.

Vor den Läden häufen sich israelische Waren. Sogar die kleinen Jungs rauchen auf der Straße. Werbeplakate für Pornofilme verschandeln die Straßen. Die Leute verschlingen Knafi und lächeln.

Von den Milliardenströmen aus den sich innerhalb weniger Jahre vervielfachenden Erdöleinnahmen der arabischen Förderländer sind einige hundert Millionen Dollar auf die Westbank und nach Gasa abgeflossen. So können sich die kleinen Leute unter anderem Knafi (eine kleine und meist mit Käse gefüllte Pastete), Felafel (frittierte Bouletten aus Kichererbsen und Weizenschrot) oder Tahina (eine Paste aus Sesamsamen) leisten, während die Reichen in internationale Geschäfte investieren. Die Aktionäre der Arab Bank freuen sich, daß sich ihre Dividenden von 1970 bis 1980 mehr als verdoppeln und von 16 auf 35 Prozent klettern. Die Bilanzsumme des Geldinstituts vergrößert sich in der gleichen Zeit um nahezu das Fünfzehnfache, von 150 Millionen auf 2,2 Milliarden Jordan-Dinare. Vom gewaltigen Strom der Petrodollars profitieren auch jene drei- bis vierhunderttausend Palästinenser, die in den arabischen Ölstaaten leben und arbeiten. Vor allem in Kuwait, Saudi-Arabien, Katar und den Vereinigten Arabischen Emiraten kommen sie als gutdotierte Staatsangestellte oder als Unternehmer und Manager in der Wirtschaft zu einem respektablen Vermögen und entwickeln sich zu einer machtvollen Exilbourgeoisie.

Außerhalb der arabischen Welt wird diese enorme

ökonomische Aufwärtsentwicklung kaum wahrgenommen. In den siebziger Jahren entsteht, multimedial verstärkt, ein ganz anderes Bild, das ebenso real, aber erbarmungswürdig und abschreckend in der Wirkung ist. Es ist bestimmt durch das Elend in den Flüchtlingslagern und den hemmungslosen Kult der Gewalt bei verschiedenen Gruppen der bewaffneten palästinensischen Befreiungsbewegung.

Ein vordergründiges und sehr zynisches Kalkül der arabischen Staaten geht auf. Indem sie es Hunderttausenden von Palästinensern nicht gestatten, ihre Flüchtlingslager zu verlassen, um Arbeit zu finden und die Nationalität ihres Gastgeberlandes anzunehmen, schaffen sie eine immerwährende Anklage gegen Israel und sorgen zugleich für ein unerschöpfliches Reservoir an verbitterten und gedemütigten jungen Frauen und Männern, die im Kampf gegen die Juden und ihre Verbündeten die einzige Möglichkeit sehen, ihrem Ghetto der Sinn- und Tatenlosigkeit zu entkommen. Fast alle arabischen Staaten benutzen dieses Reservoir, um mit ganz unterschiedlichen Widerstandsgruppen Einfluß auf den politischen und militärischen Kurs der PLO zu nehmen.

Schon im ersten Jahr nach seiner Machtergreifung bekommt dies der Führer der Palästinensischen Befreiungsbewegung, Jasir Arafat, zu spüren. Mit Gamal Abdel Nasser und König Husain hat er vereinbart, daß die etwa 25 000 bewaffneten Fedajin in den Flüchtlingslagern Jordaniens nicht dazu mißbraucht werden sollen, das Regime der Haschimiden zu stürzen. Arafat warnt die verschiedenen Guerillagruppen: »Wenn wir Palästinenser, die wir die Mehrheit der Bevölkerung Jordaniens stellen, die Macht in diesem Staat übernehmen, dann liefern wir den Regierenden in Israel einen Vorwand für ihren Entschluß, Palästina zu behalten, da die Palästinenser ja Jordanien besitzen. Unsere Heimat ist Palästina, nicht Jordanien.« Die Warnung ist in den Wind gesprochen. Selbst die rund siebentausend Kämpfer der Fatah tun sich schwer, dem in ihren Augen allzu diplomatischen Kurs ihres Führers zu folgen.

In den Lagern Jordaniens und in der Hauptstadt Amman sind die Mehrheit der Fedajin nicht nur berauscht von ihrem Kult der Gewalt, den sie, mit Kalaschnikows bewaffnet, auf provozierenden Patrouillenfahrten in martialisch geschmückten Landrovern und auf offenen Armeelastwagen zelebrieren. Sie folgen ebenso willig den vor revolutionärer Wortgewalt strotzenden Kampfaufrufen der von Syrien, Libyen und dem Irak geförderten linksradikalen oder arabisch-nationalistisch gesinnten Fedajingruppen. Mit Haß und Häme werden vor allem König Husain und Nasser überschüttet. Ihre Bereitschaft, auf den Nahostfriedensplan des US-Außenministers Rogers einzugehen, wird von den radikalen Fedajin als feiger Verrat an der Sache der Palästinenser angesehen. Im Sommer 1970 sind Ägypten und Jordanien offenbar willens, das Existenzrecht Israels anzuerkennen, sobald es seine Truppen aus dem Sinai und von der Westbank abzieht. Für die Palästinenser würde dies bedeuten, daß sie keinerlei Aussicht mehr auf ein selbstbestimmtes Heimatland hätten.

Während PLO-Chef Arafat noch mit eindeutigen Stellungnahmen zögert und die erregte Stimmung seiner Fatahkämpfer abwiegelt, ergreifen die radikalen Fedajingruppen die Initiative. In Amman organisieren sie Anfang August eine Protestdemonstration, an der mehr als 100000 Palästinenser teilnehmen. Sprechchöre skandieren: »Abdel Nasser, Feigling und Hund!« Mitgeführten Eseln sind Gesichtsmasken des ägyptischen Staatspräsidenten übergestülpt. Jordaniens Armeeangehörige werden als »Stiefelknechte des verräterischen Königs« beschimpft, der Monarch selbst als ein »Handlanger des Imperialismus« und anderer Ismen. Die ideologische wie organisatorische Führungsrolle der PLO-Dissidenten haben drei Widerstandsgruppen übernommen, die in der verwirrenden Fülle der zum Teil winzigen Fedajingruppen bereits mit spektakulären Aktionen aufgefallen sind:

- die Volksfront zur Befreiung Palästinas,
- die Volksfront zur Befreiung Palästinas – Generalkommando,
- die Demokratische Front zur Befreiung Palästinas.

Die zum Verwechseln ähnliche Wortmixtur in der Namensgebung der drei verschiedenen Organisationen leitet sich von ihrer gemeinsamen Herkunft ab, der am 7. Dezember 1967 gegründeten Volksfront zur Befreiung Palästinas, von der sich die beiden anderen Gruppen im Oktober 1968 und im Februar 1969 abgespalten haben. Chefideologe und Vaterfigur der radikalen Variante des palästinensischen Befreiungskampfes ist George Habbasch.

1926 als Sohn eines griechisch-orthodoxen palästinensischen Weizenhändlers in Lydda geboren, 1948 von den Juden vertrieben und 1951 an der Amerikanischen Universität von Beirut promoviert, hat sich George Habbasch 1967 nach seiner Enttäuschung über das politische und militärische Versagen seines Idols Gamal Abdel Nasser zum Marxisten-Leninisten gewandelt. Nach dem Sechs-Tage-Krieg stellt er zur Situation der Palästinenser fest: »Die einzige Waffe, die in den Händen des Volkes geblieben ist, ist die revolutionäre Gewalt.« Für ihn ist der Kampf gegen Israel nur ein Teil der globalen antiimperialistischen und antikapitalistischen revolutionären Aktionen in der dritten Welt. Mao Tse-tung und Fidel Castro weisen ihm den Weg. Die Volksfront zur Befreiung Palästinas strebt die »Führung der Arbeiterklasse in der palästinensischen Bewegung« an.

Daß Habbasch wie die meisten seiner Kampfgenossen aus einer gutsituierten bürgerlichen Familie stammt und ganz im Banne des Zeitgeistes einer intellektuellen Elite angehört, die nahezu weltweit recht volksfremde, neobolschewistische Ideologien anpreist, tut seiner Popularität bei den entwurzelten, unterprivilegierten und kaum gebildeten jungen Frauen und Männern in den Flüchtlingslagern keinen Abbruch. Vor allem ein Handikap hindert ihn daran, Jasir Arafat die Führung der PLO streitig zu machen. Der libanesische Journalist Edouard Saab bringt es 1970 auf den Punkt: »Hieße George Habbasch Achmed Habbasch, hätte sich die gesamte Geschichte der Fedajinbewegung des Nahen Ostens anders entwickeln können.«

Die Bewunderung und die Anerkennung, die George Habbasch von den Feuerköpfen der Fedajin zuteil werden, beruhen auf Aktionen der Volksfront zur Befreiung Palästinas, die im Grunde genommen weder von ihm im Detail geplant noch persönlich durchgeführt werden. Sein Stellvertreter und langjähriger Freund, ebenfalls Palästinenser griechisch-orthodoxer und großbürgerlicher Herkunft, Kommilitone an der Amerikanischen Universität von Beirut, Doktor der Medizin und politischer Kombattant in den fünfziger und sechziger Jahren, Dr. Wadi Haddad, ist der eigentliche Drahtzieher im Hintergrund. Seine Dynamik und Entschlossenheit, seine inhumane Rigorosität und Rationalität schrecken George Habbasch zwar ab, aber er ist nolens volens unfähig zur Gegenwehr. Als Chef der Auswärtigen Operationen der Volksfront zur Befreiung Palästinas verlagert Haddad den Widerstandskampf aus der Konfliktregion in die globale Arena. Die Ära des internationalen Terrors beginnt. Habbasch erläutert die Logik des Schreckens, die sein Stellvertreter praktiziert: »Dies ist ein Spiel der Denker, besonders wenn man so arm ist wie die Volksfront. Es wäre töricht von uns, auch nur zu denken, daß wir einen regulären Krieg führen könnten; der Imperialismus ist zu mächtig und Israel zu stark. Wir glauben, daß es viel wirksamer ist, einen Juden weit weg vom Schlachtfeld zu töten als hundert von ihnen in der Schlacht – es erregt mehr Aufmerksamkeit. Und wenn wir ein Geschäft in London anzünden, sind diese Flammen das Abbrennen zweier Kibbuzim wert, weil wir die Leute zwingen zu fragen, was vor sich geht.« Laut Habbasch bleibt den Palästinensern nichts anderes übrig, als eine »indifferente Welt und eine demoralisierte Nation« aufzurütteln, wenn es sein muß zu schockieren.

Die Schocktherapie à la Habbasch & Waddad startete im Juli 1968. Ein Kommando der Volksfront zur Befreiung Palästinas kapert eine Boeing der israelischen Fluggesellschaft El Al über Italien und zwingt den Piloten zur Landung in Algier. Die eher peinlich berührten Algerier sorgen in Verhandlungen dafür, daß alle nichtjüdischen Passagiere sowie israelische Frauen und Kinder von Bord dürfen und nach Paris geflogen werden. Die verbleibenden männlichen Flugreisenden mit israelischem Paß werden von dem Kommando so lange als Geiseln gehalten, bis sich die Israelis zwei Tage später zähneknirschend entschließen, sechzehn der zwölfhundert geforderten palästinensischen Gefangenen freizulassen. Die Demütigung des Feindes wird von den Fedajin in den jordanischen Flüchtlingslagern begeistert aufgenommen. In Israel und den arabischen Nachbarstaaten macht sich Entsetzen breit. Jeder versucht auf seine Weise, dieser heimtückischen Variante des palästinensischen Befreiungskampfes Herr zu werden.

Die syrische Regierung ist besonders überrascht, weil sie sich der Kontrolle der Volksfront zur Befreiung Palästinas sicher wähnte. Bereits im Frühjahr hatte sie Habbasch verhaften lassen, um die Führung der Volksfront durch Männer ihrer Wahl zu ersetzen: Achmed Dschibril und Naif Hawatmeh. Dschibril ist schon seit Anfang der sechziger Jahre als V-Mann des militärischen Geheimdienstes in der palästinensischen Widerstandsbewegung konspirativ wie operativ in Aktion. In Ramla geboren, besucht er nach seiner Vertreibung aus der Heimat die syrische Militärakademie, um Ingenieur in der Armee zu werden. Doch der Geheimdienst hat anderes mit ihm vor: Achmed Dschibril soll als Führer einer von Damaskus gelenkten Palästinensischen Befreiungsfront Macht und Einfluß in der Bewegung gewinnen. Mit dem ihm zugewiesenen Führungskader von etwa zwanzig syrischen Offizieren organisiert er von 1965 bis 1967 über neunzig Überfälle auf israelisches Territorium. Seine guten Kontakte zu den militärischen Geheimdiensten der

UdSSR, der DDR und der Volksrepublik Bulgarien sind Habbasch bekannt und willkommen, als sich Dschibril im Dezember 1967 mit seiner Gruppe an der Gründung der Volksfront zur Befreiung Palästinas beteiligt.

Nachdem Habbasch im Frühjahr 1968 von den Syrern verhaftet worden ist, versucht Dschibril vergeblich das Kommando in der Organisation zu übernehmen. Wadi Haddad kann unsichtbar im Hintergrund die syrische Machtübernahme verhindern. Als es zudem Habbasch gelingt, bei einem Gefangenentransport zu entfliehen, sind Dschibrils Tage in der Volksfront zur Befreiung Palästinas gezählt. Im Oktober 1968 wird er aus der Organisation ausgestoßen. Er gründet daraufhin eine eigene Formation, die er, um Irritationen zu schaffen und sich aufzuwerten, »Volksfront zur Befreiung Palästinas – Generalkommando« nennt.

Der zweite Mann, der die syrischen Interessen innerhalb der Habbasch-Volksfront verficht, ist deren Leiter des politischen Büros: Naif Hawatmeh. 1935 als Sohn einer christlich-arabischen Familie in der dreißig Kilometer nordwestlich von Amman gelegenen jordanischen Kleinstadt Salt geboren, wird er nach dem Studium an der Arabischen Universität von Beirut 1957 im haschimidischen Königreich wegen pronasseristischen, subversiven Tätigkeiten zum Tode verurteilt. Der einundzwanzigjährige Hawatmeh kann rechtzeitig nach Bagdad entkommen. In der irakischen Hauptstadt beteiligt er sich mit linksradikalen Kräften an den Vorbereitungen zu einem Putsch, wird entdeckt und landet von 1959 bis 1963 im Gefängnis.

Wie Habbasch wandelt sich Hawatmeh Ende der sechziger Jahre von einem arabisch-nationalistischen Nasseristen zu einem Kommunisten mit betont internationalistischer Ausrichtung. Im Gegensatz zu Habbasch ist er aber mehr an den Lehren Leo Trotzkis und den Ideen der Neuen Linken in Westeuropa orientiert. Dennoch fühlt er sich anfangs in der Volksfront zur Befreiung Palästinas gut aufgehoben. Allerdings bemüht auch er sich, während Habbasch im Gefängnis sitzt, die Führung der Volksfront an sich zu reißen und in enger Verbindung mit den linksradikalen Kräften der syrischen Baath-Partei auszuüben. Hawatmeh beschimpft Habbasch als einen »petit bourgeois« und verurteilt dessen Terrorpolitik der Flugzeugentführungen: »Solche Aktionen führen keine Revolution zum Erfolg. Was Habbaschs Leute machen, ist purer Unsinn.«

Doch auch sein Übernahmeversuch scheitert. Nach der Flucht aus der syrischen Gefangenschaft grenzt sich Habbasch deutlich von der Hawatmeh-Fraktion ab: »Diese Leute sind auf einer infantilen Weise links. Wir sind nicht grundsätzlich gegen die arabischen Regime, wie sie sind. Wir kritisieren sie, aber wir arbeiten mit ihnen zusammen, wie Mao es mit der Kuomintang während der japanischen Bedrohung Chinas tat. Im Organisatorischen sagen sie: ›Baut zuerst eine marxistisch-leninistische Partei auf, dann kämpft!‹ Wir sagen, die revolutionäre Partei wird während des revolutionären Prozesses aufgebaut.«

Im Februar 1969 kommt es zum offenen Bruch. Hawatmeh und vier seiner Anhänger gründen die Demokratische Front zur Befreiung Palästinas. Ihre Parole lautet: »Alle Macht dem Widerstand!« Das politische Programm bricht wie kein anderes einer palästinensischen Befreiungsbewegung mit dem Tabu des Existenzrechts der Juden in Palästina. Hawatmeh verkündet, daß die Demokratische Front zur Befreiung Palästinas einen Volksdemokratischen Palästinensischen Staat errichten will. Er erkennt »die Rechtmäßigkeit eines Judentums als einer Kultur der jüdischen Gemeinden« an. Dies gilt auch für die nach 1948 in Palästina aufgewachsene Generation der Juden, die »alle Rechte und Pflichten genießen sollen, um Seite an Seite mit dem palästinensischen Volk zu leben«. Hawatmeh nimmt sogar Kontakt mit der linksradikalen israelischen Organisation Matzpen auf und will mit ihr eine gemeinsame Strategie zur Staatsgründung entwickeln.

Obgleich die angeworbenen Kämpfer der Demokratischen Front zur Befreiung Palästinas keinen Sold erhalten, findet Hawatmeh unter den Fedajin der Flüchtlingslager in Jordanien innerhalb weniger Monate viele Anhänger. Immer häufiger fechten die Guerillas von Habbasch, Dschibril und Hawatmeh heftige blutige Kämpfe untereinander aus, zu deren Beendigung meist Jasir Arafat oder ein anderer Führer der Fatah als Vermittler in Anspruch genommen wird. Aber das hat nicht zur Folge, daß die linken Fedajin deswegen auf die politische und militärische Linie des PLO-Chefs und seiner Getreuen einschwenken. Der Sturz von König Husain bleibt nach wie vor das erklärte Ziel der Volksfront und ihrer Abspaltungen. Im Sommer 1970 verüben sie abwechselnd mehrere Anschläge auf den haschimidischen Monarchen, die allesamt mißglücken und Dutzende von Todesopfern fordern. Jedesmal bemüht sich Arafat darum, den König davon abzuhalten, seine zum Showdown entschlossene Beduinenarmee auf die Fedajin loszulassen. Anfang September ähnelt das jordanische Königreich einem Pulverfaß, an dem gleich mehrere Lunten gelegt werden.

Als ob er signalisieren möchte, daß seine Organisation mit keinen ungewöhnlichen Ereignissen rechne, begibt sich Habbasch Anfang September 1970 ohne Geheimhaltung auf eine Informationsreise durch die Volksrepublik China und Nordkorea. Doch sein Stellvertreter und Leiter der Auswärtigen Abteilung, Wadi Haddad, hat insgeheim eine weltweit organisierte und höchst spektakuläre Operation vorbereitet. Sie beginnt am 6. September gegen zwölf Uhr dreißig über dem Eifeldorf Nattenheim und wird sechs Tage lang den halben Globus in ungläubiges Erstaunen versetzen. Aber diese Operation wird auch zum größten Massaker an palästinensischen Widerstandskämpfern führen und als düsteres Menetekel unter der Bezeichnung »Schwarzer September« in die Geschichte des Volkes aus dem Heiligen Land eingehen.

Ein Kommando der Volksfront zur Befreiung Palästinas hat die Boeing 707 des TWA-Fluges 741 kurz nach dem Start auf dem Rhein-Main-Flughafen gekapert. An Bord befinden sich 141 Passagiere und zehn Besatzungsmitglieder. Der Jet, der ursprünglich nach New York fliegen sollte, wird in Richtung östliches Mittelmeer umdirigiert. Wenig später erfahren die Fluglotsen des Züricher Flughafens Kloten über Funk, daß die kurz zuvor in Richtung New York gestartete DC 8 des Swissair-Fluges 100 sich in den Händen des Volksfrontkommandos »Rafik Assaf« (Genosse Löwe) befindet und ebenfalls in Richtung Naher Osten entführt wird. An Bord sind mehr als hundert Passagiere und Besatzungsmitglieder.

Zur gleichen Zeit scheitert über der englischen Küste ein Versuch, die Boeing 707 des El-Al-Fluges 219 Amsterdam – New York zu entführen. Ein Sturzflugmanöver des Kapitäns Uri Bar Lev und das beherzte Eingreifen des in Nahkampftechniken ausgebildeten Stewards Schlomo Vider verhindern die Entführung des Jets. Ein Kämpfer der Volksfront zur Befreiung Palästinas stirbt noch im Flugzeug an seinen Schußverletzungen. Seine Partnerin wird überwältigt und nach der Notlandung auf dem Londoner Flughafen Heathrow um vierzehn Uhr fünf in das Polizeigefängnis von West Drayton gebracht. Ihr Name: Leila Khaled. Sie bekennt: »Wir leben im Zeitalter der Gewalt. Das Recht kann sich nicht durchsetzen, es ist machtlos! Unsere Strategie heißt Gewalt gegen Gewalt. Wir verlangen nicht, daß sie von allen akzeptiert wird. Wir verlangen aber, daß man uns so handeln läßt, wie wir wollen.«

Fünfundfünfzig Minuten später startet ein Jumbojet der Pan American World Airways auf dem Amsterdamer Flughafen Schiphol Richtung New York. Nur fünf Minuten nach dem Abheben der Maschine bringt ein viertes Volksfrontkommando unter der Führung eines Mannes namens Abu Khalid die Boeing 747 mit 150 Passagieren und achtzehn Besatzungsmitgliedern an Bord in seine Gewalt. Nach einem siebenstündigen Irrflug landet der Jumbo auf dem Flughafen von Beirut, dessen Rollbahnen eigentlich nicht für Riesenjets geeignet sind. Zwei Stunden lang bleiben Polizei und Militär auf respektvollem Abstand zur Pan-Am-Maschine. Kurz nach Mitternacht dürfen ein Mann und eine Frau die Absperrung passieren. Sie schleppen mehrere schwere Aktentaschen. Das Gepäck wird in die Maschine gehievt, und eine Stunde später startet der Jumbo in Richtung Kairo. Während des Fluges befestigt das Kommando in der ersten Klasse Sprengladungen, die in den Aktentaschen herbeigeschafft wurden. Die Passagiere werden angewiesen, nach der Landung in Kairo schleunigst den Jet per Notrutschen zu verlassen, weil die Boeing 747 nur wenige Sekunden später in die Luft gesprengt werden soll.

Die Aktion läuft wie geplant und ist laut einer Proklamation der Volksfront zur Befreiung Palästinas eine Bestrafung für Gamal Abdel Nasser, der sich bereit erklärt hat, dem Nahostfriedensplan des US-Außenministers Rogers zu folgen. Der ägyptische Staatspräsident richtet seinen Zorn über die gelungene Provokation von Habbasch und Haddad gegen die PLO: »Wie wollt ihr Palästina befreien, wenn es euch nicht gelingt, die Widersprüche in den eigenen Reihen auszuräumen.« Arafat, der über die Volksfrontoperation nicht unterrichtet worden war, wehrt sich: »Ich bin Revolutionär und kein normaler Politiker. Ich setze mich nicht auf den Sessel des palästinensischen Ministerpräsidenten!«

Auf Dawson's Field, einem ehemaligen Wüstenflugplatz aus britischer Mandatszeit, sind inzwischen die Boeing 707 der TWA und die DC 8 der Swissair mit waghalsigen Landemanövern eingetroffen. Der seit langem aufgegebene Militärflughafen war nur für einfache Propellermaschinen angelegt worden. Die staubige Piste liegt etwa 25 Kilometer nordöstlich von Amman nahe der Stadt As Sarka. Unbemerkt von den jordanischen Sicherheitskräften haben Fedajin der Volksfront zur Befreiung Palästinas bereits Anfang August Dawson's Field besetzt, rundherum Stellungen ausgehoben und die Wüstenrollbahn in »Flughafen der Revolution« umgetauft.

Die Volksfrontguerillas erklären das Gebiet zum »befreiten Territorium« und drohen der königlich-jordanischen Armee, daß bei einem Angriff die Düsenjets samt Insassen in die Luft gesprengt werden. Um ihren Forderungen nach Freilassung von gefangenen Kampfgenossen in Israel, Großbritannien, der Bundesrepublik Deutschland und der Schweiz Nachdruck zu verleihen, kapert ein weiteres Kommando über Beirut die vierstrahlige VC 10 des BOAC-Fluges 755, die auf dem Weg von Bombay nach London ist. Am 9. September trifft die britische Maschine, die zu Ehren der gefangenen Leila Khaled in »Leila« umgetauft wird, mit 105 Passagieren an Bord auf dem »Flughafen der Revolution« ein.

Ein mehrtägiges Verhandlungsmarathon beginnt. An dessen Ende, am 12. September, läßt Wadi Haddad bis auf 54 Männer alle Geiseln frei. Die Boeing 707, die DC 8 und die VC 10 werden in die Luft gesprengt. Die 54 Geiseln, die israelische, britische, westdeutsche und schweizerische Pässe besitzen, werden von den Fedajin in Flüchtlingslagern versteckt und können erst Wochen später unverletzt ihre Rückreise in die Heimat antreten. Eine der spektakulärsten Terroroperationen der Weltgeschichte ist zu Ende. Triumph und Katastrophe liegen allerdings dicht beieinander.

Eine Welle der Verehrung und Begeisterung schlägt der Volksfront zur Befreiung Palästinas aus den jordanischen Elendsquartieren der Vertriebenen entgegen. George Habbasch und Wadi Haddad haben der ganzen Welt bewiesen, wie klug, kaltblütig und stark das seit Jahrzehnten geschundene und betrogene Volk der Palästinenser sein kann. Die Fedajin sind beseelt von einem neuartigen Gefühl der Kraft, das sich allzu schnell in euphorische Omnipotenzvorstellungen steigert und in tatenreichem Übermut die Anzahl der Provokationen gegen die staatliche Autorität des haschimidischen Königreichs in die Höhe treibt. Sie ahnen nicht, was sich über ihren Köpfen zusammenbraut, und sind völlig überrascht, als König Husain seine Beduinenarmee auf die

Flüchtlingslager und die Palästinenserquartiere in den Städten losläßt.

»So unwahrscheinlich es auch klingen mag, wir waren nicht darauf vorbereitet, diese Kraftprobe durchzustehen, obwohl sie schon seit Monaten vorauszusehen war. Bis zum letzten Augenblick hatten viele Führer der Widerstandsbewegung nicht daran geglaubt, daß Husain es jemals wagen würde, uns direkt anzugreifen«, gesteht der Fatahführer Abu Ijad alias Khalil Wasir Jahre später ein. Der unterschätzte König spricht in der Nacht zum 17. September zu seinen getreuen Offizieren: »Die Situation kann nicht weiterhin so bleiben, wie sie ist. Jeden Tag versinkt Jordanien weiter im Chaos. Die Kommandos müssen gezwungen werden, die Absprachen einzuhalten, oder sie haben die Konsequenzen zu tragen. Auf dem Spiel steht die Einheit Jordaniens und das Ansehen der arabischen Welt!« Seinem Feldmarschall Habis al-Madschali gibt der Monarch einen Freibrief für resolutes Vorgehen mit auf den Weg: »Als meine Familie in diese Gegend kam, da war Amman ein Dorf. Wir haben dieses Dorf zu einer Stadt gemacht. Wir haben das Recht, wenn es sein muß, diese Stadt wieder auszulöschen.«

Noch vor Sonnenaufgang, um vier Uhr dreißig, rückt am 17. September 1970 die dritte Panzerbrigade der königlich-jordanischen Armee von Norden und Westen nach Amman ein. Ein systematischer Vernichtungsfeldzug beginnt, der Tausenden von Fedajin und unschuldigen Zivilisten das Leben kostet und in den kommenden Tagen die halbe Hauptstadt in Schutt und Asche legt. Am siebten Tag der Kampfhandlungen wendet sich Jasir Arafat mit einem verzweifelten Aufruf über die palästinensische Radiostation an die Führer der arabischen Staaten: »Amman brennt. Tausende aus unserem Volk liegen unter Trümmern begraben. Ihre Körper verfaulen. Tausende aus unserem Volk sind obdachlos. Sie sind vom Hungertod bedroht. Ein solches Massaker hat es nie zuvor in der Geschichte gegeben. Zwanzigtausend Menschen sind gestorben. Ein Meer von Blut trennt uns von diesem König und seiner Regierung.«

Die Verzweiflung, die Mut- und Hoffnungslosigkeit, die in der Schilderung der dramatischen Vorgänge zum Ausdruck kommen, sind sehr verständlich. Der kurz vor der Schlacht zum »Generalkommandeur aller bewaffneten Kräfte der palästinensischen Revolution« ernannte Arafat hat gute Gründe, das Ende seines einundvierzigjährigen Lebens und das tödliche Finale der palästinensischen Befreiungsbewegung zu befürchten. Er sitzt auf verlorenem Posten. Sein Hauptquartier im Flüchtlingslager auf dem Dschebel Weibden ist eingekreist und wird mit Panzergranaten beschossen. Hilfe von außen ist nicht mehr zu erwarten. Die Syrer haben, nachdem sie mit Panzern bis nach Irbid vorgestoßen sind, aufgrund von deutlichen Interventionsdrohungen der Großmächte und Israels den Rückzug über die Grenze angetreten. Die seit dem Sechs-Tage-Krieg in Jordanien stationierten 15000 irakischen Soldaten halten sich aus den Kämpfen heraus.

Arafats verzweifelter Appell findet bei Nasser Gehör. Der ägyptische Staatspräsident, der König Husain ursprünglich dazu ermuntert hat, die Fedajinkommandos zur Räson zu bringen, bemüht sich nunmehr um ein Ende des Massakers. Er nimmt Kontakt mit König Husain auf, der sich in den Homarpalast im Westen von Amman zurückgezogen hat. Nasser fordert für Arafat freies Geleit nach Kairo, der dort auf neutralem Boden mit dem König eine Einstellung der Kämpfe verhandeln soll. Husain muß zugeben, daß er nicht mehr Herr der Lage ist. Sein Feldmarschall Habis al Madschali denkt nicht daran, seinen Vernichtungsfeldzug zu stoppen. So entschließt sich Nasser, den PLO-Chef aus Amman herauszuschmuggeln. Ein Mitglied des kuwaitischen Herrscherhauses, Verteidigungsminister Scheich Saad Abdallah Assalim bietet sich an, in die jordanische Hauptstadt zu reisen, mit Arafat die Kleidung zu tauschen und ihn im Beduinengewand aus dem Land zu holen.

Der abenteuerliche Plan gelingt. Kaum ist Arafat in Kairo angekommen, da wendet sich Nasser erneut an König Husain und droht ihm, mit ägyptischen Truppen den Palästinensern zu Hilfe zu kommen. Der Monarch und seine Militärs lenken ein. Husain macht sich auf den Weg in die ägyptische Hauptstadt. Dort sind bereits einige arabische Staatschefs im Hotel »Nile-Hilton« eingetroffen, um über einen Friedensschluß in Jordanien zu beraten. Libyens Revolutionsführer Muammer al-Gaddafi macht Stimmung gegen den haschimidischen Herrscher: »Wir haben es da mit einem Verrückten zu tun. Der bringt die Menschen in seinem Staat um. Wir müssen ihm eine Zwangsjacke anlegen, und dann ab mit ihm ins Irrenhaus.«

Saudi-Arabiens König Faisal zeigt sich über den forschen Oberst etwas pikiert: »Es gehört sich nicht, daß Sie einen arabischen Monarchen als Verrückten bezeichnen, als einen, der ins Irrenhaus gehört.«

Gaddafi: »Bei Husain ist doch die ganze Familie verrückt. Das ist sogar aktenkundig.«

Faisal: »Wahrscheinlich sind wir alle verrückt.«

Nasser: »Wenn man sieht, was in der arabischen Welt vor sich geht, könnte man tatsächlich dieser Meinung sein. Ich schlage vor, daß einem Spezialarzt die Aufgabe gestellt wird, uns regelmäßig auf unseren geistigen Zustand zu untersuchen. Er soll dann entscheiden, wer von uns übergeschnappt ist.«

Faisal: »Da könnte Ihr Doktor gleich bei mir anfangen. Wenn ich höre, was hier im Konferenzsaal geredet wird, habe ich große Mühe, meinen Verstand beisammenzuhalten.«

Nach zahlreichen und zähen Einzelverhandlungen hat es Nasser geschafft, daß König Husain und Arafat am 27. September ein Waffenstillstandsabkommen vereinbaren. Vierundzwanzig Stunden später erliegt der ägyptische Staatspräsident einem Herzinfarkt. Er hat seine Kräfte überschätzt und ist am Schicksal der Palästinenser zugrunde gegangen. Nach Wochen der Trauer in ganz

Arabien fühlen sich König Husain und seine Militärs nicht mehr an die Abmachungen von Kairo gebunden. Sie wollen die Fedajin nicht nur aus Amman vertreiben, sie sollen aus dem ganzen Königreich verjagt werden. Des Massakers zweiter Teil beginnt.

Bis Ende Juli 1971 konzentrieren sich die Kämpfe vor allem auf den Norden des Landes. In der Gegend von Jerash bis an die Grenze zu Syrien herrschen die Fedajin der Fatah. Ihr Anführer ist Abu Hassan Salameh, der Sohn des 1948 von den Israelis ermordeten prominenten Guerillakommandanten Hassan Salameh. Der knapp dreißigjährige Abu Hassan steht ganz in der Tradition seines ruhmreichen Vaters. Er ist ein gutaussehender, charmanter Tausendsassa und gilt als kluger und mutiger Kämpfer. Er hat sogar die Beduinen der Region überredet, sich von König Husain loszusagen und sein Herrschaftsgebiet zum »befreiten Territorium« ausgerufen. Um den antikommunistischen König zu provozieren, lautet die offizielle Bezeichnung des Fatahreiches »Region des Ersten Arabischen Sowjet«. Im Juli 1971 ist der kurze Frühling der Revolution vorbei. Die letzten Fedajin sind von den Truppen des haschimidischen Monarchen aus dem Land gejagt. Auch George Habbasch muß eingestehen: »Wir sind geschlagen. Auf uns kommt eine harte Zeit zu.«

Jahre später analysieren die Fatahführer Hani und Khaled Hassan, warum es zum Schwarzen September kommen mußte. Hani Hassan: »Ich denke, wir verloren Jordanien, weil Arafat es versäumt hat, die Linksradikalen zu disziplinieren. Ich denke, wir taten gut daran, mit ihnen zu debattieren und keinen Druck auf sie auszuüben. Aber als wir uns auf eine gemeinsame Linie geeinigt hatten – und die bestand darin, mit Husain zusammenzuarbeiten –, hätten wir jene disziplinieren und bestrafen sollen, die dieser Linie nicht folgten und viele Waffenstillstandsabkommen brachen, die wir mit dem König vereinbart hatten.«

Sein Bruder Khaled Hassan ergänzt: »Als wir die PLO

1969 übernahmen, war die Mehrheit der Führer und insbesondere ich dafür, die Linksradikalen auszuschließen. Sie hatten keine Basis im Volk. Sie vertraten nur sich selbst. Aber Arafat bestand darauf, daß alle Organisationen eingebunden werden sollten – aus Gründen der nationalen Einheit. Ich sagte, wenn wir es den sogenannten Marxisten gestatten würden, unserem Kampf eine irrelevante Ideologie zu oktroyieren, dann würde dies nur Verwirrung erzeugen und zur Uneinigkeit in unserem Volk führen.«

Die Ursachen dieser Fehlentscheidungen und deren katastrophalen Folgen erklärt Khaled Hassan vor allem mit der politischen Unreife der palästinensischen Widerstandsgruppen: »Wenn man unsere Fehler in Jordanien unvoreingenommen betrachtet, wenn man fair ist gegenüber jedermann, die Linksradikalen eingeschlossen, dann muß man sagen, daß nicht nur menschliche Wesen einige Zeit brauchen, um erwachsen zu werden, um von der Kindheit und Jugend zur Reife und zu ein wenig Klugheit und Weisheit zu kommen. Auch politische Parteien und Befreiungsbewegungen müssen diesen Prozeß des Erwachsenwerdens und des Hinzulernens durchmachen. Und auf diesem Weg machen sie ihre Fehler, weil sie noch unerfahren sind. Man muß deshalb berücksichtigen, wie unerfahren wir in jenen Tagen waren. Die Fatah war als politische Organisation weniger als fünf Jahre alt. Und die Volksfront und die anderen linksradikalen Gruppen waren noch nicht einmal zwölf Monate alt.«

Eine typisch palästinensische Erfahrung fügt Khaled Hassan hinzu: »Es ist außerdem nicht einfach, weise zu sein, wenn man ständig wütend ist über die Ungerechtigkeit, die einem widerfährt. Tag für Tag müssen wir Palästinenser mit Demütigungen leben. Ich sehe in den Spiegel und weiß, was ich sehe. Das ist Khaled Hassan. Ich rasiere mich, putz meine Zähne und so weiter. Ich bin real. Ich bin ich. Aber die Israelis erzählen mir, daß ich nicht existiere. Was für ein Wahnsinn! Wie kann ich die ganze Zeit weise sein, wenn man von mir verlangt, Teil dieses Wahnsinns zu sein? Ich sage dies nicht, um unsere Fehler in Jordanien oder sonstwo zu entschuldigen oder zu rechtfertigen, ich versuche nur zu erklären.«

Eher mit den Folgen von individualpsychologischen Deformationen als mit den Besonderheiten einer pubertären Ichwelt läßt sich erklären, welche Konsequenzen die Fatah und andere palästinensische Befreiungsorganisationen aus der jordanischen Katastrophe ziehen. Der in den folgenden Jahren brutal praktizierte internationale Terrorismus und die verheerende Verwicklung in den libanesischen Bürgerkrieg können sicherlich nicht mehr mit den Begriffen »Flegeljahre« oder »Trotzalter« abgetan werden. Eine ungeheuerliche Verrohung der Sitten und der Moral ist bis in die achtziger Jahre hinein charakteristisch für die Entwicklung der verschiedenen Organisationen zur Befreiung Palästinas. Ob man die von Jasir Arafat nach dem Debakel von Jordanien mit ins Leben gerufene Terrororganisation Schwarzer September betrachtet oder die einfachen Kämpfer in den libanesischen Lagern oder die diversen Volksfrontkommandos der linksradikalen Sektierer: Sie schrecken allesamt nicht mehr vor Mord und Totschlag, vor Raub und Erpressung, vor gezielter Folter und willkürlicher Grausamkeit zurück. Das düsterste Kapitel der palästinensischen Widerstandsbewegung steht bevor.

Einen makabren Höhepunkt erreicht die internationale Terrorpolitik am 5. September 1972. Ein Kommando des Schwarzen September dringt bei Morgengrauen in die Unterkünfte der israelischen Teilnehmer an den Olympischen Spielen von München ein. Der Gewichtheber Mosche Weinberg und der Trainer der Ringer, Joseph Romano, stellen sich ihnen entgegen und werden mit mehreren MP-Salven niedergeschossen. Neun Sportler fallen dem Kommando als Geiseln in die Hände. Die Fedajin verlangen, daß in Israel zweihundert inhaftierte Palästinenser freigelassen werden. Die Jerusalemer Regierung weigert sich: »Geben wir einmal den Erpressungen von Geiselnehmern und Entführern nach, werden sich solche Verbrechen in großem Ausmaß wiederholen. Unsere Bürger wissen das. Sie akzeptieren, daß die Regierung standfest bleibt. Jeder ist ausdrücklich gewarnt, daß er im Falle einer Entführung nicht mit einem Freikauf rechnen kann. Wir alle wissen, daß wir uns im Krieg befinden. Jede Entführung, jede Kommandoaktion, die gegen uns gerichtet ist, gilt der israelischen Regierung als Teil dieses Krieges. Das Risiko des Krieges besteht darin, daß wir unser Leben verlieren können. Wir verhandeln nicht, wir kämpfen. Der Gegner muß wissen, daß unmittelbar ein Gegenangriff erfolgt. Das ist der unwandelbare Standpunkt der israelischen Regierung.«

In München kann das Fedajinkommando überredet werden, mit den Geiseln nach Kairo zu fliegen. Zwei Hubschrauber bringen Entführer und Opfer zum Militärflugplatz Fürstenfeldbruck. Dort haben die bayerische Polizei und Einheiten des Bundesgrenzschutzes eine Falle aufgebaut, aus der es für das Kommando kein Entrinnen mehr gibt. Unkontrollierte Schießereien brechen aus. Die Fedajin zünden ihre mitgebrachten Handgranaten. Alle Geiseln und sechs der acht Entführer finden durch die Explosionen oder im Kugelhagel der Scharfschützen den Tod. Der weltweiten Empörung über den blutigen Anschlag auf den olympischen Frieden versucht die Nachrichtenagentur der PLO entgegenzuhalten: »Die Sportler sollten wissen, daß es ein Volk gibt, dessen Land seit 24 Jahren besetzt ist, dessen Ehre mit Füßen getreten wird. Es schadet der Jugend der Welt nicht, wenn sie für einige Stunden die Tragödie dieses Volkes zur Kenntnis nimmt. So mögen denn die Olympischen Spiele für einige Stunden unterbrochen sein.«

Drei Tage danach führen die Israelis mit Kampfflugzeugen und Bodentruppen eine Vergeltungsaktion gegen verschiedene Flüchtlingslager und Basen der Fedajin im Süden des Libanon durch. Mehrere hundert Palästinenser werden dabei getötet. Die Eskalation von Gewalt und Gegengewalt nimmt ihren mörderischen Lauf. Die seit dem jordanischen Desaster in den Libanon geflohenen

Fedajin sowie die über 200 000 Flüchtlinge in den zwölf Lagern dort sind gleichermaßen Auslöser und Ziele von Kämpfen und Massakern, von Bürgerkriegen und Invasionen. In diesem makabren Karneval des Todes werden bis in die achtziger Jahre hinein über 100 000 Menschen sterben, Hunderttausende werden verwundet, verstümmelt, obdachlos und physisch wie psychisch in Elend und Verwahrlosung gestürzt. Ein heilloser Wirrwarr von Ideologien und Interessen, von Notwehr und Rachsucht läßt den Libanon zum Inbegriff des Schreckens, zu einer von Menschenhand geschaffenen Hölle auf Erden werden.

Offiziell verkündet Jasir Arafat immer wieder: »Wir dürfen nicht in den Treibsand der libanesischen Politik geraten! Wenn wir uns in bewaffnete Auseinandersetzungen im Libanon hineinziehen lassen, dann werden wir zermürbt, dann verlieren wir unsere eigentliche Aufgabe aus den Augen. Diese kann aber nur heißen, dem eigenen Volk eine Heimat zu geben. Die Parole gilt: Wir lassen uns nicht auf Nebenkriegsschauplätze locken.«

Arafats öffentliche Verlautbarungen haben in den siebziger Jahren wenig mit der fatalen Realität des libanesischen Alltags gemein. Weder er noch die ihm direkt unterstehenden Organisationen Fatah und PLO können und wollen sich aus den verhängnisvollen Verwicklungen heraushalten. Natürlich sind sie nicht für alle Gewalt- und Terrorakte verantwortlich, die von palästinensischen Kämpfern begangen werden. Abu Ijad alias Salah Khalaf über die Rolle anderer Kräfte und Mächte im Hintergrund: »Als hauptsächliche Ursache für den Ausbruch des Bürgerkriegs nannte die internationale Presse die Fedajin, die durch Ausschreitungen die rechtsorientierten christlichen Parteien dazu getrieben hätten, gewaltsam gegen die Palästinenser vorzugehen. Aber diejenigen, die diese These vertreten, wissen nicht – oder haben vergessen –, daß die Provokationen, auf die sie anspielen, größtenteils von Fedajinorganisationen ausgingen, die von verschiedenen arabischen Regierungen gelenkt werden; diese tragen ihre Differenzen auf libanesischem Boden aus. Als die Wochenzeitung ›Al Hawadess‹ einen Artikel veröffentlichte, der dem Irak mißfiel, legte die von der Regierung in Bagdad gestützte Arabische Befreiungsfront im Verlagsgebäude eine Bombe; zehn Menschen wurden getötet. Doch die Presse beschuldigte weder den Irak noch die ALF, sondern verurteilte den ›Terrorismus der Palästinenser‹. Als die Saika – eine prosyrische Organisation – Libanesen entführte, die der proirakischen Baath-Partei angehörten, wurde prompt die PLO beschuldigt, sich in die inneren Angelegenheiten des Libanon eingemischt zu haben. Als Libyen beschloß, einen Oppositionellen zu entführen, fand sich sofort eine kleine Gruppe Palästinenser bereit, diese Tat auszuführen. Dies sind nur einige Beispiele von vielen.«

Dennoch kann auch Abu Ijad nicht leugnen, daß viele Fedajin der Fatah und anderer PLO-loyalen Gruppen an zahlreichen Gewalttaten mitgewirkt haben. Manchmal begehen sie aus reiner Habgier ganz gewöhnliche Verbrechen. Am spektakulärsten führt dies Abu Hassan Salameh am 20. Januar 1976, mitten während der schwersten Kämpfe des Bürgerkriegs, vor. Zusammen mit dem Anführer der Milizen der christlichen Falange, Beschir Gemayel, inszeniert er im Beiruter Bankenviertel rund um den Platz der Märtyrer ein Gaunerstück von historischer Dimension. Als die Angestellten des Finanzzentrums am Morgen des 20. Januar zu ihren Büros gehen wollen, werden sie im Süden von den Kämpfern der Falange, im Norden von den Fedajin der Fatah gestoppt. »Kommt in zwei Tagen wieder. Die ganze Gegend ist zum Sperrgebiet erklärt worden«, fertigen die schwerbewaffneten Posten die verblüfften Bankangestellten ab.

Achtundvierzig Stunden später ist das Bankenviertel noch immer abgeriegelt. Der Zeitplan für einen der größten Bankeinbrüche, die jemals unternommen wurden, kann nicht eingehalten werden. Zwar ist es einem paritätisch besetzten Kommando von Fatah- und Falangemitgliedern mit Hacken und Schaufeln gelungen, durch die Mauern der Kapuzinerkirche in den angrenzenden Tresorraum der British Bank of the Middle East vorzudringen. Nun aber stehen die Räuber ziemlich ratlos vor den massiv gesicherten Panzerschränken. Abu Hassan weiß Rat. Aus Italien wird eine Tresorknackertruppe der Mafia eingeflogen. Die Profis sprengen die Türen der Safes kurzerhand mit Dynamit auf – und selbst diese ausgebufften Routiniers kommen ins Staunen: Bargeld, Gold, Juwelen und Wertpapiere im Gesamtwert von rund einhundert Millionen Dollar liegen vor ihnen.

Mehrere Lastwagen müssen vollgeladen werden. Begleitet von motorisierten, schwerbewaffneten Kämpfern fahren sie im Konvoi zum Hafen. Dort wartet ein Schiff, das die Millionenfracht nach Zypern bringt. In der Hafenstadt Limassol wird die Beute zwischen der Falange, der Fatah und der Spezialistentruppe der Mafia aufgeteilt. Abu Hassan Salameh genehmigt sich nach diesem gelungenen Coup eine Belohnung und fliegt für ein verlängertes Wochenende nach Monte Carlo, um im Kasino über 100 000 Dollar zu verspielen. Er kann sich das leisten. Denn daß Abu Hassan Salameh aus einer der reichen Familien Palästinas stammt und dementsprechend lebt, daß er mit der ehemaligen Miß Universe Georgina Rizak verheiratet ist und das Glücksspiel liebt – über solche nicht gerade revolutionären Lebensumstände sehen seine zahlreichen Anhänger unter den Fedajin und den Bewohnern der Flüchtlingslager gerne hinweg. Er ist ihr Märchenprinz, ihr strahlender Held in der Not und dem Elend des palästinensischen Alltags.

Selbst Arafat steht ganz im Banne von Salameh. Er liebt seinen Cousin wie einen Sohn und vertraut ihm als Chef der Abteilung 17 das Kommando über die Elitetruppe der Fatah an. Auch in Finanzfragen ist Salameh einer der engsten und aktivsten Vertrauensleute des PLO-Chefs. Beim Einbruch in die British Bank of the Middle East hat er alle schriftlichen Unterlagen und Dokumente mitgenommen. Schließlich fungiert das Geldinstitut als eine der zentralen Verteilungsstellen des arabischen Finanzkapitals. Den geraubten Papieren entnehmen Arafat und Salameh die genauen Vermögensverhältnisse und die internationalen Finanzoperationen der orientalischen Nabobs. Solches Insiderwissen läßt sich in Form von Schweigegeldern millionenfach kapitalisieren und liefert zudem wichtiges Know-how für die Errichtung der Finanz- und Wirtschaftsimperien der PLO und der Fatah.

Abu Hassan Salameh, geadelt durch die heroische Vergangenheit seines Vaters, ausgebildet an der Pariser Sorbonne, geschliffen in diversen Ausbildungscamps des Nahen Ostens und gestylt in den Salons der High-Society von Westeuropa, ist wie kein anderer im Führungskader der Fatah dazu prädestiniert, als diplomatisches Multitalent auf mehreren Ebenen zu agieren. Er kann nordjordanische Beduinen überreden, Mitglieder der Region des Ersten Arabischen Sowjet zu werden, er kann in Prag oder Belgrad mit kommunistischen Offizieren militärische Ausbildungskurse und Waffeneinkäufe für Fatahkämpfer aushandeln und in Rom oder Mailand mit neofaschistischen wie linksradikalen Zirkeln und Terrorgruppen konspirieren. In Spanien hilft er der baskischen ETA, in Großbritannien der IRA, und in Norwegen und Schweden steht er mit Friedensaktivisten und Menschenrechtsorganisationen in Verbindung. In der Bundesrepublik ermuntert er deutsche Terroristen, Anschläge auf jüdische Bürger und Institutionen zu verüben und verhilft Andreas Baader zu einer Informationsreise in Sachen Guerillakrieg in den Libanon. In Genf besitzt er eine Villa, die ganz in der Nähe der Residenz von François Arnoud liegt. Der bekannte Neofaschist, Chef der Arab Commercial Bank in Genf, ist Altnazi, verschiedenen arabischen Potentaten und der PLO stets mit internationalen Finanztransaktionen zu Diensten. Der europäische Bekannten- und Freundeskreis von Abu Hassan spiegelt die politischen Extreme der europäischen Gesellschaften wider, und er führt sich darin auf wie ein moderner Märchenprinz aus Tausendundeiner Nacht mit morbider Grandezza aus Brutalität und Intelligenz.

Selbst seine erbittertsten Gegner spielen mit ihrem Codenamen auf seine Herkunft an. In den Akten des israelischen Geheimdienstes Mossad heißt Abu Hassan Salameh »Der rote Prinz«; seine Eintragung ist mit dem Vermerk versehen: »Liquidation um jeden Preis!« Die Israelis wissen, daß er als führendes Mitglied des Schwarzen September eine entscheidende Rolle bei der Planung und Durchführung des Terroranschlags in München gespielt hat. Im Januar 1979 gelingt es ihnen schließlich, Rache am »roten Prinzen« zu nehmen. In der Beiruter Rue Verdun zünden Agenten einen mit Sprengstoff vollgepackten VW-Käfer, als Abu Hassan mit seinem gepanzerten Chevrolet vorbeifährt. Die Explosion ist so gewaltig, daß nicht nur er und seine drei Leibwächter sterben, sondern auch vier harmlose Fußgänger, die sich zufällig in der Nähe aufhalten.

Wenige Tage später werden die sterblichen Überreste von Abu Hassan Salameh unter der Anteilnahme von Zehntausenden von Palästinensern auf dem Beiruter Heldenfriedhof der PLO im Stadtviertel Sabra beigesetzt. Während der Trauerfeier sitzt Jasir Arafat neben dem jungen Sohn des getöteten Helden und nimmt die Beileidsbezeugungen von Vertretern der libanesischen Regierung und den in Beirut akkreditierten Botschaftern aus der Sowjetunion, aus Kuba, Ungarn, der DDR und den arabischen Ländern entgegen. In seiner Grabrede ruft Arafat beschwörend in die Menge: »Die Lebenden rücken an die Stelle der Toten. Wir geben nicht nach.«

Im zehnten Jahr nach seiner Machtübernahme hat der Vorsitzende der PLO nach vielen politischen und persönlichen Erfolgen und Enttäuschungen wieder einmal die stille Hoffnung, einige Schritte im Kampf um seine palästinensische Heimat voranzukommen. Doch auch Arafat ist sich inzwischen bewußt, wie abrupt Niederlagen auf Siege, Katastrophen auf Triumphe folgen können. So beginnt nur wenige Monate nach seiner berühmten Rede vor der UN-Vollversammlung am 13. November 1974, mit der er internationale Anerkennung gewann, der libanesische Bürgerkrieg, der seine Organisation bedroht. Auf seine Enttäuschung über Anwar as-Sadats und Menachem Begins Friedensabkommen am 17. September 1978 in Camp David folgt die Genugtuung über die Solidarität der Arabischen Liga auf der Konferenz in Bagdad. Einstimmig verurteilen die Repräsentanten der arabischen Länder den Alleingang des ägyptischen Staatspräsidenten als schändlichen Verrat an der Sache der Palästinenser. Die Monarchen und Diktatoren bekräftigen das Alleinvertretungsrecht der PLO mit dem Versprechen, die Organisation jährlich mit mehr als 220 Millionen Dollar zu unterstützen.

Im einzelnen verpflichten sich die Staatsoberhäupter zu den in der gegenüberstehenden Tabelle genannten Jahreszahlungen, die sie aber nur im ersten Jahr (1978) einhalten.

Am 17. Februar 1979 reist Arafat mit 31 Mann im Gefolge auf Einladung der neuen Machthaber im Iran nach Teheran. Noch am Abend desselben Tages wird er von Ajatollah Khomeini in dessen Hauptquartier, der Alawi-Schule, empfangen. Der Schiitenführer versichert dem PLO-Chef: »Der Schah hat Israel geholfen, doch das iranische Volk litt darunter, denn es hat große Sympathie für das palästinensische Volk und für die Kämpfer der PLO. Fünfzehn Jahre lang habe ich die Hilfe des Schah verflucht. Diese Haltung verbindet die iranische und die palästinensische Revolution.« In das Gebäude der israelischen Mission ziehen die Diplomaten der PLO ein. Die Straße, an der die palästinensische Vertretung liegt, wird in »Palästina-Straße« umbenannt. Im neuen revolutionären Kalender wird demonstrativ ein »Jerusalem-Tag« festgelegt.

Zur offiziellen Eröffnung der PLO-Vertretung hält Arafat eine Rede auf dem Balkon. Tausende jubeln ihm zu. Sprechchöre rufen immer wieder: »Khomeini...

Land	1978 versprochene Hilfe	Tatsächliche Zahlungen (in Millionen Dollar)						
		1979	1980	1981	1982	1983	1984	1985
Saudi-Arabien	71,4	71,1	71,4	71,4	47,4	71,4	71,4	71,4
Kuwait	39,3	39,3	13,1	26,2	–	13,1	7,9	–
Libyen	11	11	–	10	–	–	–	–
Irak	37,1	37,1	37,1	5	–	–	–	–
Vereinigte Arabische Emirate	28,6	9,5	9,5	–	–	9,5	–	–
Algerien	17,9	–	5,9	–	–	–	–	–
Katar	16,4	16,4	16,4	16,4	5,5	5,5	–	–
Summe	221,7	184,4	153,4	129	52,9	99,5	79,3	71,4
Prozent	100	83,2	69,2	58,2	23,9	44,9	35,8	32,2

Arafat... Khomeini... Arafat.« Der PLO-Chef ist beeindruckt wie selten in seinem Leben. Im Überschwang der Gefühle verkündet er: »Zwei Revolutionen verbinden sich zu einer. In diesem historischen Augenblick fühle ich mich näher an meiner Heimat Palästina als jemals zuvor. Das iranische Volk wird mit dem palästinensischen Volk zusammen kämpfen. Wir Palästinenser haben jetzt zwei Heimatländer: Iran, das Land, das uns Heimat bietet, und Palästina, das Land, das uns erwartet.« Neunzehn Monate später beginnt der irakisch-iranische Krieg, und Arafats neue Heimat fällt der arabischen Solidarität zum Opfer. Vergeblich versucht er sich als Friedensstifter zwischen Bagdad und Teheran.

Auch die am 17. März 1979 auf dem Militärflughafen nahe der jordanischen Stadt Mafrak inszenierte Versöhnung mit König Husain beschert Arafat mehr neue Feinde als neue Freunde. George Habbasch und Naif Hawatmeh mitsamt ihren Volksfrontgruppen sind empört und gehen in vehemente Opposition zum PLO-Chef, der den Monarchen einst als »Schlächter von Amman« bezeichnet hat und nunmehr den Schwarzen September zu vergessen bereit scheint. Libyen, Syrien und Ägypten sind aus verschiedenen Gründen ebenfalls enttäuscht über Arafats versöhnliche Diplomatie und fördern von nun an jedermann, der dem PLO-Vorsitzenden schaden könnte. Politische Einkreisung und Attentatspläne und -versuche treiben Arafat immer mehr in seine Festung Beirut zurück. Wieder einmal läuft die palästinensische Widerstandsbewegung Gefahr, Opfer arabischer Rivalitäten und der daraus resultierenden inneren Zersetzung der Organisation zu werden.

Anfang der achtziger Jahre geht mit dem politischen Verfall eine moralische Verwilderung der PLO einher. Im libanesischen Dschungel aus Gesetzlosigkeit und willkürlicher Gewalt verlieren sich einfache Kämpfer und Kader der Guerillagruppen. Mord und Korruption sind an die Stelle von Freiheitskampf und Opferbereitschaft getreten. Ein primitiver Machokult mit Waffen und Fahrzeugen läßt die patriotischen Rituale zu makabren Farcen gedeihen. Die Hymne der Fatah, »Biladi« (Mein Vaterland), klingt wie ein zynischer Kommentar zu den blutigen Ereignissen im Libanon:

Mein Land, mein Land,
Al Fatah, die Revolution, führt uns gegen den Feind.
Palästina, du bist das Land unserer Väter,
Zu dir werden wir zurückkehren.
Fatah, die Revolution, wird alles meistern,
Sie ist die Hoffnung meines Landes.

Palästina, dir gehört meine Sehnsucht,
Du bist das Ziel meines Lebens,
Zu dir zu kommen, bemühe ich mich,
Mein Wille schlägt jeden Widerstand.

Palästina, du bist das Land, in dem Jesus geboren wurde,
In dem Mohammed zum Himmel aufstieg.
Palästina, du rufst nach mir,
Du willst, daß ich dich befreie.

Palästina, wir müssen dir die Ehre zurückgeben,
Die Ehre des vertriebenen Volkes.
Dein Volk wird nicht aussterben,
Es wird das Schweigen nicht akzeptieren.

Die Männer des Sturms werden immer
Den Finger am Gewehrabzug halten.
Wir werden das Land mit Stacheln bepflanzen,
Mit Haß gegen jeden, der unser Land besetzt hält.

Statt der Parole »Revolution bis zum Sieg« wird in den Lagern der Fedajin und angeheuerten Söldner die Devise »Revolution bis zum Zahltag« ausgegeben. Je nach Rang, Ausbildungsgrad, Kampferfahrung und verwandtschaftlicher Beziehung zur Führungselite der Fatah oder anderer Organisationen werden am Ende jeden Monats zwischen 250 und 10000 Dollar ausbezahlt. Die mangelhafte Disziplin der Fedajingruppen wird auch bei mehreren hundert Kämpfern und Kommandeuren aktenkundig, wen sie in Spezialcamps der UdSSR, DDR, ČSSR, in Bulgarien, Jugoslawien und Ungarn in Sonderkursen Waffen und Know-how des Guerillakrieges lernen sollen. Je nach Dauer und Qualität kostet dieses Expertentraining zwischen 65000 und 320000 Dollar pro Mann. In seinem Bericht vom 22. Januar 1981 an den »Generalkommandeur« und »Bruder« Jasir Arafat bedauert Oberst Raschad Achmed, daß er leider dreizehn Offiziere und Kämpfer aus seiner 194 Mann starken Truppe vorzeitig vom sowjetischen Ausbildungslager in Simferopol nach Hause schicken muß. So seien unter anderem der Kampfgefährte Ra'ad Achmed Rasadsch al-Madani zu einem falschen Kurs eingeteilt worden, Ali Achsan al-Nadschar beim »Schmuggel von gefälschten Dollars« geschnappt und Darwisch Sa'ad mit »einem Mädchen zweifelhaften Charakters« und »betrunken wie ein Lord« aufgegriffen worden.

Wie Christen, Drusen und andere bewaffnete Minderheiten im Libanon mischen auch alle Gruppen der palästinensischen Widerstandsbewegung beim Waffen- und Drogenhandel, bei Schiebereien mit gestohlenen Waren und gefälschten Devisen sowie bei willkürlichen Gebührenerhebungen an Straßensperren und Hafenkais mit. Nach Schätzungen von Experten verschiedener Geheimdienste und Antidrogeneinheiten verdienen die Fedajin und ihre Führer Anfang der achtziger Jahre im Libanon allein am Drogenhandel mindestens einhundert Millionen Dollar pro Jahr. Die Profite aus dem Handel mit Mercedes-Limousinen, die von der Mafia in Europa zusammengestohlen werden, die Erlöse aus illegalen Monopolstellungen beim Import von Baumaterialien und die Einkünfte aus Entführungen und Erpressungen lassen sich nicht mehr schätzen. Sie sind ein ganz »normaler« Bestandteil der Ökonomie des Bürgerkrieges, das undefinierbare Bruttosozialprodukt einer völlig aus den Fugen geratenen Gesellschaft.

Anfang 1982 haben Jasir Arafat und die PLO fast jeden politischen Kredit verspielt, es gibt kaum noch Freunde und Förderer in den arabischen Staaten. Lediglich Syrien ist zu Solidaritätsbekundungen bereit, wenn vom Einmarsch der Israelis in den Libanon gesprochen wird. Der PLO-Chef selbst übt sich in Drohungen und erklärt in Anlehnung an ein Zitat von Friedrich Nietzsche: »Ein Krieg, der mich nicht umbringt, macht mich stärker.« Im Februar kommt es in der syrischen Stadt Hama zu einem Aufstand radikaler Muslime gegen das Regime des Alawiten Hafis Asad. Mit regulären Armee-Einheiten läßt der Präsident die Stadt dem Erdboden gleichmachen, mindestens 20000 Menschen finden dabei den Tod. Als Asad bald darauf erfährt, daß die rebellischen Muslime von der Fatah mit Waffen versorgt wurden, geht auch der syrische Präsident auf deutliche Distanz zu Arafat. Von ihm ist keine Hilfe mehr zu erwarten.

Im April steht für den PLO-Chef fest: »Es ist nicht anzunehmen, daß es den Amerikanern gelingt, Menachem Begin auf Dauer davon abzuhalten, die PLO vernichten zu wollen.« Die einzigen, die den israelischen Regierungschef und seinen zum Endkampf entschlossenen Verteidigungsminister Ariel Scharon noch bremsen können, sind sieben Minister im Kabinett. Der auf den 17. Mai festgelegte Termin für die Invasion im Libanon muß verschoben werden. Drei Wochen später haben die Falken die Oberhand. In einer Regierungserklärung wird bekanntgegeben: »Das Kabinett faßte folgenden Beschluß: Die israelischen Verteidigungsstreitkräfte werden angewiesen, dafür zu sorgen, daß die Zivilbevölkerung von Galiläa nicht länger vom Feuer der Terroristen aus dem Libanon erreicht werden kann. Die Basen und Hauptquartiere der Terroristen sind im Libanon konzentriert. Der Name der Operation ist ›Frieden für Galiläa‹. Während dieser Operation wird die syrische Armee nicht angegriffen, wenn sie selbst von Angriffen

Abstand nimmt. Unser Ziel ist es, einen Friedensvertrag mit dem Libanon abzuschließen, mit einem unabhängigen Libanon, dessen territoriale Integrität bewahrt bleibt.«

Am Sonntag, den 6. Juni 1982, marschiert die israelische Armee in den Libanon ein. Eine Woche später haben die Truppen Beirut erreicht und die Stadt im Süden und im Osten abgeriegelt. Im Norden schließen die mit den Israelis verbündeten christlichen Milizen der Falange den Belagerungsring. Sechshunderttausend Menschen sind in der Metropole am Mittelmeer eingeschlossen, darunter sind 12 000 Kämpfer der verschiedenen Guerillaorganisationen der Palästinenser. Achtundsiebzig Tage lang veranstalten die Israelis zum wachsenden Entsetzen der Weltöffentlichkeit ein Inferno sondergleichen. Feld- und Schiffsgeschütze, Panzer und Kampfflugzeuge beschießen mit mehr als 60 000 Granaten und Bomben die Stadt. Am Ende der Belagerung sind 6775 Menschen getötet und ungefähr 30 000 verletzt. Mehr als achtzig Prozent der Opfer sind Zivilisten. Beirut gleicht einem Trümmerfeld.

Dank der Vermittlung des amerikanischen Unterhändlers Philip Habib tritt am 30. August 1982 ein Waffenstillstandsabkommen in Kraft. Arafat und über achttausend seiner Getreuen werden mit Schiffen evakuiert. Weitere sechstausend Fedajin und Söldner dürfen unbehelligt auf dem Landweg in Richtung Damaskus abziehen. Bevor Arafat den weißen griechischen Passagierdampfer »Atlantis« betritt, gibt er trotzig zu Protokoll: »Meine Männer ziehen ungeschlagen ab. Sie haben bis zuletzt Widerstand gegen eine gewaltige Übermacht und gegen die modernsten amerikanischen Waffen geleistet. Und wir werden weiterkämpfen. Mein Volk und ich haben keine andere Wahl. Ich gehe, damit der Kampf fortgesetzt werden kann.« Und bei seiner Ankunft im griechischen Hafen Piräus fügt er stolz hinzu: »Dies war der längste Krieg, der je zwischen Arabern und Israelis geführt worden ist.«

Der Kriegerstolz mag berechtigt sein, aber in einem Punkt irrt sich der PLO-Chef: Für die Palästinenser ist die Schlacht um Beirut noch nicht vorbei. Am 14. September 1982 fällt der libanesische Präsident und Führer der Falange, Beschir Gemayel, mit 26 Männern seines Stabes einem Bombenattentat zum Opfer. Als Täter wird später Habib Chatouni, ein Mitglied der den Machthabern in Damaskus ergebenen Syrischen Sozialnationalen Partei des Libanon, gefaßt. In den ersten Tagen nach dem Attentat sind jedoch die Falangisten davon überzeugt, daß Palästinenser hinter dem Anschlag stecken. Immer lauter fordern sie Rache. Die israelischen Kommandeure ermuntern sie, in den beiden Beiruter Flüchtlingslagern der Palästinenser, in Sabra und Schatila, Vergeltung zu üben. Am 16., 17. und 18. September veranstalten die Kämpfer der Falange, die sich selbst »Kataeb« (Legionen) nennen und 1936 von Beschir Gemayels Vater Pierre nach dem Vorbild der Hitlerjugend gegründet wurden, unter dem Schutz der israelischen Armee ein Massaker, das mindestens achthundert unschuldigen Lagerinsassen, darunter Frauen, Kinder, Alte und Kranke, das Leben kostet.

Für die Palästinenser bedeutet dieser Massenmord ein weiteres, aber bei weitem nicht das schrecklichste Opfer auf ihrem langen blutigen Weg in die Anerkennung als ein Volk mit einem Recht auf Heimat. Für viele Israelis und Juden in aller Welt sind die barbarischen Ereignisse in Sabra und Schatila ein traumatisches Erlebnis, das zur deprimierenden Erkenntnis führt, daß die Eskalation der Politik der Gewalt den Sinn des Judenstaates ad absurdum führt und seine Moral zerstört. Die Worte des alttestamentarischen Propheten Habakuk erscheinen wie ein Menetekel: »Die Gewalt, die ihr dem Libanon antut, wird über euch kommen.«

Am 14. Februar 1983 hält Arafat auf dem Sechzehnten Palästinensischen Nationalkongreß in Algier eine Rede, in der er wieder einmal vom »unsterblichen Ruhm des Kampfes um Beirut« spricht. Dreihundertfünfzig Delegierte im Saal klatschen begeistert Beifall. Im Foyer lachen währenddessen einige ranghohe Mitglieder der Fatah über eine Bemerkung des PLO-Diplomaten Issam al-Sartawi: »Noch drei solche Siege und wir tagen in Zukunft auf den Fidschi-Inseln.« Acht Wochen später wird Sartawi während einer Tagung der Sozialistischen Internationale in Portugal erschossen. In Damaskus schwören noch heute palästinensische Arafat-Gegner, daß entgegen allen Vermutungen nicht ein Mitglied der Gruppe um Abu Nidal für das Attentat verantwortlich sei, sondern der durch das zynische Zitat zutiefst beleidigte PLO-Chef den Mörder gedungen habe.

Arafat kennt keinen Spaß und scheut keine großen Worte und keine kühnen Vergleiche, wenn es um seine Rolle und sein Engagement im Kampf um Palästina geht: »Ich bin ein Mann aus Palästina, dessen Golgatha sich darin erfüllt, daß er das Kreuz auf seinen Schultern und die Dornenkrone auf dem Haupt trägt, um seinem Volk eine Existenzbasis zu erringen.« Das Ziel ist für ihn gleichsam Gottes Wille: »Unsere Rückkehr ist durch ein Naturgesetz diktiert. Da leben in der Natur Vögel, die fliegen weit hinaus in die Welt und kehren dorthin zurück, wo ihre Heimat ist. Da leben Fische, die schwimmen von den Flüssen hinaus in Seen und in das Meer. Sie kehren an ihren Ausgangspunkt zurück. Jedes Wesen sehnt sich nach einer Heimat. Die Heimat ist im Herzen jedes Menschen eingepflanzt. Ich wünsche mir, daß mein Volk seine Heimat findet. Das Volk wird sein Ziel erreichen. Wenn es als ein Wunder gilt, daß das jüdische Volk die vielen Schicksalsschläge überlebt hat, dann muß es auch als Wunder gelten, daß das palästinensische Volk noch lebt.«

Noch größer scheint das Wunder, daß Arafat in den achtziger Jahren noch am Leben ist. Kaum ein anderer Politiker der letzten zwei Jahrzehnte ist das Ziel so vieler Attentatsversuche wie er. Nicht nur die Israelis verfolgen ihn mit tödlichem Haß, sondern auch viele arabische Brüder. So beschimpft ihn der ägyptische Staatspräsident

Anwar as-Sadat: »Ich bin überzeugt, daß seine Mutter sich mit einem Skorpion gepaart hat und dann diese Mißgeburt zur Welt brachte.« Libyens Revolutionsführer Gaddafi: »Dieser Mann ist eine Ratte, eine häßliche, eklige Ratte.«

Seit Arafats Auszug aus Beirut wächst die Zahl derer, die ihn töten wollen. Im Mai 1983 rebellieren Fataheinheiten im Norden des Libanon unter ihrem Anführer Abu Mussa gegen ihren obersten Chef. In der Hafenstadt Tripoli kommt es zu einem erbitterten Bruderkampf. Arafat, der zu Hilfe eilt, muß wenige Wochen später aus der Stadt mit viertausend seiner getreuen Anhänger im Schutz französischer Marine-Einheiten über das Meer fliehen. 1985 bombardieren israelische Kampfflugzeuge das PLO-Hauptquartier in Tunis. Im Oktober 1986 entziehen ihm die eingeschüchterten Tunesier den Diplomatenpaß, und so müssen sich Arafat und die traurigen Reste seiner einst machtvollen Organisation in die Obhut des irakischen Diktators Saddam Husain begeben. Als Ende 1987 auf der arabischen Gipfelkonferenz in Amman das Palästinaproblem überhaupt nicht mehr behandelt wird, scheint die düstere Prophezeiung Arafats nach den Kämpfen des Schwarzen September einzutreffen: »Die palästinensische Revolution ist das einzige Licht im arabischen Morast. Aber die Tragödie ist, daß der Morast das Licht verschlingen will.«

In dieser ausweglosen Situation kommt ihm – womit weder er noch sonst jemand gerechnet hat – im Dezember 1987 sein Volk zu Hilfe: Die Intifada beginnt. Bereits am 14. Januar 1988 geben deren Führer auf einer Pressekonferenz bekannt: »Diese Erhebung zeigt erneut, daß sich unser Volk seinen nationalen Bestrebungen verpflichtet weiß, die auf Selbstbestimmung und auf die Errichtung eines unabhängigen Staates auf unserem nationalen Boden unter der Führung der PLO als unserer einzigen legitimen Vertretung zielen.« Knapp drei Monate später wird die Führung der Intifada mit ihrem zwölften Aufruf noch deutlicher: »Wir verurteilen alle

Versuche, die Abhaltung des arabischen Gipfels in der ersten Aprilhälfte zu verhindern. Er soll so bald wie möglich stattfinden, um den Kampf des Volks auf dem Boden Palästinas zu unterstützen. Wir versichern den arabischen Königen und Staatsoberhäuptern, daß wir kein Geld wollen. Wir werden hungern und nackt gehen, aber wir werden uns nicht beugen. Wir werden als Märtyrer sterben, aber bis zum sicheren Sieg unsere Rechte nicht aufgeben. Wir wollen, daß der Gipfel sich auch in Taten dem verpflichtet fühlt, was er früher schon beschlossen hat: Bekräftigung des unumstößlichen Rechtes unseres Volks auf die Errichtung unseres unabhängigen Staates unter dem Banner des Führers unseres Kampfes und unserer rechtmäßigen und einzigen Vertretung, der PLO. Weiter verlangen wir eine internationale Konferenz mit allen Vollmachten und unter Einbeziehung aller Beteiligten, das heißt auch der PLO als unabhängigen und gleichberechtigten Teilnehmers.«

Mit so viel Rückendeckung fällt es Arafat im Laufe des Jahres 1988 nicht schwer, wieder als Ehrengast in fast allen arabischen Metropolen empfangen zu werden; selbst die US-Regierung anerkennt ihn offiziell als legitimen Vertreter seines Volkes. Gegen den zähen Widerstand der radikalen Gruppen setzt er durch, daß die PLO das Existenzrecht des Staates Israel nicht länger bestreitet. Noch bevor er Anfang April 1989 zum ersten Präsidenten des vorläufig nur auf dem Papier bestehenden Staates Palästina gewählt wird, gibt er Ende 1988 selbstbewußt zu Protokoll: »Wir haben eine Fülle von Forderungen an die Israelis, und die Israelis werden eine Fülle von Forderungen an uns stellen. Laßt uns verhandeln, ohne Vorbedingungen und Tabus, aber als gleichwertige Partner. Es wird keine Gespräche zwischen Herr und Knecht geben.«

Noch überwiegen Träume und Sehnsüchte, wenn es um den Frieden im Heiligen Land geht. Aber Ende der achtziger Jahre ist die Hoffnung auf eine neue Ära der palästinensischen Existenz gewachsen. Drängend fragt

der Dichter Mahmoud Darwisch in seinem Gedicht
»Letztes Gebet«:

> Mein Land! Du Kind-Nation
> An deren Füßen die Ketten sterben
> Auf daß neue Ketten kämen
> Wann erheben wir das Glas auf dein Wohl
> Und sei es im Gedicht?
> Pharao starb
> Und Nero starb
> Doch alle Gefangenen zu Babylon
> Kehrten ins Leben zurück!
> Wann können wir das Glas erheben auf dein Wohl
> Und sei es nur in Liedern?

Anhang

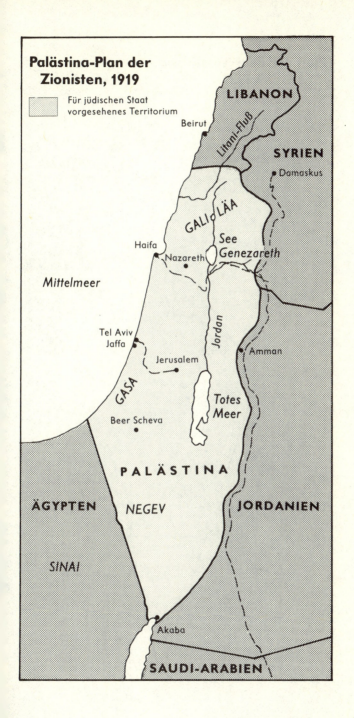

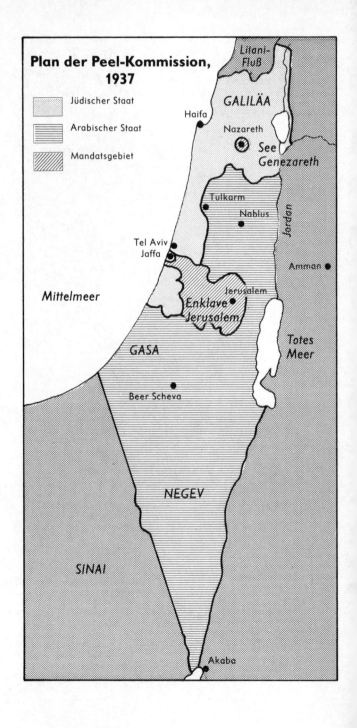

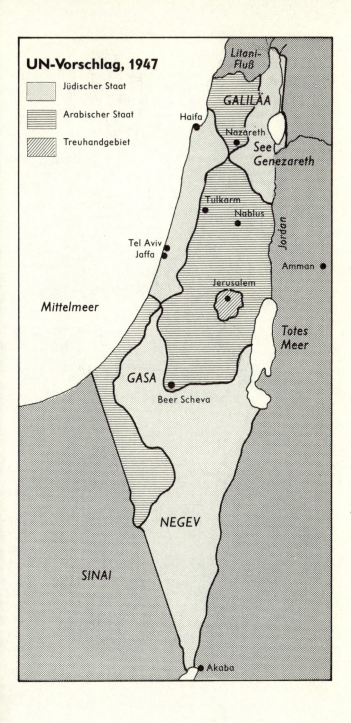

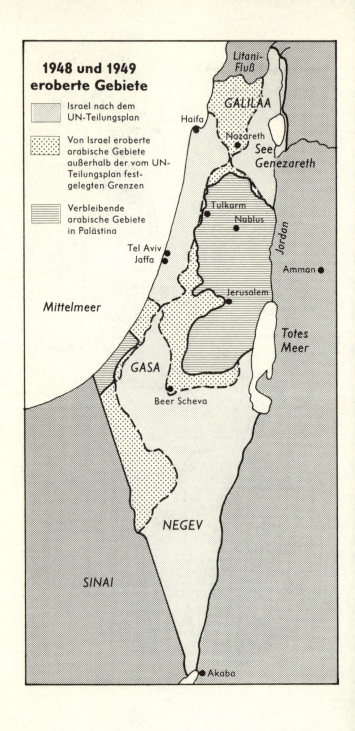

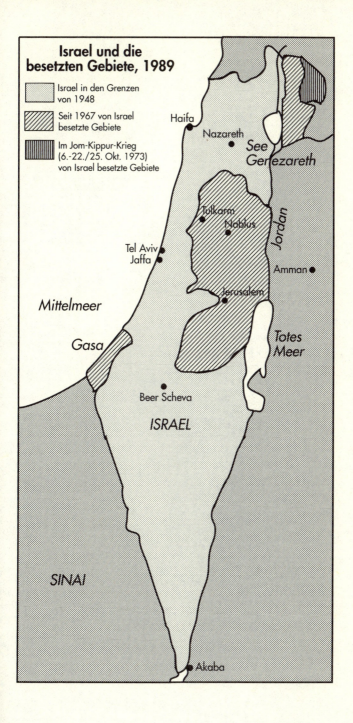

Quellenangaben und Literaturhinweise

Wie bereits in der Vorbemerkung erwähnt, bilden die bislang kaum bekannten Erinnerungen des Abdulhamid Schoman eine wesentliche Grundlage für das vorliegende Buch. Der Titel: *The Indomitable Arab. The Life and Times of Abdulhameed Shoman* (Privatdruck London 1984). Die Ausführungen über die Finanzen der PLO beruhen überwiegend auf persönlichen Recherchen in Israel, Jordanien, Syrien, den arabischen Golfstaaten und den USA. Der heikle Charakter dieser Informationen brachte es mit sich, daß nahezu alle Gesprächspartner auf Anonymität bestanden. Somit muß der Autor das Risiko, Fehl- oder Desinformationen aufgesessen zu sein, selbst tragen.

Ins erste Kapitel sind neben persönlichen Erlebnissen des Verfassers Informationen und Nachrichten aus palästinensischen Zeitungen und Zeitschriften eingegangen. Viele Einsichten und Detailinformationen stammen aus Edward Saids Buch *After the Last Sky*. Ebenso wurden die diversen Jahresberichte von Meron Benevisti (*The West Bank data project*), A. Flores' *Intifada* und insbesondere die Korrespondentenberichte der *Frankfurter Allgemeinen*, der *Frankfurter Rundschau*, der *taz* sowie der *International Herald Tribune* ausgewertet.

Die weiteren Kapitel fußen zum Teil auf den Büchern folgender Autoren (vgl. Literatur):

Zweites bis viertes Kapitel: Abu-Ghazaleh, Aldington, Amos, Antonius, Aumann, Bretholz, Gilmour, Granott, Haddawi, Hirszowicz, Hurewitz, Kedourie, Kimche, Konzelmann, Lawrence, Lesch, Meinertzhagen, Morris, Pearlman, Porath, Sagigh, Samuel, Schiller, Schlechtmann, Sykes, Weizsäcker, Wiesenthal

Fünftes bis siebtes Kapitel: Becker, Bretholz, Cobban, Flapan, Furlonge, Glubb, Hart, Heikal, Ijad, Kerr, Khadduri, Khaled, Kiernan, Konzelmann, Laffin, Laqueur, Mishal, Nutting, Rubenburg, Rühmkorf, Safran, Schiller, Shuckairy, Snow, Yaari

Achtes Kapitel: Adams, Benevisti, Becker, Cobban, Cooley, Hart, Heikal, Hiro, Ijad, Israel, Khalifa, Kiernan, Konzelmann, Laffin, Langer, Sterling, Tawil

ARCHIVE
British Public Office, London: Haganah Archive, Tel Aviv; Library of Congress, Washington; UN Official Records, New York

INSTITUTE, STIFTUNGEN UND SONSTIGE ORGANISATIONEN
Amnesty International, London; Center for International Security, Washington; Center for Strategic Studies, Tel Aviv; Defense Intelligence Agency, Washington; Institute for Strategic Studies, London; I.C.C.P., Genf; Jerusalem Media and Communication Centre, Jerusalem; London School of Economics, London; The Heritage Foundation, Washington

LITERATUR
Abu-Ghazaleh, A. *Arab Cultural Nationalism in Palestine during the British Mandate*. Beirut 1973

Adams, J. *The Financing of Terror*. London 1986

Aldington, R. *Lawrence of Arabia*. London 1955

Amos, J. W. *Palestinian Resistance. Organization of a Nationalist Movement*. New York 1980

Antonius, G. *The Arab Awakening*. London 1938

Aumann, M. *Land Ownership in Palestine 1880–1948*. Jerusalem 1976

Becker, J. *The PLO. The Rise and Fall of the Palestine Liberation Organization*. London 1984

Benvenisti, M. *The West Bank data project*. Jerusalem 1982–1987

Bretholz, W. *Aufstand der Araber*. München 1960

Chaliand, G. *The Palestinian Resistance*. Harmondsworth 1972

Chomsky, N. *Peace in the Middle East*. New York 1974

Cobban, H. *The Palestinian Liberation Organisation. People, Power and Politics*. Cambridge 1984

Cooley, J. *Green March, Black September. The Story of the Palestinian Arabs*. London 1973

Flapan, S. *Die Geburt Israels. Mythos und Wirklichkeit*. München 1988

Flores, A. *Intifada. Aufstand der Palästinenser*. Berlin 1988

Furlonge, C. *Palestine is My Country. The Story of Musa Alami*. London 1969

Gilmour, D. *Dispossessed. The Ordeal of the Palestinians 1917–1980*. London 1980

Glubb, J. B. *A Soldier with the Arabs*. London 1957
– *The Story of the Arab Legion*. London 1948

Granott, A. *The Land System in Palestine*. London 1952

Haddawi, S. *Bitter Harvest. Palestine Between 1914–1964*. New York 1967

Harkabi, Y. *Arab Attitudes to Israel*. London 1972
– *Palestinians and Israel*. Tel Aviv 1974

Hart, A. *Arafat. Terrorist or Peacemaker?* London 1984

Heikal, M. *The Cairo Documents*. New York 1973
– *The Road to Ramadan*. New York 1975
– *The Sphinx and the Commissar*. New York 1978

Hiro, D. *Inside the Middle East*. New York 1982

Hirszowicz, L. *The Third Reich and the Arab East*. London 1966

Hurewitz, S. *The Struggle for Palestine*. New York 1968

Ijad, A. *Heimat oder Tod. Der Freiheitskampf der Palästinenser*. Düsseldorf 1979

Israel, R. *PLO in Lebanon*. London 1983

Jiryis, S. *The Arabs in Israel*. Beirut 1968

Kazziha, W. *Palestine in the Arab Dilemma*. New York 1979

Kedourie, E. *In the Anglo-Arab Labyrinth. The McMahon-Husayn Correspondence and its Interpretations*. Cambridge 1976

Kerr, M. *The Arab Cold War. Gamal Abd al-Nasir and his Rivals 1958–1970*. New York 1971

Khadduri, M. *Independent Iraq 1932–1958. A Study on Iraqi Politics*. London 1960

Khaled, L. *Mein Volk soll leben. Autobiographie einer Revolutionärin*. München 1974

Khalifa, S. *Der Feigenkaktus*. Zürich 1983

Kiernan, T. *Yasir Arafat. The Man and the Myth*. London 1976

Kimche, J. *Seven Fallen Pillars. The Middle East 1915–1950*. London 1950
– *Both Sides of the Hill. Britain and the Palestine War*. London 1960

- *The Second Arab Awakening*. London 1970
Koestler, A. *Promise and Fullfilment. Palestine 1917-1949*. New York 1949
Konzelmann, G. *Die Araber*. München 1977
- *Arafat. Am Ende einer Hoffnung*. Bergisch Gladbach 1981
Laffin, J. *Fedayeen*. London 1969
- *The PLO Connection*. London 1982
Langer, F. *With My Own Eyes. Israel and the Occupied Territories*. London 1975
- *These Are My Brothers. Israel and the Occupied Territories*. London 1981
Laqueur, W. Z. *The Road to War 1967*. London 1967
Lawrence, T. E. »The Arab Revolt 1916-1918«, in: *Encyclopaedia Britannica*. London 1929
- *Die sieben Säulen der Weisheit*. München 1965
Lesch, A. *Arab Politics in Palestine 1917-1939. The Frustration of a Nationalist Movement*. Ithaca 1972
Lughod, J. *The Transformation of Palestine*. Evanstone 1971
Marks, S. *Wo ist Palästina? Reportagen aus einem unwahrscheinlichen Land*. Berlin 1983
Marlowe, J. *Rebellion in Palestine*. London 1946
Meinertzhagen, R. *Middle East Diary 1917-1956*. London 1959
Mishal, S. *West Bank, East Bank, The Palestinians in Jordan 1959-1967*. New Haven 1978
Morris, J. *The Hashemite Kings*. London 1959
Nutting, A. *Nasser*. London 1972
Pearlman, M. *Mufti of Jerusalem. The Story of Haj Amin el-Husseini*. London 1947
Porath, Y. *The Emergence of the Palestine-Arab National Movement 1918-1929*. London 1974
- *The Palestinian Arab National Movement. From Riots to Rebellion 1929-1939*. London 1977
Rubenberg, C. *The Palestine Liberation Organization. Its Institutional Infrastructure*. Belmont 1983
Rühmkorf, P. *Jahre, die Ihr kennt*. Reinbek bei Hamburg 1972
Safran, N. *From War to War - The Arab-Israeli Confrontation 1948-1967*. New York 1976
Sagigh, R. *Palestinians. From Peasants to Revolutionaries*. London 1979
Said, E. *After the Last Sky*. London 1986

Samuel, H. *Memoirs*. London 1945

Schama, S. *Two Rothschilds and the Land of Israel*. London 1978

Schiff, Z., R. Rothstein *Fedayeen. The Story of the Palestinian Guerillas*. London 1972

Schiff, Z., E. Ya'ari *Israel's Lebanon War*. New York 1984

Schiller, D. *Palästinenser zwischen Terrorismus und Diplomatie. Die paramilitärische palästinensische Nationalbewegung von 1918 bis 1981*. München 1982

Schlechtmann, J. B. *The Mufti and the Fuehrer. The Rise and Fall of Haj Amin el-Husseini*. London 1965

Shukairy, A. *Liberation – not Negotiation*. Beirut 1966

Snow, P. *Hussein. A Biography*. London 1972

Sterling, C. *The Terror Network*. London 1981

Stewart, D. *Palestinians. Victims of Expediency*. London 1982

Sykes, C. *Kreuzwege nach Israel. Die Vorgeschichte des Jüdischen Staates*. München 1967

Tawil, R. *My Home, my Prison*. New York 1979

The Indomitable Arab. The Life and Times of Abdulhameed Shoman (1890–1974). Founder of the Arab Bank. London 1984

Weizsäcker, E. v. *Erinnerungen*. München 1950

Wiesenthal, S. *Großmufti – Großagent der Achse*. Salzburg 1947

Yaari, E. *Strike Terror. The Story of Fatah*. New York 1970

El-Yacoubi, H. *The Evolution of Palestine Consciousness*. Ann Arbor 1973

Register der Personen und der Organisationen

Abdallah (Emir, späterer König von Jordanien) 55, 58, 60, 62, 64, 83, 101, 104f, 121f
Abu Adeeb 133, 138f
Abu Ala 31
Abu Ammar s. Arafat, Jasir
Abu Dschihad s. Wasir
Abu Ijad s. Khalaf
Abu Khalid 221
Abu Leil (Achmed Hamid Abu Site) 10, 12
Abu Lutuf s. Kaddumi
Abu Mazen 159
Abu Mussa 245
Abu Nidal 244
Abu Osama 31
Abu Saud, Zahwa 134
Abu Said s. Hassan, Khaled al-
Abu Site, Achmed Hamid (Abu Leil) 10, 12
Abu Yussif s. Nadschar, Mohammed Yussif al-
Abu Zaim 30
Adwan, Kamal 159
Aggad, Omar 31
Alami, Musa al- 102ff, 145, 159
Alami, Zuheir al- 133, 145, 159
Alami (Großfamilie) 74
Ali (letzter König des Hedschas) 64

Ali (Prinz) 55
Allenby, Edmund H. 55
Amer, Abdel Hakim 137, 143, 168
Andrews (Distriktkommissar) 89
Antonius, George 9
Arab National Movement (ANM) 146
Arafat, Abder 133f
Arafat, Dschamal 123
Arafat, Fathe 134
Arafat, Jasir (Mohammed Rahman Abdul Rauf Arafat el-Kudwa al-Husaini/Abu Ammar/Mushin Amin) 11, 14, 25, 27f, 30f, 37, 114, 123, 132–145, 155, 158, 160–165, 167f, 170–173, 180–183, 185, 188–194, 196ff, 213, 215, 220, 222, 224–229, 231, 233–236, 238, 240–246
Arafat, Moussa 31
Arnoud, François 234
Arslan, Sakhib 96
Asad, Hafis 25, 173, 241
Asmeh, Jussuf el- 59
Asrah, Abdallah el- 86
Assalim, Saad Abdallah 225
Assifa, Al (Widerstandsgruppe) 166, 168, 170, 174, 184

Awad, Mubarak 33–36
Azmi, Al Mufti 18
Azoury, Neguib 9
Azzuni, Fares el- 87

Baader, Andreas 234
Baitar (Großfamilie) 74
Balfour, Arthur James 49
Banna, Hasan al- 113, 123
Bar Lev, Uri 221
Begin, Menachem 14, 21, 236, 241
Bei, Radschib 67
Ben Bella, Achmed 154, 162
Ben Gurion, David 13, 105, 116
Benevisti, Meron 22
Bismarck, Otto von 39
Bizri, Afif 150
Boumedienne, Houari 172, 174
Breschnew, Leonid 197
Buber, Martin 15
Busnak (Großfamilie) 74
Bustani, Butrus al- 128
Bustani, Emile al- 128
Bustani, Sulaiman al- 128

Castro, Fidel 215
Chatouni, Habib 243
Churchill, Winston 60, 64f
Ciano, Galeazzo 95
Cunningham, Alan 116

Dadschani (Großfamilie) 74
Dadschani, Hassan Sidgi al- 67
Dajan, Mosche 154
Darwaza, Izzat 89

Darwisch, Mahmoud 12f, 19, 247
Din, Omar el- 184
Din, Salah el- 184f
Dschibril, Achmed 217f, 220
Dschihad Mukaddas 112f
Dunlop, John Boyd 40

Eichmann, Adolf 97
Eschkol, Levi 168, 179
ETA (Euzkadi Ta Azkatasuna, baskische Untergrundorganisation) 234

Fahd (Kronprinz) 200
Faisal I. 54–61, 63f
Faisal Ibn Abd al-Asis Ibn Saud 200f, 226
Falange 233, 242f
Faraon, Raschad 201
Farradsch, Jakub 80
Faruk I. 81, 101, 123f, 138, 208
Faruli (Großfamilie) 74
Fatah 30, 112, 125, 140, 155, 157–160, 162–167, 170–173, 177, 182–188, 190–198, 200f, 213f, 220, 227ff, 231–234, 239, 241, 244f
FLN (Front de Libération nationale, algerische Befreiungsbewegung) 145, 159, 162
Futuwa, Al 77

Gaddafi, Muammer al- 226, 245
Gailani, Raschid Ali al- 96f
Gemayel, Beschir 232, 143

Gemayel, Pierre 243
Ghawri, Emil al- 77
Ghusayn, Jakub al- 74, 80, 89
Giap, Vo Nguyên 172
Glubb, John Bagot (Glubb Pascha) 117
»Goldenes Viereck« 96f
GUPS (Generalunion Palästinensischer Studenten) 132f, 138, 140, 145, 158f

Habakuk 243
Habbasch, George 146, 182, 189, 215-220, 222f, 227, 238
Habib, Philip 242
Haddad, Wadi 216ff, 220, 222f
Hadi, Awni Abdel 89
Hadi, Fakhri Abdel 86
Hafes, Mustafa 127
Hafis, Amin 171f
Hagana (jüdische Untergrundarmee) 106
Hakki, Hakki Ismail 153
Halaby, Madschid 134
Hammud, Issa 29
Hammuda, Dschahia 189, 194
Hasan II. 25
Hassan, Hani al- 145, 155, 164, 171, 183, 186f, 227
Hassan, Khaled al- (Abu Said) 155, 158ff, 162, 164, 166, 170ff, 177, 183, 197-201, 227f
Hawari, Mohammed al- 113
Hawatmeh, Naif 215, 218ff
Heikal, Mohammed 188

Herzl, Theodor 39
Hilmi Pascha, Achmed 68, 76, 80, 83f, 89, 92ff, 103, 122
Himmler, Heinrich 97
Hitler, Adolf 77, 95ff
Hodeibi, Hasan al- 142
Höß, Rudolf 97
Hughes, Howard 25
Husain II. 19, 122, 147, 156, 168, 175-179, 190, 192, 213f, 220, 223-227, 238
Husain Ibn Ali 53f, 58ff, 62f, 83
Husain, Kemal 138, 143
Husain, Saddam 245
Husaini (Großfamilie) 74, 76, 102
Husaini, Abdel Kader al- 13, 86, 111f, 135f
Husaini, Amin al- 88
Husaini, Dschamal Bei al- 74, 76, 80, 86, 89, 112
Husaini, Dschamil al- 74
Husaini, Fahmi al- 74
Husaini, Hadsch Amin al- 51, 67, 73, 76, 79ff, 87, 89, 92, 97ff, 103, 107, 110ff, 121, 137
Husaini, Ismail Bey al- 74
Husaini, Tawfiq al- 74

Ibn Saud, Abd al-Asis 61-64, 83f, 104, 110
Ibrahim, Raschid 89
IRA (Irisch-Republikanische Armee) 234
Irgun Zwai Leumi (jüdische Untergrundorganisation) 106

Istiklal (Arabische Unabhängigkeitspartei) 76
Jasin, Hadsch Mohammed (Abdur Rahin) 86

Kaddumi, Faruk (Abu Lutuf) 155, 158, 160, 198
Kanan (Großfamilie) 74
Karl Martell 102
Kasim, Abdul Kerim 150
Kassam, Izz el-Din al- 77f
Kassem, Nihad al- 151
Kawukdschi, Fausi al-Din al- 84ff, 110f
Khadsa, Subhi al- 74
Khalaf, Salah (Abu Ijad) 113, 132f, 158ff, 191, 231f
Khaled, Leila 191, 221, 223
Khalidi (Großfamilie) 76
Khalidi, Husain al- 76, 80, 89
Khalidi, Walid 89
Khalifa, Sahar 211
Khammash, Amer 190
Khomeini, Ruhollah 187, 236, 238
Kitchener, Horatio Herbert 53f
Koestler, Arthur 15
Kossygin, Alexej 197
Kramer, Josef 97
Kuwwatli, Schukri al- 128, 150

Laban (Großfamilie) 74
Landauer, Georg 15
Latif, Abd al- 142
Lawrence, Thomas Edward (Lawrence von Arabien) 54f
Leibowitz, Yeshayahu 37
Ligue de la Patrie Arabe 9

Mackensen, Hans Georg Viktor von 95
Madani, Ra'ad Achmed Rasadsch al- 240
Madschali, Habis al- 224f
Mao Tse-tung 172, 215, 219
Marak, Fahd al- 199
Mardam, Dschamil 102
Matzpen 219
McMahon, Henry 54
Meir, Golda 13
Melchers, Wilhelm 97
Misri, Asis el- 95
Mizna (General) 37
Mohieddin, Khaled 138
Mossad 186f, 235
Muhammad, Ali Nasser 25
Musa, Achmed 167
Mussolini, Benito 78, 95

Nadschada, Al (sunnitische Jugendorganistion) 67, 96, 113
Nadschar, Ali Achsan al- 240
Nadschar, Mohammed Yussif al- (Abu Yussif) 159f, 164, 198
Nagib, Ali Muhammad 124, 139, 142
Nahas Pascha 123
Naschaschibi (Großfamilie) 76, 83, 90, 102
Naschaschibi, Fakhry al- 67
Naschaschibi, Hikmat al- 31

Naschaschibi, Radschib Bei al- 74, 76, 80, 90, 121
Nasser, Gamal Abdel 124–127, 129f, 132, 138, 141ff, 148–155, 157, 168–171, 174, 176–179, 188f, 193, 196f, 213ff, 222, 225f
Nietzsche, Friedrich 241
Nokraschi Pascha, Mahmud Fahmi el- 100, 123

Oz, Amos 15

Palmon, Joschna 111
PAP (Palästinensische Arabische Partei) 76f, 79f
Peel, Lord 87
Picot (englischer Diplomat) 48
PLO (Palestine Liberation Organization) 13, 25ff, 30-33, 133, 155, 157f, 163, 168ff, 174ff, 178, 188, 194, 196–201, 213ff, 220, 222, 225, 227, 230–236, 238, 241, 243–246
PNF (Palästinensischer Nationalfonds) 27
Podgorny, Nikolai 197

Rabin, Jitzhak 24, 33
Rahman al-Hadsch Ibrahim, Abd al- 74
Rahman al-Hadsch Ibrahim, Salim 74
Rahman al-Hadsch Ibrahim, Slama 74
Rahman, Assam Abd ar- 16, 102

Razzik, Aref Abdul 86f
Revolutionärer Kommando-Rat 137
Riad, Abdel Moneim 178, 180
Ribbentrop, Joachim von 97
Rikkabi, Fuad al- 153
Rizak, Georgina 233
Rock, Alfred 73, 89
Rock, Arthur 73
Rock, Butrus 73
Rogers, William 214, 222
Romano, Joseph 229
Rothschild, Baron de 39, 73, 75
Rühmkorf, Peter 144
Rusk, Dean 154f

Sa'ad, Darwisch 240
Saab, Edouard 216
Saadeh, Antun 96
Saadi, Ali Saleh al- 152f
Saba, Fuad 89
Sabbagh, Hassib 31
Sadat, Anwar as- 95, 138, 236, 245
Said, Asim al- 73
Said, Edward W. 16
Saika (prosyrische Organisation) 232
Salah, Abdel Latif al- 76, 80, 89
Salameh, Abu Hassan 86, 90, 111f, 114, 227, 232–235
Salih, Mohammed el- 86
Samara, Abdullah 73
Samed (Arbeitsgesellschaft der Standfesten und Märtyrer) 28, 30

Samuel, Herbert 65
Sarradsch, Abdel Hamid 150
Sartawi, Issam al- 244
Schaka, Bassam 36
Schamir, Jitzhak 21, 35, 37
Scharon, Ariel 127, 241
Schawa, Ruschdi al- 89
Schawa, Said al- 73
Schischakli 153
Schoman, Abdulhamid 31f, 39, 43–53, 67f, 70ff, 76, 80, 84, 89, 91, 94, 96, 99, 102f, 112, 119, 122, 127–130, 135, 147f, 156f, 198, 202–210
Schoman, Abdulmadschid 47, 81, 91, 119, 128, 147, 156f, 198, 204, 210
Schoman, Achmed 43
Schoman, Issa 43f
Schoman, Jusuf 43
Schoman, Khalid 119, 204
Schoman, Musa 43f
Schoman, Nadschwa 119
Schouabaki, Fouad 31
Schukairi (Großfamilie) 74
Schukairi, Achmed 128f, 155f, 168–171, 174ff, 178f, 188, 194
Schukairi, Assad 128f
Seidl, Siegfried 97
Shahak, Israel 23
Shoufani, Elias 115
Sidki, Bekir 82
Sneh, Efraim 37
Sternbande 106
Storrs, Ronald 54

Sursuk, Elias 45
Sweidani, Achmed 163, 166f, 172
Sykes (französischer Diplomat) 48

Tacitus 14
Tal, Wasfi al- 169
Talaat, Jussef 142
Trotzki, Leo 218
Tukan, Faruk 31

UNO 106
UNRWA (Flüchtlingsorganisation der Vereinten Nationen) 18, 26, 126, 181

Vider, Schlomo 221
Volksfront zur Befreiung Palästinas 10, 189, 215, 217–223, 225, 228, 238

Wasir, Khalil el- (Abu Dschihad) 125ff, 140f, 155, 158, 160-163, 166, 170f, 173, 180ff, 197, 224
Wauchope, Arthur 81f, 87
Weinberg, Mosche 229
Weizmann, Chaim 56, 58
Wilhelmina, (Königin der Niederlande) 40

Zaghlul Pascha 66
Zawati, Hamad el- 87
Zayyad, Tawfik 19
Ziereis, Franz 97
Zuhur, Abdel Kerim 152f

296 Seiten, gebunden DM 34,–
ISBN 3-926901-03-9

Simcha Flapan

Die Geburt Israels
Mythos und Wirklichkeit

KNESEBECK & SCHULER

400 Seiten, gebunden DM 39,80
ISBN 3-926901-09-8